绣出
人民满意城市

人民城市建设理论研究与基层创新实践

本书编委会——编

内容提要

本书系统总结了上海在城市建设和治理方面的典型经验。全书分为社区建设理论与实践、区域化党建与治理、智慧化社区建设三个部分，旨在为基层领导干部教育培训提供鲜活的教学素材，助力全面推进人民城市建设与治理向纵深发展，进一步提升城市治理现代化水平。本书的读者对象为城市治理领域的专家学者和基层实践者。

图书在版编目（CIP）数据

绣出人民满意城市：人民城市建设理论研究与基层创新实践/本书编委会编.—上海：上海交通大学出版社，2022.11

ISBN 978-7-313-26702-3

Ⅰ.①绣… Ⅱ.①本… Ⅲ.①城市建设—上海—文集 Ⅳ.①F299.275.1-53

中国版本图书馆CIP数据核字（2022）第046939号

绣出人民满意城市：人民城市建设理论研究与基层创新实践
XIUCHU RENMIN MANYI CHENGSHI: RENMIN CHENGSHI JIANSHE LILUN YANJIU YU JICENG CHUANGXIN SHIJIAN

编　　者：本书编委会
出版发行：上海交通大学出版社　　地　　址：上海市番禺路951号
邮政编码：200030　　电　　话：021-64071208
印　　制：苏州市越洋印刷有限公司　　经　　销：全国新华书店
开　　本：710mm×1000mm　1/16　　印　　张：19.75
字　　数：270千字
版　　次：2022年11月第1版　　印　　次：2022年11月第1次印刷
书　　号：ISBN 978-7-313-26702-3
定　　价：89.00元

本书编委会

主　编

刘　琪

副主编

雷振辉

编委会委员

（以姓氏笔画为序）

王　杉　王晓晨　田建芬　严惠民　张旭东

陈祥英　章　慧　熊　竞

前　言

2019年，习近平总书记在上海考察时提出"人民城市人民建，人民城市为人民"重要理念，深刻回答了城市建设发展依靠谁、为了谁的根本问题，深刻回答了建设什么样的城市、怎样建设城市的重大命题，为我们深入推进人民城市建设提供了根本遵循。"人民城市"重要理念是习近平新时代中国特色社会主义思想在城市建设和城市治理领域的集中体现，为我们建设具有世界影响力的社会主义国际大都市提供了思想指导和行动指南。

上海作为中国共产党的诞生地和初心始发地，不仅是一个有着光荣革命传统的城市，更是在超大城市基层治理过程中进行了多年探索。在党建引领下，上海坚持以人民为中心，围绕建设"人人都有人生出彩机会、人人都能有序参与治理、人人都能享有品质生活、人人都能切实感受温度、人人都能拥有归属认同"的人民城市，聚焦解决新时期群众急难愁盼问题，以"绣花"般的细心、耐心、巧心，走出一条中国特色超大城市精细化治理的新路子，涌现出大量具有上海特色的城市治理经验。

比如，作为上海中心城区之一的徐汇区，区位优势明显、资源禀赋独特，在城市基层精细化治理中，始终坚持党建引领，将创新融入发展，在不断推进以人为核心的社会治理现代化方面，努力把徐汇社会建设的资源优势，成功地转化成为社会建设的效能优势，形成了城区基层治理的徐汇实践和徐汇范式。从20多年前的"康乐工程"到今天的"邻里汇工程"，从服务白领群体的"虹梅庭"到服务工人群体的"建设者之家"，从"工业锈带"到"生活秀带"，等等，徐汇区致力于"以人为本"的精细化治理，让城区更有品质、更有温度、更具归属感。长宁区着重在楼宇党建方面发力，用楼宇党建领航发力，用“竖起来的社区”刷新治理高度，全力打造“楼门口服务体系”，以楼宇党建为引领，推进全过程人民民主在楼宇空间的生动实践。浦东新区用“全区域党建推进城市治理”，通过做实区域化党建工作，抓好“组织覆盖、工作覆盖、管理覆盖和服务覆盖”，切实提高党建政治引领、组织引领、能力引领和机制引领的水平，组织好、整合好社会多元力量，构建共建共治共享的社会治理新格局。

新时期，上海的城市治理面临新要求、新任务、新挑战，城市基层治理的难题更加突出，新时代党建引领基层精细化治理仍有待攻坚克难。新征程上，上海市全面深入贯彻“人民城市”重要理念，坚持党建引领，优化“全区域统筹、多方面联动、各领域融合”基层党建格局，织密建强党在城市基层的组织体系，不断夯实党在基层的执政基础，把党的领导落实到人民城市建设各领域各方面各环节。坚持人民城市的性质定位和自身的责任担当，深刻认识“以人民为中心”是推动城市发展的核心价值取向，牢牢把握人民群众是城市建设和发展的主体，团结引领人民、紧紧依靠群众来建设幸福的城市、美好的家园，不断完善群众参与城市治理的制度化渠道，推动人民群众在党的领导下积极参与、共同建设和共同治理，建设人人有责、人人尽责、人人享有的社会治理共同体，在奋力谱写“城市，让生活更美好”新篇章的过程中，不断提高人民群众的获得感、幸福感、安全感。

在两个一百年的历史交汇期，徐汇区会同上海交通大学举行“贯彻‘人民城市’重要理念，深化党建引领下城市基层精细化治理专题研讨会”，沪上高校、科研院所、党校系统的专家学者和实务部门工作者百余人汇聚一堂进行理论和实践研讨。研讨会期间，专家学者们结合上海各区的实践，从不同的维度，撰写了系列理论联系实际、具有较高学术价值的文章。我们在认真听取资深专家意见和建议的基础上，从中加以甄选，最后编撰成《绣出人民满意城市：人民城市建设理论研究与基层创新实践》一书。本书从篇目上分为社区建设理论与实践、区域化党建与治理、智慧化社区建设三大板块，从不同角度梳理总结上海在城市建设和治理方面的典型经验，积极展现专家学者在调查研究基础上的聚焦性学术研究，以期为基层领导干部教育培训提供鲜活的教学素材，助力推进人民城市建设与治理向纵深发展，进一步提升城市治理现代化水平。

本书在编写过程中得到上海市徐汇区委组织部、徐汇区地区工作办公室、上海交通大学国际与公共事务学院的指导和支持,上海交通大学出版社也为本书的出版做了大量具体细致的工作,在此一并致以诚挚的谢意。

书中难免有疏漏之处,敬请广大读者批评指正,提出宝贵意见。

目　　录

Ⅲ 智慧化社区建设 / 259

社区建设理论与实践

符号建构与社区共同体意识的培育

——以JH社区“美食嘉”自治项目为例

何海兵　邓容容　徐晓菁　中共上海市委党校

单位制解体导致社会越来越原子化与陌生化，城市社区似乎成为想象的共同体，只是提供居住的场所而已。如何重塑个体对社区的归属感与认同感、培育社区共同体意识成为人们关注的问题之一。社区共同体意识培育不是一蹴而就的，符号可以借助载体来表达一定的象征性实体意义。由此，本文通过将社区共同体意识培育与符号建构相联系，探索社区符号建构方式，促进社区共同体意识的培育与生成。

一、问题的提出与文献综述

自滕尼斯1887年在《共同体与社会》中对社区共同体意识进行研究之后，国内外学者开始从不同层面对社区共同体意识展开研究。通过文献梳理发现，学者主要从两个方面对社区共同体意识进行研究，分别为社区共同体意识的定义及特征、社区共同体意识形成的困境及其解决方式。

（一）社区共同体意识的定义及特征

共同体意识是社区共同体的灵魂[1]，在社区治理中发挥重要作用。共同体意识有助于形成社区治理的基础条件，有助于社区治理运行机制的完善，有助于社区治理良好格局的形成[2]。培育社区居民的社区共同体意识更是社区发展的必要条件和必由之路[3]。那么，何为社区共同体意识？不同的学者从不同的视角做出了解答。

一是强调社区共同体意识的静态释义。陈宗章从“共同体”这一概念本源出发，指出社区共同体意识是社区成员在长期、稳定的共同生活中形成的心理认同感、归属感，以及自我身份的确立（个体对自身在社区中的角色、责任和义务的认知）[4]。陈校归纳了学者研究社区共同体意识的四个范式：一是社会学研究范式有两种倾向，一种是认为社区共同体意识包含了心理因素，是一种共同的心理认同；另一种认为社区共同体意识包含了许多其他文化因素，具有鲜明的文化色彩。二是心理学研究范式更多的是将社区共同体意识列为社区心理学的关键术语。三是城市规划学研究范式更倾向于将社区共同体意识定为居民定居意识。四是行政学研究范式则将社区共同体意识标示为社区公共意识[5]。

二是强调社区共同体意识的静态特征。高鉴国认为社区共同体意识是可以测量的多维建构，表现为社区认同、社区依属、社区凝聚和社区满意四个方面[6]。与此同时，何卫平认为社区居民的社区共同体意识的强弱可以借助社区满意、社区认同、社区依恋、社区参与这些指标进行衡量[7]。而王处辉与朱焱龙通过梳理国内外文献，构造了社区共同体意识“五维一体”结构模型，具体维度为社区情感认同、社区参与程度、社区满意度、信任与奉献精神以及是否关注社区发展[8]。无论社区共同体意识具体表现在哪些方面，“社区共同体意识是可测量的”这一理念成为多数学者的共识。在此基础上，学者对社区共同体意识展开了量化研究。2012年，桑志芹与夏少昂以对南京市民的电话问卷调查为基础，对社区共同体影响因素进行了量化研究，发现社区人口学特征如性别、年龄、文化程度等，对社区共同体意识的影响并不大，社区居民对社区的满意度以及社区中的人际互动却是影响社区共同体意识形成的主要因素[9]。2014年，冯朝亮与潘晨璟的研究验证了桑志芹与夏少昂的研究结果，他们基于对南宁市860份调查问卷的分析，认为居民的人口特征、阶层特征对其社区共同体意识的影响较小，而受居民间互动因素的影响较大，特别是社区参与经历是社区意识的主要影响因素之一[10]。2016年，陈文玲与原珂对F市C社区居民的社区共同体意识进行测量，指出社区共同体意识的重塑与弹性社区的培育对社区应急救援、社会应急管理和国家治理能力的现代化建设至关重要[11]。

三是强调社区共同体意识的动态特征。社区共同体意识可以由不同的指标进行建构,说明社区共同体意识会随指标的变化而变化。李升和佐佐木卫的研究证明了该观点。在日本新社区理念的影响下,将“整合”(由社区联结的一体感)、“定居”(长期在社区居住的定居意愿)、“评价”(对社区发展的乐观态度)、“挚爱”(对居住社区的深厚情感)、“参与”(对能够丰富社区生活的活动加入)这五个因素列为代表社区精神(社区意识的强弱指标)的五项指标,并指出这些指标的不同比重将体现出不同的社区规范方向:“平均—差别”“开放—封闭、主体—客体”,进而表现出不同的社区共同体意识模型[12]。这也进一步说明,可以通过一定的方式对社区共同体意识进行培育,从而达到既定目标。

(二)社区共同体意识的形成困境及其解决方式

在单位制解体之后,现代性的急剧扩张与发展,使社区共同体意识培育失去了肥沃的土壤;工具理性的盛行更是使人与人之间的交往建立在功利性目的之上,个人趋利避害,出现了严重的排他性,这种排他性导致了自我世界的孤立,使得社区共同体意识的生成基础极为薄弱[13]。与此同时,政府职能“全能化”和社区自组织高度单一的行政化倾向使得社区自组织严重萎缩、发育不良、功能异化,社区组织管理者角色不清、社区活动过于功利化以及不同阶层期望上的差异乃至冲突,导致居民与社区间缺乏积极的互动与耦合关系,使居民对社区缺乏认同感,社区共同体意识极为缺失[14]。而在社区中具体表现为:社区认同度不够、社区公共理性缺失、社区满意度偏低以及社区参与率不高[15]。其中,社区共同体意识缺失的最直接表现是社区参与率不高,主要有三个原因:一是社区职能厘定不清;二是政府职能偏离,行政干预性强;三是社区建设自身存在的问题,如社区公共服务受到资金的限制等[16]。

在知悉社区共同体意识的特征及困境后,学者们相继提出了促进社区共同体意识培育的方式。刘厚金认为培育社区共同体意识必须完善社区公共服务体系,加强中介组织建设,促进社区内各类社会组织的利益整合[17]。李国珍与吴建平进一步指出,应通过发展社区中介组织来开展社区行动，以促进社区共同体意识的形成[18]。于显洋从多角度探讨了中产阶层的参与意识，建议为其参与社区活动创造物理沟通平台，并加速居民利益社区化的进程[19]。魏智慧和杨敏则指出，通过社区及其主体增能和赋权，实现社区主体意识复苏的目标[20]。此外，有学者提出要加强社区体制建设，如推动社区居委会等组织的功能转型，促进社区教育发展等[21]。

综上所述，社区共同体意识是一个可测量的多维结构，并随着构成因素的变化而不断变化，这为社区共同体意识的培育提供了可能。然而，现代性的急剧扩张与工具理性的盛行，导致社区共同体意识培育的土壤先天不足，加上后天的管理不善与自组织严重萎缩，社区共同体意识极为缺乏。对此，有学者认为影响社区共同体意识的培育关键在于社区居民之间的互动，特别强调要加强社区组织的培育。但是，这仅仅只是为社区共同体意识培育提供了一个平台，如何通过这个平台实现社区居民从孤立的自我世界到社区共同体的转化呢？这一转化又是如何发生、发展，并最终促成社区共同体意识形成的呢？

因此，本文试图通过分析上海市JH社区“美食嘉”自治项目，探索从“嘉”到“家”的符号建构和演变过程如何在促进社区共同体意识培育与生成过程中发挥作用。

二、“嘉与家”——象征性“家”符号建构

JH社区建立于2013年，由三个小区构成，居民来自全国各地。在上海创新社会治理加强基层建设的实践中，JH社区探索了一系列的自治项目——“爱IN嘉”项目，包括宠爱有嘉、帮到嘉、优美嘉、美食嘉等，其中以“美食嘉”自治项目最为引人关注。由于社区名称中有个“嘉”字，所以将自治项目取名为“美食嘉”。

在这一系列“爱IN嘉”项目中，社区积极为辖区居民建构一个“嘉”等同于“家”的符号概念，从而通过“家”的象征性意义将原子化的社区居民凝聚在一起，形成一个真正意义上的社区共同体。接下来通过分析“美食嘉”自治项目的发展过程来展现JH社区如何将“家”的社区符号在社

区共同体中逐渐凸显出来，形成“家”的社区共同体意识。

（一）符号载体——美食

符号的来源可以是一切的有机体与无机体[22]。然而，在无机体符号的建构过程中，则需要借助一定的载体体现出来。在JH社区“美食嘉”自治项目中，这个“家”符号的建构，则是借助“美食”这一载体得以体现。

《韩非子·六反》指出：“今家人之治产也，相忍以饥寒，相强以劳苦，虽犯军旅之难，饥馑之患，温衣美食者必是家也。”意即有温暖的衣服、美味的食物才真正有家的感觉。李景汉则说过“凡同居共食之人，不限于同姓，亦不必有亲属之关系，谓之家庭”[23]。由此可见，“食”在一个“家”中至关重要。若将“同居”空间范围扩至一个社区，居民亦跨越同姓与血缘，而“共食”则依托“美食嘉”项目得以实现。至此，JH社区在理论上达到了“家”符号的建构目标。

而在实践当中，对于JH这个刚成立不久且社区居民生活背景各异的社区而言，第一步就是要寻找来自不同生活背景的居民的共同点，进行破冰。在“美食嘉”项目实施之前，原本有一个“宠爱有嘉”的项目，主要针对有宠物的居民，后来发现这个项目无形当中把没有宠物的居民排斥在外。因为这个共同点只属于少部分群体，而非社区这个共同体。

“我们在2016年搞了‘宠爱有嘉’这个项目，给我们2017年的‘美食嘉’项目的推广打了一个蛮好的基础，也可以说我们李阿姨通过这个项目认识了好多的新伙伴。但是居民们觉得光搞宠物这个面打不开，就是项目的延续性是有一定的问题的，太局限了。当初我们想得很好，通过宠物连接这个人、连接那个人，但是总归有一些人不是很喜欢宠物，那么我们可能就人为地将这部分居民排除在外了。所以2017年的时候，也是我们李阿姨这边觉得‘民以食为天’，可以通过吃的东西将大家联系起来。”（社区办负责人）

社区共同体意识的培育必然涵盖社区全体居民，“家”亦包括全体成员，而“美食嘉”项目正好面向社区全体居民。

“其实不管你是谁，也不管这个东西能不能称得上美食，只要能够让它有家的味道，都可以，并不是要满足嘴巴很刁的人，所以2017年就有了我们这个‘美食嘉’项目。”（社区办负责人）

“民以食为天”，而“食”连接了所有的“民”，这正好弥补了JH社区因成立时间过短、居民文化背景迥异而缺乏共同点的不足。

家，一般人的认知是以具有血缘、姻缘和收养关系为基础所形成的亲属团体[24]。即使是李景汉关于“家庭”的广泛定义中，也指出家庭的维系需要借助一定的经济关系[25]。那么，在JH社区这个“大家庭”中，又是依靠什么关系使其维系下去呢？通过调查发现，布迪厄提出的“象征性权力”可解答这一问题，即通过美食背后所产生的交换关系得以实现。

布迪厄指出，在礼物交换过程中会产生象征性权力，即俗话说的“吃人的嘴短，拿人的手软”，送礼物变成一种占有的方式，这样的“占有”是送礼物的一方以慷慨的姿态让受礼的一方接受债务契约。在“美食嘉”项目中，居民作为“收礼”的一方，不仅可以免费学到手艺，而且可以拓展人际关系。因为“无功不受禄”，所以居民自然会帮“送礼方”——居民区实现目标：实现社区居民自治，形成一个“大家庭”。

“一方面，居民觉得自己学到了手艺；另一方面，大型的活动基本上是居民区这边的支持，同时如果是自娱自乐的活动都是居民AA制，就觉得蛮好，自己拿一点钱去比较方便，因为这边提供了地方，而且学到了手艺，跟家近又能跟居民接近。”（“美食嘉”项目负责人李阿姨）

“在这个过程中我学习到了很多，也得到了很多，特别是每一个人的奉献，使这个社区很有温度，从而使这个社区家园变得很美好。我在‘美食嘉’学会了做美食，然后回去再跟家里人分享，这让我很开心，也让我很有成就感。”（西米露阿姨）

更有甚者，有些居民在社区居委会或社区骨干的逐渐引导下参与社区事务，成为新一代的社区骨干。

“我以前是住在豫园那边，那边有一家特别有名的馒头店，我就在那边买了几个馒头之后，就尝试自己在家里做。那时候生意特别好，我每天就在家里卖，都能卖掉300个馒头。我做了十年。后来住到这边来了，李阿姨听我邻居说我做馒头做得特别好。我是2013年住到这边来的，但是直到去年我才认识其他的人。一开始我是不愿意出来的，社区有这么多的人，为什么要来找我？后来李阿姨又找了我几次，我才同意参加。后面参加几次我就喜欢上了，就觉得特别有成就感。大家都很喜欢我做的馒头，后面我又学习了一些其他的美食。像以前我看到别人乱扔垃圾，我都不会管的，但是现在我看到有人如果破坏小区公共设施的话，我肯定会去说。”（佯叔）

如这位佯叔所说，他原本从不参与社区事务，但在李阿姨的动员下才参与“美食嘉”活动。几次活动下来，他获得了“美食嘉”项目成员及周边居民的认可，并在“美食嘉”活动氛围的感染下，主动维护小区公共设施，逐渐对社区形成了一种归属感，如今他已经成为“美食嘉”项目的主要负责人之一。

（二）符号建构——“美食嘉”项目成长过程

JH社区“家”的符号建构过程共分为三个阶段：一是关系构建阶段，通过美食将大家的记忆相连接，从而引起共鸣，促使社区共同体意识萌芽；二是情感互通阶段，在这一阶段中，先通过昵称拉近居民间的距离，再通过共同行动强化社区共同体意识；三是内聚强化阶段，以专业的方法使社区共同体意识得以稳固，内化于心。

1. 关系构建阶段：“家”的味道

JH是一个刚成立不久且社区居民生活背景各异的社区。为了使JH社区居民具有初步“家”的符号概念，社区负责人带头制作了各具特色的地方传统美食，吸引居民参与其中，将美食与居民记忆相连接，从而引起共鸣，制造公共话题，奠定居民群众基础。

“当时我们想到用美食把大家连接起来，所以我们就举办了一次活动，因为大家都是来自五湖四海的，都不是一个地方的。这每一个地方的食物都不一样，所以当时就号召参与的人做自己家乡的小吃。当时，上海的小吃是比较多的，大家都慢慢地想起了小时候。通过将美食与居民记忆相连接，大家一下子就打开了话匣子。”（社区办负责人）

觉察是人际关系发展的前提。要吸引陌生人的觉察，则需要一定的吸引点进行破冰。通过美食唤醒了大家共同的记忆，为社区居民之间的相互了解架起了一座桥梁，促使社区共同体意识萌芽。

2. 情感互通阶段：“家”的爱恋

“人之相识，贵在相知。人之相知，贵在知心。”在相互了解之后，社区交往进入了第二个阶段——表面接触阶段，居民与居民之间开始接触。

第一步：形象称谓。在一次次“美食嘉”活动举办的过程中，居民根据每个参与者擅长制作的美食给其取了趣味昵称，如擅长做西米露的阿姨被称作西米露阿姨。这不仅概括了其特长，更在无形当中拉近了居民之间的距离。

“我一直叫她西米露阿姨。我现在看着每一个阿姨都觉得熟悉，虽然我不知道她们叫什么，但是我记得这个是青团阿姨，那个叫西米露阿姨，青团、西米露都是她们最拿手的。我就吃了她做的西米露，好吃得不得了，就难忘了，喔，比外面买的还好吃，我脑子里就一直记着这个西米露阿姨。”（社区办主任）

第二步：共同行动。居民间的共同行动能够促进社区共同体意识的发展[26]。“美食嘉”项目组不仅在项目组内部举办活动，而且将活动延伸至小区内，从而强化社区共同体概念。

“平常，我们会自发按照自己的兴趣举办一些活动；同时，在特殊的日子里，我们会一起做点东西给社区里的老人送去，这让我们更加团结，也能够实现我们的价值。”（李阿姨）

3. 内聚强化阶段："家"的责任

舒茨认为，每一个个体在人际互动过程中，都有三种基本的需要，即包容需要、支配需要和情感需要。在亲密互惠阶段，需将居民的这三种需要强化成对社区的归属感与认同感。JH社区抓住当地政府学习培训的机会，对各个社区骨干、居委以及各项目负责人进行培训，通过专业的方法使刚萌芽的社区共同体意识得以稳固。

一是理念框架的设立。首先是居委会理念的转化，从"个人认为对居民好的事情都是好的事情"转化为"居民认为好的事情才是好的事情"；其次是"人、文、地、产、景"的社区资源分析模式，结合小区特色确定发展方向。

二是项目执行周记的撰写。一开始主要由李阿姨撰写执行周记，后李阿姨转变了思路，让每一位参与者轮流撰写周记。这样不仅使参与者的记忆更为深刻，更强化了其责任意识，增强其参与感与获得感。

"起先是我一个人在写，后来我让他们每个人都写，因为他们写了，他们就会记得住。他们写得也很开心。而且在写的过程中，他们也会越来越能担负起自己的责任，因为记录这个东西，就感觉这个礼拜我是一个组长一样的。像汪阿姨去买一袋米都要货比三家，真没想到在做之前还要准备这么多的东西……我们就是要让项目执行者都参与进来，就是让大家觉得自己是一个项目执行人。同时，也告诉大家，我们不是为了做台账，而是为了留住每一份回忆。对于他们而言，这也是一件快乐的事情，等过了十几二十几年再来看，也是一份难得的回忆。"（李阿姨）

三是做美食之前的故事挖掘。每一道美食的出品，都经过了一系列辛苦的准备过程，通过挖掘与展现美食出品之前的故事，使得整个"美食嘉"项目更具生活气息，也让人更珍惜每一道美食。

"我们现在'家'的故事挖的都是表面的，我们要挖掘更多背后的故事，即美食产生前的故事。我讲一个酒酿馒头的故事，我只知道吃不知道做，我不知道做这个之前要花两三个礼拜做准备，这些是我们现在吃的东西表面上看不到的，所以我们要收集这两个礼拜的故事，说明这个充满爱意的馒头是怎么出来的。前面的故事被大家忽略了，其实大量的工作都是前面做的。”（李阿姨）

JH社区在培育社区共同体意识的过程中，紧扣“家”的特色，循循善诱。第一步，“自家的事情自家决定”。居委会一改过去“家长式作风”，由居民自我决定社区的发展方向。第二步，创造各种方式增强社区居民的参与意识与责任意识。家之所以为家，是因为家里的每一个成员都参与其中，并对家有一份责任。在项目推进过程中，居委会成员和社区自组织的骨干不仅注重社区活动来了多少人，更注重来参与活动的人从中获得了什么，是否有实实在在的参与感与获得感，是否逐渐形成了一定的责任意识。第三步，强化责任意识。家是建立在相互付出的基础之上。很多社区为吸引居民参与，开展一系列免费活动，这类活动对于社区居民而言获得感并不强烈，但也不意味着倡导社区活动需要收费，而是要倡导社区居民珍惜社区每一个个体所付出的劳动成果。家人需要相互尊重与珍惜，在社区共同体意识培育的过程中，更要引导每一个居民去尊重与珍惜社区内“其他家人”的劳动成果，增强社区居民的责任意识。

（三）符号强化——“嘉”等同于“家”

在社区共同体意识“家”的符号的建构过程中，JH社区在社区内部与外部都采取了一定的措施使符号建构过程更加顺利，具体如下。

1. 内在强化——增强社区居民主人翁意识

在社区内部，主要采取了三种方式（见图1）：一是社区骨干培育模式；二是社区居民动员模式；三是社区共同体意识载体的推广。

一是社区骨干培育模式。在与几位社区骨干的访谈中可以发现一些规律，他们从一名普通的不爱干涉社区事务的社区居民成长为社区骨干都经历了相似的过程：有居民发现其有特长，将其举荐给社区志愿者或由社

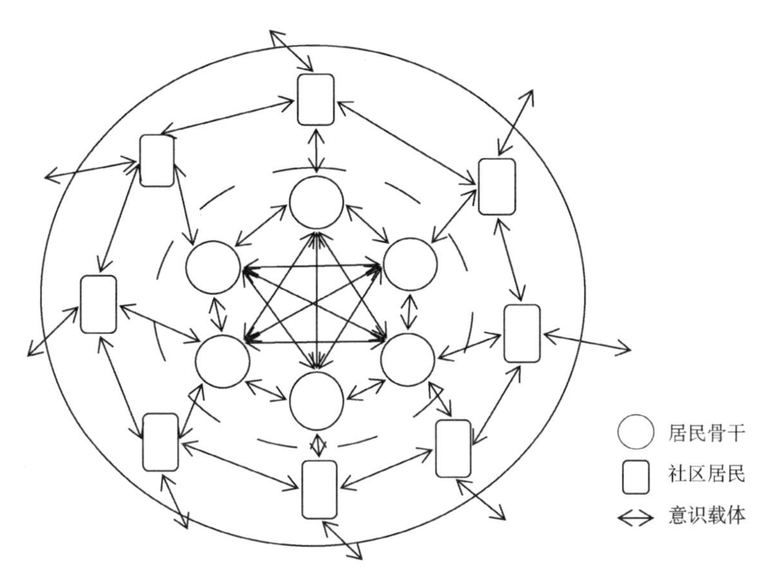

图1　社区内部强化模式

区志愿者主动发现，社区志愿者动员其参与相关的自治活动，如有美食制作特长的居民参与“美食嘉”活动，在活动参与过程中培养其社区参与意识与社区责任意识，之后动员其与居委会相联系，慢慢地引导其从关注自身利益到关注社区居民利益，成为居民委员，主动关注与参与社区公共事务，维护社区公共形象。正是这种润物细无声的培育模式，不断地扩大了社区骨干规模，使其在社区共同体当中发挥模范带头作用，促进社区共同体意识的强化。

二是社区居民动员模式。JH社区的居民动员模式并不是传统的社区动员模式，即由居委会与楼组长宣传动员，而是通过“抓”各项自治活动的“团队领头人”，由这些社区骨干动员其负责的项目团队成员，再由团队成员去动员身边人。由此以点带面，逐步将“家”的意识渗透到社区共同体当中。

三是社区共同体意识载体的推广。自治项目并不是天天举办，举办的社区自治活动也并不是每个社区居民都会参与，那么要强化居民的社区共同体意识，则需要普及附有社区共同体意识的载体，这个载体可以是一首社区居民共同认可或创作的歌，一件具有社区地方特色的衣服或一枚徽章，等等。而在JH社区中，除"美食"这个载体外，还有由"美食"延伸出来的新载体——具有JH社区特色的台历，台历上印有社区内擅长做美食的叔叔阿姨们端着自己做的美食的照片。

如图1所示，内环表示的是社区骨干培育模式，最初在社区内发现与挖掘部分骨干，再通过骨干培育骨干，并形成骨干互动圈；外环表示的是社区共同体，也反映了社区居民动员模式，由骨干不断向居民辐射；同时，社区共同体意识载体将骨干与骨干、居民与居民、骨干与居民紧密相连，共同组成社区共同体，并不断向外辐射，为社区共同体整合资源并扩大影响力。

2. 外在强化——增强社区居民自豪感

社区外部强化措施有三条：

一是媒体宣传。通过当地政府与JH社区的共同努力，在媒体不断的宣传下，将JH社区逐渐打造成"明星社区"。

二是政府表彰与学者评论。JH社区不仅成为当地政府自治项目的示范点，多次受到市政府与当地政府的表彰，且不断邀请知名学者对社区进行研究并提出改进建议。

三是参与各类高质量的社区评比比赛。外部的冲突与竞争可以促进内部的团结与发展，有效地利用各类社区评比比赛，引导社区居民参与其中，更能强化社区共同体。如JH社区参与社区优秀自治案例评选比赛，社区居民群策群力，自己收集资料、制作PPT等，在这一过程中，社区居民的社区共同体意识得以强化。

通过内外部共同作用，不断强化居民的社区共同体意识，使其完成"家"的符号的建构，形成社区共同体。

三、讨论与结论

基于JH社区"美食嘉"自治项目的分析，我们可以发现JH社区在社区共同体意识的培育中，通过"嘉"与"家"的谐音，将社区共同体意识这种精神层面的"虚无缥缈"具化为"家"的符号形象，并一步步通过符号建构，将“家”的意识深入社区居民心中，从而形成社区共同体实感，如图2所示。

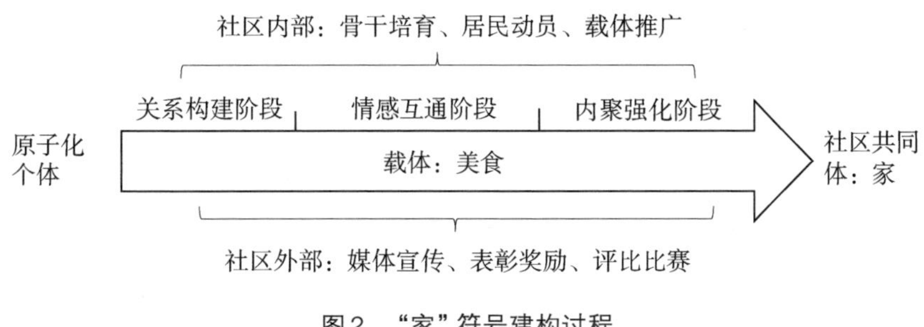

图2　“家”符号建构过程

如图2所示，社区共同体意识的培育伴随着整个自治项目而进行，该自治项目的目标群体涵盖整个社区居民。在党组织的领导下，自治项目的具体内容由社区居民自行决定，并承载“社区符号”的象征意义，其进程又与“社区符号”的建构过程相一致。当“社区符号”建构完成时，其象征意义仍持续存在。JH社区在“美食嘉”自治项目的基础上拓展出社区“美食文化”，进而又发展到“友善文化”，不断巩固社区共同体意识，促进社区共同体的形成。

总之，在社区共同体意识培育与符号建构过程中，值得注意的是：一是“社区符号”只是社区共同体意识培育的一个切入点，且必须要符合社区实践发展的特点；二是符号建构是一个动态的过程，这个动态的过程与社区共同体意识培育的过程同步；三是符号建构的方式是多种多样的，关键在于紧扣符号建构目的或符号形象，并结合社区实践；四是符号建构只是培育与形成社区共同体意识的一种方式，如何培育与形成社区共同体意识，关键在于找到社区共同点作为突破点，而这往往是社区居民最关注或最需解决的事情。

参考文献

[1] 王亮.社区意识：社区共同体的灵魂[J].广西社会科学，2006(4)：176-178.
[2] 王处辉，朱焱龙.社区意识及其在社区治理中的意义：基于天津市H和Y社

区的考察[J].社会学评论，2015，3（1）：44–58.
[3] 马瑞.当前我国城市居民社区意识浅议[J].创新，2009，3（8）：81–83，97.
[4] 陈宗章.城市社区“共同体意识”的现代性解构及其重建[J].中共四川省委党校学报，2010（2）：75–77.
[5] 陈校.社区意识研究的理论范式：社区意识的具体性[J].商业时代，2010（18）：12–13.
[6] 高鉴国.社区意识分析的理论建构[J].文史哲，2005（5）：129–136.
[7] 何卫平.后单位社会下城市社区意识的重塑[J].四川理工学院学报（社会科学版），2012，27（1）：43–46.
[8] 王处辉，朱焱龙.社区意识及其在社区治理中的意义：基于天津市H和Y社区的考察[J].社会学评论，2015，3（1）：44–58.
[9] 桑志芹，夏少昂.社区意识：人际关系、社会嵌入与社区满意度——城市居民的社区认同调查[J].南京社会科学，2013（2）：63–69.
[10] 冯朝亮，潘晨璟.城市居民社区意识及其影响因素：基于南宁市860份调查问卷的分析[J].桂海论丛，2014，30（6）：109–113.
[11] 陈文玲，原珂.基于社区应急救援视角下的共同体意识重塑与弹性社区培育：以F市C社区为例[J].管理评论，2016，28（8）：215–224.
[12] 李升，佐佐木卫.规范性社区何以存在？——现代中国都市的社区意识研究[J].国家行政学院学报，2013（5）：82–87.
[13] 陈宗章.城市社区“共同体意识”的现代性解构及其重建[J].中共四川省委党校学报，2010（2）：75–77.
[14] 罗英豪.社会建构论视角下的现代城市社区意识[J].理论研究，2006（5）：41–43.
[15] 何卫平.后单位社会下城市社区意识的重塑[J].四川理工学院学报（社会科学版），2012，27（1）：43–46.
[16] 苗俊玲.我国城市居民社区意识刍议[J].重庆科技学院学报（社会科学版），2010（16）：36–38.
[17] 刘厚金.社区公共意识的培育及路径选择：以上海某社区为例[J].理论探索，2007（1）：131–133.
[18] 李国珍，吴建平.社区意识与社区行动[J].社会工作（学术版），2006（4）：4–7.
[19] 于显洋.中产阶层的社区参与：意识与渠道研究[J].湖南师范大学社会科学学报，2008（2）：71–76.
[20] 魏智慧，杨敏.社区主体意识的复苏及其参与行动的培育：社会互构论视野

下的社区建设考察[J].学习与实践,2015(6):81-88.
[21] 何卫平.后单位社会下城市社区意识的重塑[J].四川理工学院学报(社会科学版),2012,27(1):43-46.
[22] 郭鸿.对符号学的回顾和展望:论符号学的性质、范围和研究方法[J].外语与外语教学,2003(5):9-12.
[23] 李景汉.定县社会概况调查[M].上海:上海人民出版社,2005.
[24] 王跃生.中国当代家庭、家户和家的“分”与“合”[J].中国社会科学,2016(4):91-110,207.
[25] 李景汉.定县社会概况调查[M].上海:上海人民出版社,2005.
[26] 李国珍,吴建平.社区意识与社区行动[J].社会工作(学术版),2006(4):4-7.

人民城市理念与基层民主政治建设

——学习习近平总书记关于上海工作的重要论述

李炜永　中共上海市黄浦区委党校

基层民主政治是中国特色社会主义民主政治的重要组成部分，也是彰显中国社会主义民主政治特色与优越性的重要内容。改革开放以后，在我国政治发展的战略选择中，基层民主就被提上了重要的议事日程。习近平总书记十分重视基层民主政治的建设与发展，特别是在党的十八大后，针对这一方面提出一系列高屋建瓴的重要论述。2019年11月，习近平总书记在上海考察时强调，“人民城市人民建，人民城市为人民”，“中国的民主是一种全过程民主”，“要推动城市治理重心和配套资源向街道社区下沉”。这一系列重要观点与论断内涵丰富，意义深远，成为上海乃至全国推动基层民主实践的根本指针。本文在学习领会习近平总书记关于上海工作重要论述的基础上，试从基层民主政治建设与人民城市理念的接榫贯通之处出发，深入阐述习近平总书记人民城市理念的核心要义，以推动对“人民城市”精神真谛的认识与把握。

一、目标导向：人民城市为人民

人民城市这一重要理念，首先阐明了我国城市的根本属性，即我们的城市是人民的城市，是社会主义的城市。社会主义城市建设发展的根本目的就在于满足人民群众对美好生活的向往，“让人民有更多获得感，为人民创造更加幸福的美好生活”。

以人民为中心是历史唯物主义的基本观点，也是贯穿习近平新时代中国特色社会主义思想的一条主线。“人民城市为人民”是对这一根本立场的反映。习近平总书记以人民为中心的思想内涵丰富，从“人民城市为人民”角度看，主要包含以下几层含义：

一是满足人民群众的根本利益。中国共产党致力于中国特色社会主义伟大事业，就是为了实现好、维护好、发展好最广大人民群众的根本利益。习近平总书记强调：“全心全意为人民服务，是我们党一切行动的根本出发点和落脚点，是我们党区别于其他一切政党的根本标志。党的一切工作，必须以最广大人民根本利益为最高标准。检验我们一切工作的成效，最终都要看人民是否真正得到了实惠，人民生活是否真正得到了改善，人民权益是否真正得到了保障。”[1]

二是不断满足人民群众对美好生活的需要。带领人民创造美好幸福的生活，是我们党始终不渝的奋斗目标。党的十八大闭幕的第二天，习近平总书记在十八届中央政治局常委同中外记者见面时指出：“我们的人民热爱生活，期盼有更好的教育、更稳定的工作、更满意的收入、更可靠的社会保障、更高水平的医疗卫生服务……人民对美好生活的向往，就是我们的奋斗目标。”[2]他还指出：“面对人民过上更好生活的新期待，我们不能有丝毫自满和懈怠，必须再接再厉，使发展成果更多更公平惠及全体人民，朝着共同富裕方向稳步前进。”[3]

随着时代发展与人民生活水平的提高，人民对美好生活的需要日益广泛，“不仅对物质文化生活提出了更高要求，而且在民主、法治、公平、正义、安全、环境等方面的要求日益增长”[4]。党中央敏锐捕捉到这种变化，在党的十九大上对我国社会主要矛盾做出重大调整，即人民日益增长的物质文化需要同落后的社会生产力之间的矛盾，已经转化为人民日益增长的美好生活需要和不平衡不充分的发展之间的矛盾。“美好生活需要”成为社会主要矛盾诉求，具有鲜明的时代意义。这意味着人民体验新时代的美好生活，已经从物质生活层面向社会生活领域转移，已经从生活享受向生活权利转移，已经从个体幸福安逸向社会健康发展转移。这种变化为新时代进一步发展社会主义民主政治提出了新的社会要求。

三是增进人民群众的获得感、幸福感、安全感。在以人民为中心思想的话语系统中，“获得感、幸福感、安全感”的提法让人耳目一新。本质上，增进人民群众的获得感、幸福感、安全感与满足人民群众美好生活需要是内在相通的。但“获得”“幸福”“安全”都是很实在的概念，特别是“获得”这个概念，获得了什么、获得了多少，人们能够从实际生活中得出判断；人民幸福不幸福，在很大程度上取决于人民对获得的感知。

再具体来说，人民群众的获得感、幸福感、安全感主要从物质、精神等层面来满足，聚焦点就在民生领域。习近平总书记反复强调，民生问题离老百姓最近，同老百姓生活最密切，要发扬钉钉子精神，锲而不舍地发展各项社会事业。在学有所教、劳有所得、老有所养、住有所居上持续取得新进展。2019年，习近平总书记在考察上海时指出：“要抓住人民最关心最直接最现实的利益问题，扭住突出民生难题，一件事情接着一件事情办，一年接着一年干，争取早见成效，让人民群众有更多获得感、幸福感、安全感。”[5] 2020年11月12日，习近平总书记在浦东开发开放30周年庆祝大会上的讲话中再次指出：“城市是人集中生活的地方，城市建设必须把让人民宜居安居放在首位，把最好的资源留给人民。”“推进城市治理，根本目的是提升人民群众获得感、幸福感、安全感。要着力解决人民群众最关心最直接最现实的利益问题，不断提高公共服务均衡化、优质化水平。要构建和谐优美生态环境，把城市建设成为人与人、人与自然和谐共生的美丽家园。”[6]

四是实现人民满意的价值取向。习近平总书记强调，“让群众满意是我们党做好一切工作的价值取向和根本标准，群众意见是一把最好的尺子”[7]。党的一切活动的效果，要以人民群众是否赞同、是否支持、是否拥护、是否满意为基本判断标准。2018年1月5日，在新进中央委员会的委员、候补委员会和省部级主要领导干部研讨班上，习近平总书记强调，“时代是出卷人，我们是答卷人，人民是阅卷人”。“人民是阅卷人”这一重要论断，进一步表明唯有人民才是我们一切工作的最高评判者。坚持以人民为中心，就要始终坚持令人民满意的价值指向，“政之所兴在顺民心，政之所废在逆民心”，要令人民满意，要求各级领导干部坚持心中有民，情系群众，坚持权为民所有、权为民所用、权为民所控、利为民所谋。中国共产党正是在坚持人民满意至上的基础上，在顺民心、合民意的历史进程与实践活动中，不断推动历史发展的。

从“以人民为中心”的内涵视角审视中国特色社会主义民主政治，会发现其深厚深刻、与众不同的一面。它突破了用抽象民主原则与原理来套一国民主政治建设的实际，突破了用简易化的程序性民主来推进复杂化的民主化建设实际，而将政治民主与一国现代化进程中必须面对的经济繁荣、社会和谐、生态优良、国家统一等主导性目标有机联动起来，并回到民主政治建设的根本逻辑起点——“优良的生活”上来[8]，从而形成了一种融“需求导向”与“优良生活导向”于一体的复合民主观。这种复合民主观有效避免了因单一的抽象民主观（公开选举与多党竞争）而推动的民主化进程，可能给转型国家的经济发展、社会稳定、国家统一造成巨大的震荡，给民众生活、民众心理乃至生命造成巨大的损失与创伤。对此，习近平总书记指出：“民主不是装饰品，不是用来做摆设的，而是要用来解决人民要解决的问题的。”[9]一语道破民主的本质与社会主义民主的价值追求。

“以人民为中心”是社会主义城市建设与管理的根本原则。现代城市化进程是伴随资本主义机器大生产与农民进城转变为产业工人而开启的，“但受制于资本主义政治制度和经济基础的性质，高度发达的现代工业文明、科学技术及其创造的巨大财富，不仅没有给广大工人阶级带来物质和精神上的解放，反而日益扭曲、异化了他们的生命和生活”[10]。马克思对资本主义城市与工人阶级这种不可调和的矛盾、斗争和敌对关系给予深刻揭示。马克思认为：“在资本主义体系内部，一切提高社会劳动生产力的方法都是靠牺牲工人个人来实现的；一切发展生产的手段都变成统治和剥削生产者的手段，都使工人畸形发展，成为局部的人，把工人贬低为机器的附属品，并且随着科学作为独立的力量被并入劳动过程而使劳动过程的智力与工人相异化；这些手段使工人的劳动条件变得恶劣，使工人在劳动过程中屈服于最卑鄙的可恶的专制，把工人的生活时间变成劳动时间，并且把工人的妻子儿女都抛到资本的札格纳特车轮下。”[11]社会主义生产关系是对资本主义这种旧的生产关系的取代与超越，在根本上是寻求人民的自由与解放。社会主义城市的建设与发展要竭力避免资本主义城市发展中所出现的种种弊端与病症，真正使人民群众成为城市的主人。

进一步而言，人民城市的提出，本身就是对一个时期以来过分强调城市的经济属性、淡化城市政治属性的纠偏。例如，传统城市理论中占主流的"人口论"就以"城市人口增加了多少"为主要评价指标，而对人民群众的政治利益、经济收益、社会地位、生活状况等关心不够。又如，在部分城市规划与建设中存在的"贪大求洋"以及交通拥堵、环境污染、公共服务供给不足、居住空间贫富分化等"城市病"，使本应让生活更美好的城市，成为某些阶层与人群遭受身体与心灵双重创伤的"梦魇"。因此，新城市社会学（New Urban Sociology）旗帜鲜明地提出城市研究的重点不是人口，而是资本主义的作用、国际经济秩序对城市建设的影响、财富的积累与权利的集中、社会阶级关系与国家管理职能等[12]。这在深层涉及的是城市政治与经济的基本关系，凸显了国家政治制度和意识形态对城市发展的根本性作用和决定性影响。

对于城市建设发展过程中出现的问题，习近平总书记曾提出，城市建设要防止"摊大饼"，避免使城市变成一块密不透气的"水泥板"，"不要搞奇奇怪怪的建筑"。他指出，"城市工作是一个系统工程"，要"统筹空间、规模、产业三大结构，提高城市工作的全局性"，"统筹规划、建设、管理三大环节，提高城市工作的系统性"，"统筹改革、科技、文化三大动力，提高城市发展持续性"，"统筹生产、生活、生态三大布局，提高城市发展的宜居性"。他特别强调，"做好城市工作，要顺应城市工作新形势、改革发展新要求、人民群众新期待，坚持以人民为中心的发展思想，坚持人民城市为人民。这是我们做好城市工作的出发点和落脚点"[13]。

二、实践主体：人民城市人民建

人民城市理念的第二层含义是"人民城市人民建"。"人民城市人民建"并不是一个新的提法，作为指导思想和工作规则，可以说早已有之。由于政治、历史等方面的原因，我国城市基础建设欠账较多。20世纪八九十年代，我国城市建设大规模兴起之时，国家经济实力有限，短时期内不可能拿出很多资金来解决这个问题。在这种情况下，要尽快解决城市建设与经济发展、人民生活需要不相适应的状况，就必须动员社会各方面的力量，尽可能使更多的人加入城市建设中去，有钱出钱，有力出力，没钱没力出主意。对此，李瑞环同志曾指出："我国的一大特点是人多，我们的很多困难和问题是人多造成的，要解决某些经济问题和社会问题，也必须在人多上打主意。人多力量大，人多主意多，动员起来，组织好了，就可以化不利因素为有利因素，将'包袱'变为财富。"[14]"人民城市人民建"这一提法，说到底是一个群众路线、唯物史观的问题。

与形形色色的唯心史观认为"神灵、某种神秘力量或少数杰出人物是历史的创造者"不同，唯物史观从社会存在决定社会意识出发，认为广大人民群众是推动社会发展的决定性力量，是历史的真正创造者。唯物史观所揭示的这一核心原理，是"人民城市人民建"这一重要论述的理论源头。人民城市不是外来的，是在中国特色社会主义的大地上成长起来的。人民在城市中的幸福生活，也不是其他任何人恩赐的，而是党带领广大人民群众，并且主要依靠广大人民群众的劳动创造出来的。

对于"人民是历史的真正创造者"这一基本观点，习近平总书记在国内外大大小小场合一再强调。2012年11月15日，在党的十八届一中全会刚刚当选中共中央总书记的习近平在同中外记者见面时就鲜明指出："人民是历史的创造者，群众是真正的英雄"；"在漫长的历史进程中，中国人民依靠自己的勤劳、勇敢、智慧，开创了各民族和睦共处的美好家园，培育了历久弥新的优秀文化。"[15] 2018年12月，在庆祝改革开放40周年大会上，习近平总书记将改革开放取得的一切成就归功于人民。他说："40年来取得的成就不是天上掉下来的，更不是别人恩赐施舍的，而是全党全国各族人民用勤劳、智慧、勇气干出来的！我们用几十年时间走完了发达国家几百年走过的工业化历程。在中国人民手中，不可能成为了可能。"[16]2019年5月31日，习近平总书记在"不忘初心、牢记使命"主题教育工作会议上的讲话指出："人民是我们党执政的最大底气，是我们共和国的坚实根基，是我们强党兴国的根本所在"；"人民是历史的创造者、人民是真正的英雄，必须相信人民、依靠人民；我们永远是劳动人民的普通一员，必须保持同人民群众的血肉联系。"[17] 2019年11月2日，在上海考察的习近平总书记来到杨浦区滨江公共空间时指出："这里原来是老工业区，如今，'工业锈带'变成了'生活秀带'。"这一重要论述同样饱含了人民是社会主义工业化与城市化主体力量的殷殷深情。2020年11月12日，习近平总书记在浦东开发开放30周年庆祝大会上的讲话中再次指出："要坚持广大人民群众在城市建设和发展中的主体地位，探索具有中国特色、体现时代特征、彰显我国社会主义制度优势的超大城市发展之路。"[18]

从民主的角度而言，"人民城市人民建"反映了人民群众在民主建设中的自主性作用。实现每个人自由全面的发展，也就是人的解放，是马克思主义追求的最高奋斗目标，也是社会主义民主政治发展的最高价值导向。在理论上，马克思关于人的解放是政治解放、阶级解放与社会解放的有机统一。巴黎公社为这种解放提供了一种政治形式，它代表了"人民自己实现的人民管理制度的发展方向"，实现了"还政于民"的民主政治发展目标。但在经济社会条件相对较落后的中国所建立的人民民主，还不能实现完全的社会解放，即社会完全摆脱国家成为自主的力量，并将国家重新收回社会，让人民直接进行管理。而城乡基层民主中的自治制度（如村民自治、居民自治等）恰是民众自我组织、自我管理、自我教育和自我服务的制度安排，是一种类似于巴黎公社实践的制度形态，这种基层民主不仅有利于增进基层民众的权益，为实现马克思主义经典作家所设想的民主政治的最终发展目标奠定基础，而且激活了民众的民主意识，训练了民众的民主参与技巧，为高层民主的展开奠定了基础[19]。习近平总书记反复强调，在社会治理中，要充分发挥人民群众的主体作用，充分调动人民群众的主动性、积极性、创造性，坚持共建共治共享，不断提高城市治理现代化水平。

"人民城市人民建"，明确回答了新时代城市工作依靠谁的问题，深刻揭示了新时代城市建设发展的力量之源。贯彻“人民城市人民建”理念，必须树立以人民为中心的城市发展观，健全民主制度，丰富民主形式，拓宽民主渠道，尊重市民对城市发展决策的知情权、参与权、监督权。在人民城市的决策和实施中，注重开展政党协商、人大协商、政府协商、政协协商、人民团体协商、基层协商以及社会组织协商，鼓励企业和市民通过各种方式参与人民城市的建设和管理，丰富有事好商量、众人的事情由众人商量的制度化实践。尽可能推动政府、社会、市民同心同向行动，使政府有形之手、市场无形之手、市民勤劳之手同向发力，使人民城市建设能更好地体现人民意志、保障人民权益、激发人民创造。

三、推进路径：提高城市治理现代化水平

国家治理体系与治理能力现代化是党的十八大以来中国共产党治国理政的一个崭新提法。党的十八届三中全会通过的《中共中央关于全面深化改革若干重大问题的决定》明确，全面深化改革的总目标是完善和发展中国特色社会主义，推进国家治理体现和治理能力现代化。2017年，党的十九大报告则将这一定位往前推进了一大步，即将（基本）实现国家治理体系和治理能力现代化确定为2035年以及本世纪中叶（基本）实现社会主义现代化政治建设发展方面的重要目标。

推进国家治理体系和治理能力现代化是一项复杂的系统工程。其中，城市治理是推进国家治理体系与治理现代化的重要内容。习近平总书记思考谋划上海工作一个重要的落脚点就是放在提高超大城市的治理现代化水平上。实际上，基层民主政治建设也是提高超大城市治理现代化水平的题中之义。推进基层民主政治建设有利于促进超大城市治理现代化水平的提升。2017年3月5日，习近平总书记在参加他所在的十二届全国人大五次会议上海代表团审议时对上海发展提出明确要求：“解放思想，敢于担当，敢为人先，坚定践行新发展理念，深化改革开放，引领创新驱动，不断增强吸引力、创造力、竞争力，加快建成社会主义现代化国际大都市。”[20]他指出，“走出一条符合超大城市特点和规律的社会治理新路子，

是关系上海发展的大问题。要持续用力、不断深化，提升社会治理能力，增强社会发展活力”[21]。在谈到与上海城市特点有较大相同之处的深圳时，习近平总书记强调：“要树立全周期管理意识，加快推动城市治理体系和治理能力现代化，努力走出一条符合超大型城市特点和规律的治理新路子。”[22] 2020年11月12日，习近平总书记在浦东开发开放30周年庆祝大会上的讲话中再次重申，要“提高城市治理现代化水平，开创人民城市建设新局面”[23]。

推进城市治理现代化涉及方方面面。习近平总书记指出：“要提高城市治理水平，推动治理手段、治理模式、治理理念创新，加快建设智慧城市，率先构建经济治理、社会治理、城市治理统筹推进和有机衔接的治理体系。”[24]从这段重要论述可以看出，提升城市治理水平，既有工具理性、技术理性的内容，又有价值理性与人文精神的一面。人文精神与价值理性则与治理模式、治理理念相关。党的十八大以来，习近平总书记在治理模式与治理理念上，一方面强调“依法治理”，要求“善于运用法治思维和法治方式解决城市治理顽症难题”[25]；另一方面强调“打造共建共治共享的社会治理格局”。特别是“共建共治共享的社会治理格局”的提出，为新时代加强和创新社会治理指明了方向，也成为新时代提升城市治理现代化水平的重要着力点。

坚持共建共治共享，首先要求坚持多元共建共治，从而打造协同治理新格局。共，本义就是一起、共同，意味着社会治理的主体不是单一的，而是多元的。这也体现了治理与管理的本质差别，治理“体现的是系统治理、依法治理、源头治理、综合施策”[26]。在多元社会治理体系中，党委领导、政府负责是核心。2018年，习近平总书记在上海中心陆家嘴金融城党建服务中心考察时指出：“我们在有党员的各类企业里建立党组织，目的是为企业的党员提供管理和服务，团结凝聚员工遵纪守法，遵守企业规章制度，发挥党员先锋模范作用。这也有利于企业加强管理，有利于推动企业健康发展。”[27]这实际强调了基层党组织在多元治理中发挥的核心作用。当然，在强调党建引领、政府负责的同时，也没有忽视社会这一方，即鼓励社会多元主体协商合作、共同参与，从而形成人人有责、人人尽责、人人享有的社会治理共同体。2018年，习近平总书记在上海虹口区市民驿站考察时指出："加强社区治理，既要发挥基层党组织的领导作用，也要发挥居民自治功能，把社区居民积极性、主动性调动起来，做到人人参与、人人负责、人人奉献、人人共享。"[28]

坚持共建共治共享，最终目的是实现平等共享，从而推动人的全面发展与社会全面进步。共享理念的实质就是贯彻坚持以人民为中心的发展思想。2016年1月18日，习近平总书记在省部级主要领导干部学习贯彻党的十八届五中全会精神专题研讨班上的讲话中指出："以人民为中心的发展思想，不是一个抽象的、玄奥的概念，不能只停留在口头上、止步于思想环节，而要体现在经济社会发展各个环节。要坚持人民主体地位，顺应人民群众对美好生活的向往，不断实现好、维护好、发展好最广大人民根本利益，做到发展为了人民、发展依靠人民、发展成果由人民共享。"[29]

习近平总书记指出，共享发展理念的内涵主要有四个方面：一是全民共享。这是就共享的覆盖面而言的。共享发展是人人享有、各得其所，不是少数人共享、一部分人共享。二是全面共享。这是就共享的内容而言的。共享发展就要共享国家经济、政治、文化、社会、生态各方面建设成果，全面保障人民在各方面的合法权益。三是共建共享。这是就共享的实现途径而言的。只有共建才能共享，共建的过程也是共享的过程。四是渐进共享。这是就共享发展的推进进程而言的。共享发展必将有一个从低级到高级、从不均衡到均衡的过程，即使达到很高的水平也会有差别[30]。

在城市建设与社会治理中，坚持共享理念，要求我们始终以人民满意作为评判社会治理成效的根本标准，要始终把谋取社会利益最大化作为社会治理的根本目标，让改革发展成果更多更公平惠及全体人民。习近平总书记在考察上海时多次强调，要推动社会治理重心向基层下移，力量向基层下沉，着力解决好人民群众关心的就业、住房、教育、医疗、养老等问题。把工作重心落脚到基层、落脚到民生，实际就是共享理念的一种体现。早在2007年，习近平总书记还在上海工作时就指出："上海经济发展了，市民的生活水平也要有所提高，特别要关注经济还不富裕、生活还有困难的群众。”[31]住房问题一直是上海老百姓关心的头等大事。当年在上海各区县调研时，他多次做出重要指示。到黄浦区看到十六铺、董家渡的大片旧区时，他说，“旧区改造一定要坚持推进，不能让老百姓在这么破旧的房子里生活下去了”。到闸北区彭浦新村调研时，他又指出：“推进旧区改造，是加快闸北发展的基础性工作，也事关解决老百姓‘三最’利益问题，应该记住精力把这项工作做好。”[32]在公共服务供给上，习近平总书记强调让农民共享现代化和改革的成果。2007年，他在闵行区调研时指出：“在公共事业上，要加大对农村基础设施建设和社会事业发展的倾斜力度，切实改善农民生活环境，提高农民生活质量。”在南汇（现已并入浦东新区）调研时，他指出，“基础设施的改善，向一体化方向走，城市向农村延伸，水电路桥将来村村通、户户通”，“在建设物质文明的同时还要加强精神文明建设，要软件和硬件并重”，“软件，就是镇保、社保、合作医疗制度的建立，对于三无人员、五保（户）的集中供养，上海要解决得好一点，力度要再大一些”[33]。

总的来讲，构建共建共治共享的社会治理制度与格局，进一步丰富了人民城市理念的内涵，即“人民城市人民建，人民城市为人民”之后，还有两个重要内容就是“人民城市人民治”和“人民城市人民享”。其中，共建是根本动力，共治是重要方式，共享是根本目的。而在整体上，人民城市理念是习近平新时代中国特色社会主义思想“人民性”政治思维的重要体现。而“习近平新时代中国特色社会主义思想中蕴含的‘人民性’政治思维，具有划时代的创新性，是习近平新时代中国特色社会主义思想关于政治建设的逻辑起点与思维主线，是以唯物史观推进新时代中国特色社会主义政治发展的理论体现”[34]。

参考文献

[1] 习近平.习近平谈治国理政：第一卷[M].北京：外文出版社，2014：28.
[2] 中共中央文献研究室.十八大以来重要文献选编（上）[M].北京：中央文献

出版社，2014：70.
[3] 习近平．习近平谈治国理政：第一卷[M].北京：外文出版社，2014：28.
[4] 中国共产党第十九次全国代表大会文件汇编[M].北京：人民出版社，2017：9.
[5] 深入学习贯彻党的十九届四中全会精神　提高社会主义现代化国际大都市治理能力和水平[N].人民日报，2019-11-04（1）.
[6] 习近平．在浦东开发开放30周年庆祝大会上的讲话[N].人民日报，2020-11-13（2）.
[7] 中共中央文献研究室．十八大以来重要文献选编（中）[M].北京：中央文献出版社，2016：91.
[8] 唐亚林．中国式民主的内涵重构、话语叙事与发展方略：兼与高民政、蒋德海教授商榷[J].探索与争鸣，2014（6）：30-37，2.
[9] 习近平．习近平谈治国理政：第二卷[M].北京：外文出版社，2017：286-287.
[10] 刘士林．人民城市：理论渊源和当代发展[J].南京社会科学，2020（8）：66-72.
[11] 马克思恩格斯全集：第23卷[M].北京：人民出版社，1972：552-553.
[12] 夏建中．新城市社会学的主要理论[J].社会学研究，1998（4）：47-53.
[13] 习近平．在中央城市工作会议上的讲话[N].人民日报，2015-12-23（2）.
[14] 屹友．从天津城建谈“人民城市人民建”[J].城市，1990（1）：41-43.
[15] 中共中央文献研究室．十八大以来重要文献选编（上）[M].北京：中央文献出版社，2014：70.
[16] 习近平．在庆祝改革开放40周年大会上的讲话[N].人民日报，2018-12-19（2）.
[17] 习近平．在“不忘初心、牢记使命”主题教育总结大会上的讲话[J].求是，2020（13）.
[18] 习近平．在庆祝改革开放40周年大会上的讲话[N].人民日报，2018-12-19（2）.
[19] 罗峰．新时代中国基层民主发展的复合动力[J].上海行政学院学报，2020，21（1）：4-12.
[20] 践行新发展理念深化改革开放　加快建设现代化国际大都市[N].人民日报，2017-03-06（1）.
[21] 践行新发展理念深化改革开放　加快建设现代化国际大都市[N].人民日报，2017-03-06（1）.
[22] 习近平．在深圳经济特区建立40周年庆祝大会上的讲话[N].人民日报，2020-10-15（2）.
[23] 习近平．在浦东开发开放30周年庆祝大会上的讲话[N].人民日报，2020-11-13（2）.

[24] 习近平.在浦东开发开放30周年庆祝大会上的讲话[N].人民日报，2020-11-13(2).

[25] 践行新发展理念深化改革开放　加快建设现代化国际大都市[N].人民日报，2017-03-06(1).

[26] 推进中国上海自由贸易区建设　加强和创新特大城市社会治理[N].人民日报，2014-03-06(1).

[27] 坚定改革开放再出发信心和决心　加快提升城市能级和核心竞争力[N].人民日报，2018-11-08(1).

[28] 坚定改革开放再出发信心和决心　加快提升城市能级和核心竞争力[N].人民日报，2018-11-08(1).

[29] 习近平.深入理解新发展理念[J].求是，2019(10).

[30] 习近平.深入理解新发展理念[J].求是，2019(10).

[31] 习近平在上海系列报道之三：真正的政绩在老百姓的口碑里[EB/OL].(2017-09-29) [2021-08-20]. http://www.cnr.cn/shanghai/tt/20170929/t20170929_523970553.shtml.

[32] 习近平在上海系列报道之三：真正的政绩在老百姓的口碑里[EB/OL].(2017-09-29) [2021-08-20]. http://www.cnr.cn/shanghai/tt/20170929/t20170929_523970553.shtml.

[33] 习近平总书记在上海工作期间对推动“三农”发展的思考与实践[N].人民日报，2018-09-28(2).

[34] 王浦劬.“人民性”思维：新时代政治发展的逻辑主线[N].光明日报，2018-05-18(8).

人民城市重要理念的深刻内涵与实现路径

刘中起　中共上海市委党校

2019年11月，习近平总书记在上海考察时提出"城市是人民的城市，人民城市为人民"的重要论断，要求上海不断提高社会主义现代化国际大都市治理能力和治理水平。这为我们在新时代推进城市建设指明了前进方向，提供了根本遵循[1]。2020年6月23日，上海市委第十一届委员会第九次全体会议审议通过《中共上海市委关于深入贯彻落实"人民城市人民建，人民城市为人民"重要理念，谱写新时代人民城市新篇章的意见》，指出要更加自觉地把"人民城市人民建，人民城市为人民"重要理念贯彻落实到上海城市发展全过程和城市工作各方面，把为人民谋幸福、让生活更美好作为鲜明主题，切实将人民城市建设的工作要求转化为紧紧依靠人民、不断造福人民、牢牢植根人民的务实行动[2]。2020年11月16日，习近平总书记在浦东开发开放30周年庆祝大会上发表重要讲话指出，要提高城市治理现代化水平，开创人民城市建设新局面。由此，上海在探索超大规模人民城市建设发展的进程中，必须要始终坚持人民城市的属性，把人民的向往作为城市建设发展的方向，把人民的需求作为城市建设发展的追求，把人民的痛点作为城市建设发展的重点，把人民的感受作为检验城市建设发展成效的标尺，充分发挥群众在人民城市现代化建设发展中的主体作用，真正做到共建共治共享。

一、人民城市重要理念的时代意义

1. 历史逻辑：体现了中国共产党不忘初心、牢记使命的历史担当

党的十八大以来，习近平总书记治国理政一个最鲜明的特点就是以人

民为中心。2012年11月，习近平总书记在十八届中共中央政治局常委同中外记者见面时强调："人民对美好生活的向往，就是我们的奋斗目标。"城市是人类居住生活的重要场所，城市建设关乎百姓生活的方方面面。在新的历史时期，习近平总书记强调人民城市的立场，具有强烈的现实针对性，体现了我们党在推进城市治理体系与治理能力现代化进程中全心全意为人民服务的根本宗旨，彰显了中国共产党人的责任担当。衣食住行、教育就业、医疗养老、文化体育、生活环境、社会秩序等方面，关乎人民群众切身利益，体现城市管理水平和服务质量。

2021年是建党100周年。习近平总书记在党史学习教育动员大会上的重要讲话中深刻指出，我们党的百年历史，就是一部践行党的初心使命的历史，就是一部党与人民心连心、同呼吸、共命运的历史。历史充分证明，江山就是人民，人民就是江山，人心向背关系党的生死存亡[3]。为此，人民城市的建设要求我们在城市建设中牢记党的根本宗旨，聚焦人民群众需求，将城市建设的重心下移、力量下沉，找准服务群众的切入点和着力点，推进服务供给精细化，着力解决好人民群众关心的就业、教育、医疗、养老等突出问题，不断提高基本公共服务水平和质量。同时，聚焦基层党建、城市管理、社区治理和公共服务等，整合审批、服务、执法等方面力量，坚持民有所呼、我有所应，把社区打造成为城市治理的坚实支撑和稳固底盘。

2. 制度逻辑：体现了共建共治共享社会治理的制度实质

共建共治共享的社会治理制度，是我们党在长期探索中形成的、被实践证明符合国情、符合人民意愿、符合社会治理规律的科学制度，是习近平新时代中国特色社会主义思想的重要内容。上海是全国最大的经济中心城市，也是世界超大城市的代表，为此需要把握人民城市的"生命体征"，走出一条符合超大城市特点和规律的社会治理现代化新路子。

党的十九届四中全会决定对坚持和完善共建共治共享的社会治理制度提出了明确要求，为新时代加强和创新社会治理指明了方向。一流城市要有一流治理，城市治理现代化是推进国家治理体系和治理能力现代化的重要内容。把握人民城市的主体力量，既要善于运用现代科技手段实现智能化，又要通过绣花般的细心、耐心、巧心提高精细化水平，打造超大城市共建共治共享的社会治理共同体。在推进人民城市建设的过程中，必须紧紧依靠人民，充分激发人民群众的主人翁精神，强化人民群众参与的制度化保障，让人民群众成为城市发展的积极参与者、最大受益者、最终评判者。

3. 文化逻辑：体现了超大城市开放包容、海纳百川的文化品格

文化是城市的灵魂。开放、创新、包容已成为上海最鲜明的品格，这种品格是新时代中国发展进步的生动写照。十一届上海市委九次全会提出要把握人民城市的根本属性，将人本价值作为推动城市发展的核心取向，作为改进城市服务和管理的重要标尺，作为检验城市各项工作成效的根本标准，贯穿城市规划、建设、管理和生产、生活、生态各环节各方面，以更优的供给满足人民需求，用最好的资源服务人民，提供更多的机遇成就每个人，创造更多就业机会、创业平台、事业舞台，努力为工作生活在这座城市中的人们提供用武之地、打开成功之门。

超大城市是生命体、有机体，着力提升城市的软实力，打造人才高地，需要构建更加开放包容、海纳百川的城市文化生态，更好汇聚人气、集聚人才、凝聚人心，用好用活红色文化、海派文化、江南文化资源，打造人性化城市、人文化气息、人情味生活，使五湖四海的人们向往这座城市、汇聚到这座城市，在成就梦想的同时，共建有温度的城市，努力打造“人人都有人生出彩机会、人人都能有序参与治理、人人都能享有品质生活、人人都能切实感受温度、人人都能拥有归属认同”的城市。

二、人民城市重要理念的深刻内涵

1. 回应人民对美好生活的向往：城市服务与治理的根本方向

坚持以人民为中心的发展思想，就是要从人民群众的根本利益出发谋发展、促发展，不断满足人民群众日益增长的美好生活需要，努力促进人的全面发展。以人民为中心的发展思想，不是一个抽象的、玄奥的概念，不能只停留在口头上、止步于思想环节，而要体现在经济社会发展各个环节。

进入新发展阶段，需要真正秉承共建共治共享的新理念，着力解决人民最关心最直接最现实的利益问题，推进共同富裕，不断增强人民群众的获得感、幸福感和安全感。由此，做好新时代城市工作，必须坚持以人民为中心，明确城市是人民的城市、人民是城市的主人，把“属民”“为民”“靠民”的人民城市重要理念真正落到实处，全心全意为人民群众创造更加幸福的美好生活。

坚持以人民为中心，是新时代坚持和发展中国特色社会主义的根本立场。习近平总书记指出：“人民对美好生活的向往，就是我们的奋斗目标。”城市归根结底是人民的城市，人民对美好生活的向往，就是城市建设与治理的方向。在城市建设中，必须坚持以人民为中心的发展思想，明确城市属于人民、城市发展为了人民、城市治理依靠人民，全心全意为人民群众创造更加幸福的美好生活。

2. 尊重人民的主体地位：共建共治共享社会治理新格局的内在要求

人民性是马克思主义最鲜明的品格，群众的观点是唯物史观的根本观点。始终同人民在一起，为人民利益而奋斗，是马克思主义政党同其他政党的根本区别。党的十八大以来，习近平总书记特别强调执政党要尊重人民主体地位，他明确指出：“中国共产党的一切执政活动，中华人民共和国的一切治理活动，都要尊重人民主体地位，尊重人民首创精神，拜人民为师，把政治智慧的增长、治国理政本领的增强深深扎根于人民的创造性实践之中，使各方面提出的真知灼见都能运用于治国理政。”[4]正是基于对人民主体性问题的强烈关注、深刻认识和牢牢把握，习近平总书记反复提醒广大党员干部要真正牢固站稳人民立场。“人民是历史的创造者，是决定党和国家前途命运的根本力量。”由此，我们必须深刻认识到人民是城市的主人，更是城市建设与治理的主体。

“人民城市人民建”，明确回答了新时代城市工作依靠谁的问题，深刻揭示了新时代城市建设发展的力量之源，是“人民群众创造历史”的唯物史观的鲜明体现。深入开展新时代的城市工作，必须坚持以人民为中心，发扬群众首创精神。尊重人民主体地位，紧紧依靠人民，协力创建新时代社会主义现代化人民城市的宏大历史伟业。发挥人民群众在城市工作中的主体作用，就要尊重市民对城市发展决策的知情权、参与权、监督权，鼓励市民通过各种方式参与城市建设、管理，做到问需于民、问计于民、问效于民，调动群众的积极性、主动性、创造性，汇聚起共治共管、共建共享美好城市的磅礴力量。

3. 坚持重心下移、力量下沉：城市治理精细化水平提升的坚实基础

2020年11月，在浦东开放开发30周年庆祝大会上，习近平总书记指出，要提高城市治理现代化水平，开创人民城市建设新局面。要坚持广大人民群众在城市建设和发展中的主体地位，探索具有中国特色、体现时代特征、彰显我国社会主义制度优势的超大城市发展之路。要提高城市治理水平，推动治理手段、治理模式、治理理念创新，率先构建经济治理、社会治理、城市治理统筹推进和有机衔接的治理体系。中国共产党第十九届中央委员会第五次全体会议审议通过的《中共中央关于制定国民经济和社会发展第十四个五年规划和二〇三五年远景目标的建议》指出，“十四五”期间要努力实现“社会治理特别是基层治理水平明显提高”的目标[5]。这是我国进入新时代新发展阶段社会治理的科学指引。换句话说，提高社会治理精细化水平必须充分发挥基层在社会治理中的重要作用。这要求我们把城市建设的重心下移、力量下沉，着力解决好人民群众关心的就业、教育、医疗、养老等突出问题，不断提高基本公共服务水平和质量。同时，聚焦基层党建、城市管理、社区治理和公共服务等，整合审批、服务、执法等方面力量，把社区打造成为城市治理的坚实支撑和稳固底盘[6]。

人民城市重要理念立足于人民，要求一切城市工作都要围绕人民群众需要、贴近人民群众生活、服务人民群众利益。习近平总书记强调，“无论是城市规划还是城市建设，无论是新城区建设还是老城区改造，都要坚持以人民为中心，聚焦人民群众的需求，合理安排生产、生活、生态空间，走内涵式、集约型、绿色化的高质量发展路子，努力创造宜业、宜居、宜乐、宜游的良好环境，让人民有更多获得感，为人民创造更加幸福的美好生活”。做好新时代城市工作，必须把人民城市重要理念强调的系统性与协调性落

实到城市建设、发展与治理之中，树立强基固本思想，坚持重心下移、力量下沉、资源下投，向基层放权赋能，建立健全富有活力和效率的新型基层治理体系，构建网格化管理、精细化服务、信息化支撑、开放共享的基层管理服务平台。

三、探索人民城市重要理念的实现路径

1. 政治保障：强化党建引领推进城市治理体系完善

践行人民城市重要理念，推进人民城市建设，必须在党的坚强领导下，坚持以人民为中心，贯彻创新、协调、绿色、开放、共享的新发展理念，转变城市发展方式，完善城市治理体系，提高城市治理能力，让人民城市的建设成果为人民共享，让人民城市的治理效能体现在人民群众获得感、幸福感的提升上。

随着新型城镇化的快速推进，城市社会结构、生产方式和组织形态发生深刻变化，人民对美好生活的需要日益增长，迫切要求充分发挥党的组织优势，不断提升党的城市工作水平。城市基层党组织是党在城市全部工作和战斗力的基础。我们要加强和改进城市基层党建工作，构建区域统筹、条块协同、上下联动、共建共享的城市基层党建工作新格局，为建设和谐宜居、富有活力、各具特色的现代化城市，走出一条中国特色城市发展道路，提供坚强组织保证。一方面，强化市、区、街道、社区党组织四级联动，推进街道社区党建、单位党建、行业党建互联互动，扩大新兴领域党建的有效覆盖，增强城市基层党建的整体效应；另一方面，健全党组织领导下的居民自治机制，领导群团组织和社会组织参与基层治理，以网格化党建促进城市精细化治理。

2. 数字驱动：依托智慧智能推进城市精细服务治理

“城，所以盛民也。”习近平总书记指出，“城市管理应该像绣花一样精细”，“一流城市要有一流治理，要注重在科学化、精细化、智能化上下功夫”。2018年11月6日，习近平总书记来到浦东新区城市运行综合管理中心，透过一块实时更新的大屏了解上海城市精细化管理情况。总书记强

调,上海既要善于运用现代科技手段实现智能化,又要通过绣花般的细心、耐心、巧心提高精细化水平,绣出城市的品质、品牌。

城市是生命体、有机体,特大、超大城市人口总量和建筑规模更庞大,生命体征更复杂,城市治理需要更用心、更精细、更科学,如履薄冰地守牢安全底线,以系统性思维强化整体协同,以全周期管理提升能力和水平。必须紧抓城市现代化治理"牛鼻子",解决城市治理中的堵点、盲点,上海正以升级建设"一网统管"系统为抓手,着力实现"一屏观天下、一网管全城"的目标。更加智能、更加精细的城市治理"绣花功夫",也成为"人民城市人民建,人民城市为人民"理念的生动实践。当前,必须绷紧疫情防控这根弦,在常态化疫情防控中完善城市治理。统筹规划、建设、管理,在生产、生活、生态等各方面,发挥好政府、社会、市民等各方作用。同时,坚持从群众需求和城市治理突出问题出发,把分散式信息系统整合起来,做到实战中管用、基层干部爱用、群众感到受用。

3. 价值归位:坚持人民主体推进城市发展共建共享

城市建设和经济发展相辅相成、相互促进。随着我国经济进入高质量发展阶段,城市建设亟须改变粗放发展方式,推动产业转型升级,培育新的经济增长动力,提升城市功能品质,努力实现高质量发展,更好满足人民日益增长的美好生活需要。聚焦人民群众需求,要求我们在城市建设中牢记党的根本宗旨,坚持民有所呼、我有所应,把群众大大小小的事情办好;将城市治理的重心和配套资源向街道社区下沉,面向区域内群众开展服务;推进服务供给精细化,找准服务群众的切入点和着力点,对接群众需求,推进服务供给侧结构性改革,办好一件件民生实事。近年来,上海主动推动发展质量变革、效率变革、动力变革,在提高城市经济密度、提高投入产出效率上下功夫,在提升配置全球资源能力上下功夫,在增强创新策源能力上下功夫,加快建设现代化经济体系。

把握人民城市的主体力量,以共建为根本动力,以共治为重要方式,以共享为最终目的,打造共建共治共享的社会治理共同体。近年来,上海着眼于建设社会主义现代化国际大都市,着力提高社会治理社会化、法治化、智能化、专业化水平，更加注重在细微处下功夫、见成效。紧紧依靠人民推进城市建设，充分激发人民群众的主人翁精神，强化人民群众参与的制度化保障，让人民群众成为城市发展的积极参与者、最大受益者、最终评判者。畅通渠道平台、完善协商民主、加强基层治理，更好地保障人民群众有序参与。搭建更多民意“直通车”、公众“议事厅”，坚持广纳群言、广集众智，丰富有事好商量、众人的事情由众人商量的制度化实践。

参考文献

[1] 习近平.城市是人民的城市，人民城市为人民[N].人民日报（海外版），2019-11-04.
[2] 中共上海市委关于深入贯彻落实“人民城市人民建，人民城市为人民”重要理念，谱写新时代人民城市新篇章的意见[N].解放日报，2020-06-23.
[3] 习近平.在党史学习教育动员大会上的讲话[J].求是，2021（7）.
[4] 习近平.习近平谈治国理政：第三卷[M].北京：外文出版社，2020：127-128.
[5] 中共中央关于制定国民经济和社会发展第十四个五年规划和二〇三五年远景目标的建议[M].北京：人民出版社，2020.
[6] 刘中起.“人民城市”重要理念体现了哪三大逻辑的有机统一[N].解放日报，2020-07-20.

人民性、城市性与个体性

——城市治理现代化的三重逻辑

韩志明　上海交通大学国际与公共事务学院

改革开放40多年来，经济和社会发展波澜壮阔，城镇化进程如火如荼，城市的发展日新月异。早在2011年，我国城镇化率历史性地突破50%，我国由此步入城市时代，进入城市中国的时代。根据第七次全国人口普查的数据，2020年中国的城市化率已经超过63%，近9亿中国人在城市中学习、生活和工作。许多经济发达地区的城市化率更是超过80%。随着城市化率的持续攀升，城市的规模越来越大，复杂程度也越来越高，形成了城市治理转型升级的现实需求。城市让生活更美好，一流的城市需要一流的治理。相对于过去以城市建设为中心的城市工作思维，新时代的城市工作已经迈入城市治理的时代，提出了城市治理现代化的艰巨任务，其中的核心就是坚持城市的人民性，满足人民美好生活的需求，持续提高人民群众的生活品质。

一、彰显人民性：重塑城市发展的价值主线

在人类漫长的历史长河中，城市的发展也经历了跌宕起伏的过程。历史上的许多城市曾因为工商业的辐辏而繁荣发达，或因为战争或自然灾难等而衰败没落。其中最直接的要素就是看城市人口的数量，城市兴盛则人口趋附而至，日渐繁荣鼎盛，城市衰落则人口不断流失，走向萧条没落。就形式而言，城市是人口等资源要素高度聚集的社会空间，高密度的人口是城市的典型特征。人是城市最重要的主体，与城市的发展息息相关。人的多少及密度的高低是衡量城市发展状况的重要指标。人也是城市生命体

中的活性元素，是影响城市发展和进步的关键变量，也构成了现代城市治理的重要主体。

自2015年召开中央城市工作会议以来，城市治理开始成为党和国家关注的重点领域。围绕新时代的城市工作，中央接连出台了多个有关城市管理的重要文件，大力推进城市群建设和智慧城市建设等重要发展战略。习近平总书记先后在不同场合提出了大量有关城市治理的重要论断，比如“城市管理应该像绣花一样精细”，“城市是生命体、有机体，要敬畏城市、善待城市”，“人民城市人民建，人民城市为人民”等。其中，有关城市人民性的论断是习近平总书记城市治理思想的重要组成部分，是“以人民为中心”的发展观在城市工作领域的深入落实，也是新时代中国共产党执政为民的新理念、新思路和新方案，为城市治理转型和升级提供了具有统领性和方向性的思想。

具体来说，“人民性”的论断主要解决了城市发展属于谁、依靠谁和为了谁三个方面的问题。首先，它阐明了城市的性质问题，即人民是城市的主人，城市是属于广大人民的，人民性是社会主义城市的根本属性。其次，人民创造了城市，城市建设和发展必须要集中民智，汇聚民力，要紧密依靠广大人民的奋斗和拼搏，尤其是要将人民纳入城市治理的各个环节中来，共同管理好城市家园。最后，城市的进步和发展最终都是为了广大人民的福祉，满足人民群众对于美好生活的需求，提高人民群众的生活品质。这三个方面归根结底就是，城市归广大人民所共有，由人民群众共同治理，最终实现人民共享。

始终坚持以人民为中心，始终坚持为人民服务，始终依靠人民群众的力量，这是中国特色社会主义发展道路的精神内核，是党和国家事业兴旺发达的价值基础，是中国共产党治国理政的不变初心。以中国之制实现中国之治，发挥中国特色的制度优势，贯穿其中的主线就是以人民为中心，全心全意为人民服务。这也是社会主义城市治理的根本立场，是城市治理的核心价值。人，只有人，才是城市各项工作不变的中心。没有这种价值关怀和精神支柱，城市发展就会偏离正确的方向，城市工作就会背离民心民意,得不到人民的支持和认可,出现不应有的过错和失误。

在中国共产党的坚强领导下,中国已经探索出了一条独特的城镇化道路,城市发展取得了举世瞩目的成就,也推动了社会的全面转型和升级发展。进入新时代以来,面对中国社会主要矛盾的变化,尤其是城市治理面临的复杂形势,城市治理必须要坚持以人为本,以广大人民为中心,始终考虑到人民群众的需求和意愿,不断发展和完善城市治理体系,提高城市治理能力,让城市生活变得更加美好。可以想象,只有在一座充分实现了人民性的城市中,才有可能人人都可以获得出彩的机会,人人都可以参与城市治理,人人都能共享城市的品质,人人都能感受到城市的温度,人人都能拥有归属感、认同感和自豪感。

二、重视城市性:全面提升城市生命体的功能

从1978年至今,中国的城市化率平均每年增加1个百分点,城市发展的成就有目共睹,既推动了经济社会的发展,也提升了社会的文明水平。需要注意的是,城市发展的过程不仅仅是从乡村到城市的过程,也是不断地解决城市建设、发展和管理问题的过程。只有更好地解决城市发展中出现的各种问题,才能更好地推动城市的发展,城市才能成为人们梦想实现的地方。城市发展过程中衍生出了各种各样的城市病,包括交通拥堵、环境污染和贫富分化等,给城市的良性运行带来了严重的困扰。

相对于农村,城市意味着便捷、效率与文明,承载着美好生活的理想。但作为各种要素高度集聚的社会空间,城市也形成了特殊的城市问题,比如城市病,其中主要是基于城市高密度或紧凑型空间而形成的问题。在当今全球化和信息化的时代,城市普遍面临着复杂性、脆弱性和不确定性的挑战。城市治理是城市社会中多元主体共同参与解决城市问题的过程,多元主体不仅是利益相关者,更是治理参与者。城市治理千头万绪,涉及方方面面的利益和需求,其中的核心就是做人的工作,以人为中心来开展工作,理顺和协调人们的利益冲突,打造和谐稳定和公平正义的发展环境,特别是要积极回应社会关切,顺应人民的心声和期待,优化城市治理的理念、

体制、机制和方法，高效地解决好人民群众关心关切的现实问题，推动城市治理的转型升级。

在喧嚣繁杂的城市大舞台上，城市治理的人民性意味着必须建设一个平等、公平和正义的城市，要从城市治理层面解决城市的主权及其实现方式的问题。首先，城市是人民休戚相关的社会共同体，人民作为整体，是城市的主人，应当能够主宰和掌握城市的命运，也要为城市发展及其未来承担起广泛的责任，包括城市的繁荣和衰落等。其次，城市治理应该坚持人本主义的价值，始终以人民的需求和意愿为中心，创造更加公平和正义的社会环境，实现好、维护好和发展好最广大人民的根本利益，让人民共同享受城市发展的成果，让城市文明的红利更多惠及普通人。最后，城市治理是人民共同参与的事业，应该创造机会、条件和平台，让人民广泛参与城市治理的各个环节，积极承担主体性角色，发挥能动性作用，成为城市的主人。

我国是人民民主的社会主义国家，坚持人民当家作主是人民民主的本质特征，执政为民是中国共产党的执政宗旨，群众路线是中国共产党的根本工作方法，其中都包含着鲜明的人民性内涵。“知政失者在草野，知屋漏者在宇下”，群众路线要求深入群众，从群众中来，到群众中去，“情为民所系，利为民所谋”，了解人民群众的需求和愿望，切实解决人民群众关心的重大问题。习近平总书记提出以人民为中心的发展思想，是人民性思想的重要进步和发展。将人民性贯彻落实到城市的全局工作中去，以人民性统揽城市治理的各项工作，整合不同城市主体的利益诉求，城市治理坚持、贯彻和拓展人民性，是中国之制的落实和体现，也是中国之治的特色经验，具有重要的理论和实践意义。

三、实现个体性：发展面向个人的精准治理

个人权利是城市文明演进的标志性成果，城市的发展推动了个人权利的拓展、落实和满足。人们为了生活得更好，从农村迁徙到城市，居留于城市之中，成为城市人。城市让人们更加繁荣富足，也让人们享受更加便捷、

文明的生活。正是在高度陌生化的城市社会中,普遍性的个人权利及其规则得到了发育。城市的人民性具体落脚在人民群众的各项权利上,就是要充分响应和满足人民群众日益增长的对于美好生活的需要。为此,必须要进一步解放思想,坚持以人民为中心的发展观,深入推进各个领域的改革创新,把人民对美好生活的向往作为城市发展的奋斗目标,让人更加有尊严,提高生活品质,享受美好生活。

人民性不是空洞的口号,更不应该用整体性的人民话语压制个体化的权利诉求。人民性的基础是以人为本,是以个人为中心。发扬城市的人民性,必须要推进城市治理现代化,要坚持在党的全面领导下,尊重和坚持人民的首创精神,贯彻落实党的群众路线,时刻想着人民群众,全心全意为群众办实事,尽心尽力为群众解决难事,做好调查研究,广泛动员人民,在政策制定和执行的各个环节,坚持问政于民、问计于民、问需于民,坚持协商与决策制定之前和决策实施之中,以人民群众关心的突出问题为切入点,小到鸡毛蒜皮的邻里纠纷,大到就业创业的各种政策支持等,打破城市中各种有形和无形的壁垒,全方位激活人民参与改革和发展的动力,认真落实各项惠民、便民和利民措施,增强人民群众的获得感和幸福感。

个体性是现代社会的基本特征,个人是现代社会的细胞。城市归根结底是由个体构成的。实现城市的人民性,最终必须落实到个体的层面上来,以具体的个人作为基本的治理单元,发展面向个人的精准治理,尤其是要认真对待权利,真正让权利的光芒温暖到个人,让权利可以运用起来,使权利成为城市治理的活性资源。比如各地城市政府推出城市管理的App,鼓励城市居民参与城市治理的过程,提高了城市治理的效能。为此,要以信息技术的应用为契机,特别是要大力利用大数据等技术手段,建立健全人民群众有序参与的平台,疏通政情民意沟通互动的通道,切实保障人民群众的知情权、表达权、参与权和监督权,及时梳理和响应人民群众的诉求和期许。

值得注意的是,从中西方城市发展的经验和教训来看,城市的规模越大,城市治理的难度也越高。超大规模城市的治理千头万绪,面临更加繁重而艰巨的任务，也具有更高程度的复杂性、风险性和不确定性。比如新冠肺炎疫情等突发危机的出现，让我们意识到必须要系统谋划，精心设计，尊重城市运行和管理的客观规律，大力推进精细化治理，重视局部，瞄准个人，精准施策，把细节做好，精益求精，不断提升城市治理的品质和水平，特别是要注意打造协同高效的城市治理体系，全方位提供高效、便捷和精准的公共服务，满足人民群众多样化、差异化的需求，打造有人性、有人文和有温情的城市环境，不断提升人民群众的幸福感。

城市化的持续发展提出了城市治理转型升级的要求。城市治理的人民性是响应城市治理问题的重要思想结晶，是引领和指导城市治理实践的有效理论工具，对于建构以人为中心的城市治理体系具有积极而深远的意义。在城市治理深度应用于现代信息技术的过程中，坚持人民性不仅可以矫正技术应用中的偏差问题，而且有利于激活丰富的个人权利资源，增强城市治理的协同性和和谐性。当然，权利绝不只是确认了城市治理的任务，也是城市治理的能动性资源，内含着巨大的治理潜力。因此，如何激活人民群众的积极性、主动性和创造性，更好地识别和测算个人的需求，促进群众参与城市治理，是城市治理现代化的重要目标。

在城市治理深化转型的过程中，出现了利益失衡、社会分化和结构固化等方面的问题，给城市的可持续发展和城市治理现代化都带来了巨大的挑战，也是城市转型升级需要解决的问题。人民性的话语包含了强大的政治势能，是评判城市治理实践的理论武器，也是重新定位和引领城市治理的价值标杆。在新时代的征程上，城市治理必须始终坚持以人民为中心，将人民性嵌入城市工作中，以城市性来呈现人民性，以个人权利来发扬城市性，让个人的权利落到实处，使人民成为城市舞台的主体，最终满足人民对于美好生活的需求。

基本管理单元：上海精细化治理中的一根“绣花针”[①]

熊　竞　上海交通大学中国城市治理研究院

做实基本管理单元的目的在于补好上海基层治理体系的短板，进一步提高基层公共管理的有效性、基本公共服务的可及性和基层民众参与的便利性。它是上海在探索超大型城市特点和规律的社会治理新路中总结提炼的重要制度创新，是上海精细化治理中的一根独特的“绣花针”。通过基本管理单元的设立，基层治理体系更加科学，治理网络更加细密，治理能力更加完善，为上海推进城乡统筹发展、基本公共服务均等化、乡村振兴和特色小镇发展提供了坚实的治理基础。

一、基本管理单元建设的意义及概念

做实基本管理单元，是2014年上海市委一号课题“创新社会治理加强基层建设”和二号课题“推进城乡一体化”两项课题研究成果在应用转化及具体落实中所推出的政策抓手。2015年，上海市政府正式启动这一工作，在市民政局、市编办、市发展改革委、市财政局等部门的努力下，通过制定出台政策、调配专属资源、组织发动宣传等一系列举措，截至2016年底，全市首批66个基本管理单元的建设已进入全面验收阶段，第二批及后续基本管理单元建设也陆续推进。

（一）基本管理单元的建设背景和意义

基本管理单元的设置，其目的在于补好上海郊区基层治理空间组织体

---

① 本文为2022年度国家社科基金项目“政区视野下特大城市基层协同治理机制的空间困境与优化路径研究”、2022年度教育部哲学社会科学后期资助项目“城乡融合发展与基层政区治理创新研究”的阶段性成果。

系的短板，进一步提高基层公共管理的有效性、基本公共服务的可及性和基层民众参与的便利性。它是上海在探索特大型城市特点和规律的社会治理新路中总结提炼的重要制度创新。它的理论意义则在于，构建规模适度、层级合理、条块协同的基层空间治理体系，是我国特大城市在应对特有的空间尺度大且分异强、要素容量大且流动快、市民需求多且要求高等治理挑战的必要制度。

1. 基本管理单元是探索超大城市空间精细治理的创新之举

2017年3月5日，习近平总书记在参加十二届全国人大五次会议上海代表团审议时，再次强调：走出一条符合超大城市特点和规律的社会治理新路子，是关系上海发展的大问题。城市管理应该像绣花一样精细。超大城市的特点就是空间尺度大且分异强、要素容量大且流动快、市民需求多且要求高。郊区更是超大城市在新型城镇化进程中变化最迅速、问题最集中、短板最突出的区域，设置基本管理单元，就是要提升基层公共管理的有效性，通过更加精细化的治理来应对超大城市郊区社会治理的难题。从基本管理单元的建设—运营—管理的周期来看，在硬件建设基本完成后，基本管理单元的数量可能达到近百个，这与目前上海107个建制镇的数量相当，对于这一大规模嵌入基层空间治理体系中的新设管理组织，其日常运作机制、条块协同关系、组织名称、未来组织定位和走向等都还需要全面统筹考虑，这也是上海探索符合特大型城市特点和规律的社会治理体系必须思考的。

2. 基本管理单元是加强基层政府服务能力建设的重要平台

2017年2月，中共中央办公厅、国务院办公厅印发了《关于加强乡镇政府服务能力建设的意见》（以下简称《意见》），对切实增强乡镇政府的服务能力，为人民群众提供精准有效的服务提出了新目标、新任务、新要求，要主动适应经济社会发展新要求和人民群众新期待，准确把握实现基本公共服务均等化的发展方向，以增强乡镇干部宗旨意识为关键，以强化乡镇政府服务功能为重点，以优化服务资源配置为手段，以创新服务供给方式为途径，有效提升乡镇政府服务水平，切实增强人民群众的获得感和幸福感。我们做实基本管理单元的一个重要考虑就是着力增强基层政府的服务能力，并提升基本公共服务的可及性，实现城乡基本公共服务均等化，让郊区居民能更多地共享改革开放成果。

3. 基本管理单元是促进社会力量参与社会治理的有效路径

引导和促进社会力量参与社会治理是超大城市社会治理的应有之义。习近平总书记在参加上海代表团审议时指出，要发挥社会各方面作用，激发全社会活力，群众的事同群众多商量，大家的事人人参与。2016年12月，中国共产党上海市第十届委员会第十四次全体会议上提出了要进一步深化完善基层治理创新，在服务基层、群众得实惠、社会力量参与上下更大功夫。基本管理单元的功能定位之一就是促进“社会力量协调共治，实现资源共享和社会效益最大化”，因此，通过基本管理单元建设，可以有效推进社区共治和群众自治。

（二）基本管理单元的概念界定

《关于做实本市郊区基本管理单元的意见（试行）》（沪民区划〔2015〕19号文，以下简称19号文）中对基本管理单元做出了概念界定和解释。基本管理单元是在本市郊区城市化区域集中连片、边界范围相对清晰、人口达到一定规模、管理服务相对自成系统的城市人口聚集区，是承载和配置城市基本公共服务、基层社会管理的非行政层级基本单元。从这一概念表述中可以知道，基本管理单元在空间区位上位于城市的郊区，在空间形态上是集中连片的城市化区域，且边界相对清晰，在空间规模上的门槛条件是2平方公里和2万实有人口（19号文中对此有相应规定），在空间关系上则是与镇域其他区域而言相对独立、管理和服务相对自成系统，在空间的政区定位上则不属于正式的行政区划，而是承载和配置城市基本公共服务、基层社会管理的非行政层级基本单元。

从基本管理单元的管理和服务资源配置看，目前主要是解决“3+3+2”的标准力量配备问题，第一个“3”是指社区服务相关的“社区事务受理中心”“社区卫生服务中心”“社区文化活动中心”，第二个“3”是指社区管理相关的“公安派出所（警务站）”“城市管理所（网格中心）”“市场监督管理所”，“2”则是指社区党委和社区委员会。考虑到各地的实际情况，各基本管理单元也可以因地制宜，力所能及地设置社区中心、社区生活服务中心、养老服务中心等“X”项目。

二、基本管理单元建设的实践及问题

（一）首批基本管理单元的特点分析

1. 各项基本指标占比情况

上海市首批拟定的67个基本管理单元，涉及浦东新区、闵行区、宝山区、嘉定区、金山区、松江区、青浦区和奉贤区8个区，占地近1 099平方公里，占全市总面积的17.3%，占以上8个区总面积的22.6%；常住人口339.42万人，占全市常住总人口的14.1%，占以上8个区常住总人口的20.5%；户籍人口129.75万人，占全市户籍总人口的9.1%，占以上8个区户籍总人口的16.9%。从这一系列数据可以看到，基本管理单元的建设对全市以及郊区的影响是不容忽视的。如果从基本管理单元的数量与建制镇数量的对比来看，已达到平均3个建制镇的就有2个基本管理单元，如果加上目前正在推进的第二批20余个基本管理单元的相关数据，这一影响更是非常重要的了（见表1）。因此，作为一级非行政层级的管理单元，其对上海郊区基层空间治理的整体影响还是非常深刻和广泛的。

表1　上海首批基本管理单元的建设概况

区　　名	总个数/涉及镇数量	实有人口/万人	户籍人口/万人	面积/平方公里
浦东新区	35/12	175.86	72.56	525.35
闵行区	6/5	25.08	—	24.33
宝山区	4/3	41.7	15.09	25
嘉定区	6/5	35.3	9.9	93.71
金山区	2/2	5.6	4.5	67.96
松江区	4/4	14.98	3.1	34.77
青浦区	8/6	28.8	18.8	246.25
奉贤区	2/2	12.1	5.8	81.4
总　数	67/39	339.42	129.75	1 098.77

2. 郊区各区县的基本管理单元分布不均衡

从目前8个区在基本管理单元数量、涉及人口和面积的比较来看，各区之间的不均衡性还是比较突出的。一是浦东新区作为全国第二大市辖区（面积仅次于天津滨海新区），特大区域所形成的大区大镇格局也使得浦东新区成为基本管理单元建设的最大区域。其基本管理单元的数量也占到全市的半壁江山，达到52.2%，实有人口也占到全市的51.8%，面积占到全市总面积的47.8%。从每个镇平均建设的基本管理单元数量看，全市平均数是1.72个，而浦东新区的平均数量是2个。二是远郊区申报建设的数量仍然较少，特别是金山区和奉贤区，数量仅有2个，是各区中最少的。尽管远郊区人口数量较少，人口密度较低，但从公共管理和公共服务的均等化而言，还是应该相应增加数量，特别是远郊的镇域面积偏大，老百姓的公共服务可及性相对较差，更应该通过基本管理单元来予以强化。从政策扶持角度而言，基本管理单元建设还专门在市发展改革委设立了针对远郊区（奉贤、金山和崇明）的专项建设财政资金。三是首批基本管理单元的建设还未能覆盖整个上海郊区，崇明区首批基本管理单元空缺。据了解，目前申报的第二批基本管理单元，崇明区也已申报。

3. 平均人口和面积规模还是较为适度

首批基本管理单元平均人口规模为5.1万人，平均面积为16.4平方公里，人口平均规模接近适度规模。这一人口和面积的平均规模较之19号文中提出的2万实有人口和2平方公里的门槛规模，有较大幅度的提高，分别是门槛规模的2.55倍和8.2倍。而从城镇化地区的基本单元适度管理规模看，人口规模为5万人还是较为适宜的。从我国最早出现的城镇型治理方式的人口规模划定看，1909年晚清政府颁布的《城镇乡地方自治章程》规定：凡府厅州县官府所在地为城，其余市镇村屯集等地人口满5万以上者为镇，不满5万者为乡。著名小城镇研究专家袁中金教授曾在其博士论文中，通过综合分析其掌握的全国1 800多个中心镇的第一手调查资料得出：从我国小城镇的人口发展规模看，3万人为吸纳外来人口的重要人口规模临界值，5万人则为城镇进入良性运转的规模临界值[1]。可见5万人这个规模阈值，是郊区基本城镇单元能有效治理、可持续发展、有规模效应的适度规模。

从面积规模来看，空间对基层治理和公共服务的约束主要体现在交通时间，即治理或服务点与周边居民所在地的交通距离。在商业设施的布局中，已有多项理论论证了如果人们以步行方式为计量依据的心理感受度，一般而言，15～20分钟为适宜的时间尺度，即到达某个站点，人们一般是希望步行时间不超过20分钟，最好是15分钟以内。从这个时间规律出发，衍生到步行距离来看，常人步行15分钟的距离大概是1 000米，因此可以说，某一服务站点既便捷又经济的服务范围为以站点为圆心、以1 000米为半径的同心圆，而这一同心圆的面积为3.14平方公里。因此，在为社区居民提供公共服务和社会管理时，如果以步行的距离为依据来布局社区事务受理中心等治理机构，以能覆盖3～4平方公里为理想的配置空间。再结合5万人的人口规模，则发现最理想的人口和空间管理规模为人口密度为1.3万人左右的区域。而对于郊区城镇而言，由于要素密度较低，城镇化程度还不够成熟，且郊区为保持良好的生态环境避免城市病的发生，往往在空间使用上并不追求与城区类似的超高密度，所以，以步行距离来配置空间服务点，则有可能大幅增加治理成本，因此，选择自行车或助动车为交通工具（其平均速度为步行的3～4倍），并按照15分钟的心理时间规律，骑行15分钟的平均距离为3 000米，同理，其覆盖空间范围为28.2平方公里左右。考虑到空间范围太大，人口规模则会迅速上升，因此，适度的空间规模应较之纯粹的以15分钟骑行范围应再小一些。综合来看，目前基本管理单元的平均面积规模还是适度的。

（二）工作推进中还需进一步优化的问题

1. 工作重心的调整问题

随着首批基本管理单元建设中对“3+3+2”基本框架的验收，可以说基本管理单元的“四梁八柱”已形成，特别是硬件建设已告一段落。接下来，重点要考虑的是基本管理单元的日常运管机制，好的体制机制能让投入的这些资源发挥出更大的效益。目前，可能需要做一些优化的工作：基本管理单元的“两委”职能范围、职级层次等定位问题；基本管理单元建设中条线执法管理资源的到位情况；如何促进基本管理单元推进社会力量协调共治，创新社会组织参与社区治理方式；如何发挥基本管理单元在促进居民参与社区事务方面的作用；对于新建的基本管理单元，如何加快其与原基层治理组织体系的“磨合”；如何强化基本管理单元运用互联网、大数据等信息技术手段提升智能化管理水平；如何有效发挥基本管理单元在“五违四必”等基层重点治理领域的作用等。此外，基本管理单元建设在下一步工作中也需要从申报建设验收为主向常态管理、分类管理为主转变。随着第二批基本管理单元的申报、建设和验收，下一步基本管理单元工作的重点要转向对基本管理单元运转过程中的常态化管理和分类管理，包括基本管理单元的设立、撤销和规模调整等，基本管理单元建设和运管中共性问题的反映和解决机制，基本管理单元运作中保持扁平化、避免增加层级的风险防范机制，编制不同类型的基本管理单元的运管导则，制定基本管理单元析出街道的条件和标准等。

2. 基本管理单元建设中的社区更新问题

“做实郊区基本管理单元”中“做实”的概念应该包括至少两方面的含义：一方面，是通过自上而下的认定验收，明确基本管理单元的组织定位。尽管基本管理单元不是一级行政层级性质的组织，但也是基层治理中重要的正式空间组织单元。另一方面，是通过管理和服务资源的下沉，强化基本管理单元在硬件建设、人员编制、管理权限、服务职能等方面的配置，实现这一空间组织单元更好地发挥自身职能的目标。从第一轮基本管理单元的建设来看，亮点之一就是将上海郊区大量存在的被撤制镇纳入基本管理单元建设范畴。

2000年前后，全国范围内开展了大规模的乡镇撤并。上海也基于资源整合、机构精简以及“三个集中”等考虑，开展了大范围的乡镇撤并。1984年前，上海市郊区共有33个建制镇、206个乡。1999年起实行乡改镇，郊区行政区划建制变成204个镇、8个乡。2000年开始酝酿对规模小、布局分散的郊区乡镇进行合并，初步归并成153个镇、3个乡[2]。2000—

2006年，上海市对郊区乡镇进行了进一步合并调整。至2006年，全市郊区行政建制上确定了106个镇、3个乡。至2013年，郊区稳定在100个左右的镇、2个乡。最新的上海市行政区划简册数据显示，截至2018年底，除去徐汇区、长宁区、静安区、普陀区和杨浦区的6个“城中镇”（普陀区有2个“城中镇”），上海郊区的建制镇数量是107个和2个乡。由于乡镇撤并过程中往往采取两镇并一镇或三至四镇并一镇的方法，合并后大部分镇的镇域面积达80～100平方公里，撤并后形成的撤制镇社区约有100个，主要集中在外环线以外。这些撤制镇社区往往由于行政中心的转移，发展地位也随之下降，以往作为建制镇的社会管理和公共服务功能也严重弱化，在调查中很多撤制镇的集镇上的公共服务设施要么闲置要么转作他用，不仅集镇（有些还是历史古镇）发展衰落，更新压力巨大，而且周边乡村的发展和管理也严重受限。

对于这一问题，此次基本管理单元建设为这些被撤制镇的发展提供了契机，通过被列入基本管理单元，可以很好地缓解被撤制镇管理服务缺失、集镇社区衰败、市政设施落后、土地资源低效利用等问题。因此，对于列入基本管理单元的被撤制镇，“做实”的含义可能不仅是管理服务资源的下沉，还需要在社区更新改造上提供诸多配套政策。

3. 避免管理和服务资源的拥挤问题

尽管从精细化管理、多元化服务等原则出发，每个区域都希望尽可能多地配置基本公共服务资源，每个居民也都希望“地铁修在自家门口”。然而，从政府管理服务的公共利益最大化角度考虑，让有限的资源发挥最大效用也是高效政府的应有之义。做实基本管理单元在管理和服务资源下沉的过程中，也应从公共资源空间配置最合理的角度来布局基本管理单元。这也就是要求基本管理单元在空间布局上要因地制宜、有疏有密，既要做到对管理服务薄弱区域的强化，也需要避免在一些区域过度配置、重复配置，导致资源拥挤甚至浪费等问题。例如，在实践中就有些区域，由于基本管理单元布局过于密集，导致医保报销专线设置过密而超过相关规定的问题。

4. 划分方式可能引发周边农村管理服务不到位的问题

根据基本管理单元的概念界定，"基本管理单元是在本市郊区城市化区域集中连片、边界范围相对清晰、人口达到一定规模、管理服务相对自成系统的城市人口聚集区"。这一界定使得基本管理单元在空间划分上主要是集镇社区，而对于一些中远郊区而言，集镇周边还分散布局了相应的农村社区。尽管"三个集中"实施以来，农村居民点分散的状况得到一定程度的改善，但有些区域可能在集镇外仍散落一些农村社区，而这些农村社区的居民也需要就近在集镇办理相关的公共事务，如果在基本管理单元划定后，相应的管理服务力量仅囿于划定区域内部，则对周边农村社区的管理和服务可能造成一定的影响。

5. 避免基本管理单元"行政实化"的风险

从中国行政区划演变史来看，常常有行政机构由虚入实的规律，包括汉代的州、宋朝的路、元朝的行省等，设立的时候都是一级非建制的管理机构，在设立之后，通过各种方式的权力集结，逐渐由一级虚设机构（建制不完整，或者中央不认可，或者无统一行政机构等）演变为一级实化的行政建制，纳入整体的行政区划体系当中。从当代行政区划的层次演变来看，"地改市"是政区层级"由虚入实"的一个重要实例。从上海来看，浦东新区2005年试点的"功能区域"体制最后被终结，其中重要的原因之一也是六大功能区域在管理实践中有不断实化的迹象。因此，对于基本管理单元而言，"做实"意味着管理服务力量的做强，但同时应避免其发展成为一级行政政府。目前，全市基本管理单元的社区党委书记一般按副处级进行设置，这一设置是否存在促使基本管理单元不断吸纳行政，逐渐"行政实化"的风险还是需要强化研究和预防的。

6. 依据新一轮城市总规优化基本管理单元布局的问题

基本管理单元的设置应具有一定的前瞻性，即在考虑该区域城镇人口和产业未来大量导入的基础上，提前在区域内设立基本管理单元，以应对在人口快速导入时，能够预警性地解决公共服务不到位、社会管理不及时等问题。上海目前已基本完成2040年新一轮城市总体规划的编制，相应的城镇布局体系已公示，基本管理单元的设置应依据其中城乡体系和公共生活中心布局体系为指导，提前谋划后续基本管理单元的布局，包括已有基本管理单元布局的调整和未来基本管理单元的增设。为此，我们将首批67个基本管理单元的空间分布图叠加到上海2040城市总规的城乡体系图上，用以观察目前基本管理单元布局的不足，并指导未来的基本管理单元的管理。

目前的基本管理单元在浦东、闵行、嘉定、宝山等近郊区布局较为密集，而崇明、金山、奉贤等新城区以及若干中心镇周边还缺乏基本管理单元的布局，这些新城区和中心镇在明确定位后必然加快产业和人口等要素的集聚，也必然对所在区域的社会管理和公共服务形成挑战，因此，需要率先考虑这些“空白”区域的基本管理单元增设问题。

7. 具体申报建设和配套支持政策的优化问题

在推进第二批乃至未来基本管理单元的申报、验收和管理工作时，还应在以下方面完善政策。一是建设资金政策配套的优化。由于“3+3+2”在建设过程中，不少地方仍是以改扩建为主，这与目前新建项目才能获得市级财力扶持的政策有较大错位，使得这些政策容易放空。因此，在硬件建设的市级财力扶持上，应在“放管服”改革理念的指导下，将财力扶持的范围从新建项目逐步扩大到改扩建项目，项目申报流程在规范的前提下也可以逐渐优化。二是市级财力建设项目覆盖面扩大的问题。应将市级建设财力补贴的范围覆盖到所有远郊区，包括崇明区、奉贤区、金山区等。三是按照“成熟一个、验收一个”的原则，弹性设置基本管理单元的验收周期。各街镇在进行“3+3+2”的硬件建设上，由于功能增设和升级，需要在办公场地上进行规划和选址的调整，涉及的工程建设项目也有较长的周期，这使得其难以满足目前基本管理单元以一年为验收时限的规定。

三、深化基本管理单元建设的政策建议

（一）适当提高人口和面积规模标准

从目前第一批基本管理单元的平均人口规模和面积规模看，较之19

号文中提出的2万实有人口和2平方公里的门槛规模要高，并且这一门槛规模在现实操作中还可能存在资源利用效率低，甚至出现资源拥挤造成浪费的风险。因此根据前述分析，笔者认为适当调高基本管理单元的人口和面积规模有一定的必要性，特别是在后续基本管理单元的申报中，应从更为严格的标准出发，将有限的资源用在更为需要的区域。具体标准，例如可以将5万人、5～10平方公里作为评选标准。对于一些确需加强资源配置，但规模较小的管理区域，可适当从加强居委会和村委会力量的角度强化管理。

（二）强化基本管理单元的分类管理

由于基本管理单元数量众多，其在类型上至少包括大型居住社区、被撤制镇和郊区人口密集的成熟社区，而在人口总量和面积规模上也是差异明显，如何更多地对基本管理单元进行机构、人员、权利和资源的精准配置以及相应的区划调整，需要构建一套管理体制。借鉴中国历史上对同一层级、同一类型政区的等第管理，也可以对基本管理单元进行等第划分，并按照不同的等第标准进行更为精准有效的管理。在进行等第划分的同时，重要的是对基本管理单元未来的走向做出基本判断。例如，为析出街道做准备的，为增设新镇做准备的，为逐渐退出做准备的，为职能定位转变做准备的，等等，可以更好地实现基本管理单元的可持续管理。同时，在基本管理单元管理过程中，也应实行“综合评估、可进可出”的动态管理，对于建设不到位、作用发挥小的基本管理单元制定相应的退出机制，并将相应的资源用于新建或其他基本管理单元。在具体管理主体上，以上海市民政局、上海市编办等主体为主导进行相关标准的制定和日常的管理。

（三）“基本管理单元”的名称调整

“基本管理单元”这一术语确实可以很好地表达这一空间治理组织的特点，包括它的管理服务属性、基层基础属性、空间单元属性。然而，从其体现社区共治自治的平台功能而言，可能还有所不足，是否可将其名称调整为“基本治理单元”，更能反映其在非行政层级和促进社区共治自治上的特点，也更加符合社会治理的大趋势。此外，在各基本管理单元成立后相应的办公机构铭牌、印章名称等方面，用“基本管理单元”这一名称较长，是否在这些通用名称上，采取以往镇管社区的“××社区”，例如航头镇下沙社区党委、下沙社区委员会等。此外，还需要指出的是，在一些被撤制镇的地名保护上，可以借助基本管理单元的建设，及时保留并恢复以往的地名，这不仅是对地名保护和“留住乡愁”的促进，也是增强社区认同感和归属感的重要方式。

（四）理顺纵向管理之间的权责利关系

基本管理单元作为中间体，其在与上级镇政府或街道办事处，与区域内村民委员会、居民委员会的权责利划分应尽快确立。总体上，基本管理单元应定位在街镇的管理服务在基层的延伸机构，与派出机构（派出机关是人民政府派出的国家行政机关，而派出机构是政府职能部门派出的从事某种专门职能的机构）类似，其所拥有的行政管理权限来自上级政府的委托和授权，代表上级政府进行相应的行政管理。但是，基本管理单元作为派出机构，还有一个重要功能是搭建社区共治和自治的平台，从这个意义而言，它又是推进村民自治的村民委员会和推进居民自治的居民委员会的自治型组织。基本管理单元作为非行政层级，与村居在类型和地位上应该相同，不同在于基本管理单元代表街镇政府对村居工作进行管理、指导、协调、统筹，对于街镇层面召开的社区工作相关会议，基本管理单元应该与各村党支部（村民委员会）、居民区党支部（居民委员会）共同参加会议[3]。当然，如果村居需要找街镇政府办理事项，例如盖章等，基本管理单元可以视同街镇政府为其盖章。基本管理单元区域内的居民在基本管理单元内办理相应政务，也视同在街镇政府办理。此外，基本管理单元内的管理服务力量也应以街镇政府的名义参与相关中心工作，包括“五违四必”等工作。

（五）强化基本管理单元中老旧集镇的更新改造

基本管理单元在配置了诸多管理服务资源后，对于在被撤制镇的基本管理单元，还应加强市政设施、基础设施和镇容镇貌的更新改造，改善老百姓的居住环境。对于一些古镇老街，还应加强老建筑的保护、非物质文化遗产的保护和乡土文化的挖掘。

参考文献

[1] 熊竞.上海基本管理单元建设的现状、问题与建议[J].上海城市管理,2018,27(1):17-22.
[2] 熊竞.基层政区治理视角下的基本公共服务均等化研究:以上海基本管理单元为例[J].城市发展研究,2020,27(4):21-29.
[3] 熊竞.城市大型社区的治理单元再造与治理能力再生产研究:以上海市HT镇基本管理单元实践为例[J].中国行政管理,2019(9):56-61.

人民城市：让“城市之制”和“城市之治”更美好

陈祥勤　上海社会科学院中国马克思主义研究所

2010年，上海首次举办世界博览会，并且将“城市，让生活更美好”确定为世博会的主题。2020年，十一届上海市委九次全会在世博中心召开，贯彻落实习近平总书记2019年在考察上海时提出的“人民城市”理念，提出了“建设人民城市”的上海方案。

众所周知，国家赋予上海城市发展的战略定位是建设有世界影响力的社会主义现代化国际大都市。其中，诸如“世界影响力”“现代化”“国际”“大都市”“全球卓越城市”等，都是从不同维度对城市发展的水平、层次和能级的衡量或定位，而“社会主义”则是对城市属性的根本定位。社会主义城市的一个核心内涵，就是以人民为中心，以人民为主体，以人民为本位，而“人民城市”正是社会主义城市本质属性的集中表现。

习近平总书记指出：“人民城市人民建，人民城市为人民。”这是对“人民城市”理念的强调和凸显。上海此次全会提出的“五个人人”，是为上海建设人民城市确定的努力方向。

一、以人民为中心，社会主义城市的本质特征

按照马克思主义的城市理论，现代城市是在现代社会化大工业生产的基础上发展起来的。现代社会是一个建立在工业文明基础上的城市社会，是一个以城市和城市化为根本逻辑，来配置城市与乡村之间关系的社会。与此相对照，传统社会却是一个植根于农业文明中的乡村社会，是一个以乡村逻辑来安排乡村与城市（作为政治、行政和文化中心）之间关系

的社会。正如马克思所指出的:“一切发达的以商品交换为媒介的分工的基础,都是城乡的分离,可以说,社会的全部经济史,都概括为这种对立的运动。”

在资本主义的主导下,传统社会的城市与乡村之间的对立便转化为现代社会的植根于城市文明的资本和劳动的对立。城市表明“人口、生产工具、资本、享乐和需求”的“聚集和集中”,在乡村“所看到的却是完全相反的情况:孤立和分散”。对此,马克思和恩格斯提出,城市发展的目标应当服务于人的自由全面发展。

20世纪上半叶,十月革命的成功,标志着社会主义实现了由理想到现实的飞跃。随着列宁斯大林领导的苏联社会主义工业化的大规模展开,社会主义城市建设也由理念蓝图走向具体实践。随着苏联模式的日益僵化,苏联的城市建设也逐渐退出现代城市发展的前沿舞台。

新中国成立后,我们党的“工作重心由乡村转向城市”,并且在推进中国城市化的进程中提出了“人民城市”理念,以彰显社会主义城市的本质特征,以区别于以“资本为中心”的西方城市化所带来的财富积累与贫困积累的两极分化,从而开辟社会主义城市化道路。改革开放之后,我们又经历一次从乡村到城市的深刻社会变革,中国的城市化进程显著加快,中国的城市体系在世界城市网络中已占据举足轻重的地位。随着中国特色社会主义进入新时代,我们党重提“人民城市”理念,以凸显人民在城市化进程中的中心地位和主体作用。

“人民城市”理念,是对社会主义城市本质特征的提炼与表达,诸如遵循城市发展规律,按照“五个统筹”推进城市工作等“人民城市”的建设实践,就是我们党向人类城市化进程提供的“中国方案”。这一理念和方案的核心,就是以人民为中心、为主体和为本位,将城市视为现代人类文明生活的器官,加以建设、发展与维护。

二、以人民为本位,打造国际化的“城市之制”

“民为国之本,法为治之端。”把握人民城市的根本属性,就要以人民为本位，以制度为根本，以城市制度的变革、转换和创新为先导，推进社会主义现代化国际大都市建设。

城市是文明的容器，是兼具多维度、多要素的社会化地理空间。它是容纳人口、资源、环境、产业、服务、管理等众多要素的复杂系统。其中，城市制度是整合城市诸多要素的核心，是城市有序发展的基础。如果说人口总量、城区面积与经济规模是城市的外延或表象的话，那么，城市制度以及以城市制度为基础的城市属性和城市功能则是城市的内涵或实质。一部城市的发展史，不仅是一部城市规模的扩张史和城市经济总量的增长史，更是一部城市功能的变迁史和城市制度的创新史。

尤其在今天的中国，城市发展已经受到诸如土地等存量资源的约束，要继续推进城市化，就必须从外延式发展转向内涵式发展的道路，集约利用、优化配置、更新升级城市的现有空间，以破解人口、资源和要素在有限土地上有效聚集的城市难题，发挥城市空间的最大效用。要实现这一点，就要以城市空间的公共性和服务性为导向，以城市制度的变革、创新和转换为内在驱动，走再城市化和深城市化的发展道路，“在城市中建设城市”，提高城市质量，提升城市能级，实现城市再造，将城市打造为实现人民群众美好生活的现代地理空间。

坚持“人民城市”理念，就要将人民至上理念贯穿于城市规划、建设和管理等各环节，贯穿于城市生产、生活和生态各方面。要深刻把握人民城市的战略使命，对标国际的最高标准和最高水平，推动城市面向全球拓展功能，面向未来塑造功能，面向基础夯实功能，面向现代化更新功能，打造“以人民为中心”的城市制度体系。

以城市制度的深层创新为先导和主导，充分利用国内国际两个市场和两种资源，不断破解城市现代化治理的瓶颈与难题，不断强化全球资源配置、科技创新策源、高端产业引领、开放枢纽门户“四大功能”建设，加快推进国际经济、金融、贸易、航运和科技创新“五大中心”建设，通过“以人民为中心”的“城市之制”，建设新时代的人民城市。

三、以人民为主体，打造现代化的“城市之治”

“治国有常，而以利民为本。”凸显人民在城市发展、治理和服务中的主体地位，就要以人民为治理主体，以共建为根本动力，以共治为重要方式，以共享为最终目的，打造以人为本的开放性和现代化的城市治理共同体。

众所周知，现代社会是城市型社会，城市化是现代化的根本标志之一。中国在从传统的乡村社会走向现代的城市社会的历史进程中，城市已经成为国家发展的主要机制和国家治理的主要场所，成为承载人民美好生活的主要空间。改革开放以来，中国的城市化进程不断加快，城市和城市群在国家的发展和治理中的权重也日益提高，与城市相关的治理问题也日益成为国家治理现代化的重心。现代城市发展史显示，与城市的现代化相伴随的是近郊的城市化和乡村的远郊化，是城乡关系由传统的乡村主导型向现代的城市主导型的转换和重置进程。

鉴于此，党的十九届四中全会适时提出“市域社会治理现代化”，区别于以“县域”为主导、以乡村为主体的传统治理体系，它凸显了“市域”在社会治理体系中的“主导性”角色定位，凸显了城市在国家治理体系中的“主体性”功能定位，因而是一种现代化的治理体系。所谓“市域”治理体系，就是以“市—区—街道（乡镇）”为主轴，以“省—县（市）—乡镇”为辅助，以城市为基本治理单位，以城区为重点，覆盖郊区和乡村，构建市郊一体、城乡联动的社会治理体系。从这个意义上说，城市治理现代化已经成为推进国家治理现代化的关键内容。

城市是有着生命体征的有机整体。要坚持人民主体地位，推进城市治理现代化，就要充分把握人民城市的生命体征，以“治大国如烹小鲜”的心态推进城市治理机制的科学化、精细化、智能化，推进城市治理体系的法治化、规范化、制度化，树立“全周期管理”意识，推动各类要素的充分整合，实现城市治理的协同高效和系统集成。同时，推动城市治理的资源下沉、力量下沉和重心下沉，夯实城市治理的基层社会基础和人民群众基础。严格按照“民主、法治、公平、正义、安全、环境”的治理理念，着力打造“以人民为各级治理主体”的现代化城市治理体系。

上海是中国共产党的诞生地，是党的初心始发地和改革发展的前沿阵地。建设人民城市，并不是一个新命题，但人民城市怎么建，却需要在实践中不断探索创新。坚持以人民为中心、为主体、为本位，建设面向全球、面向现代化、面向未来的新时代人民城市，努力实践“人民，让城市更美好”的基本理念，必将使上海成为向全球展示新时代“中国之制”和“中国之治”的平台、窗口和名片。

新时代“人民城市”理念与“凝聚力工程”建设的三重意蕴

常　俊　段佳佩　宋晶晶　中共上海市长宁区委党校

2007年9月，时任上海市委书记的习近平同志在长宁区调研时指出，凝聚力工程是上海社区党建最早、最长的典型。发轫于20世纪90年代长宁区华阳路街道的凝聚力工程，是上海这座光荣城市基层党建的耀眼品牌。新时代凝聚力工程是基层党建生动贯彻以人民为中心发展思想的实践载体，是加强党建引领现代化新征程、推进基层党组织高质量发展的有效路径，是践行“人民城市”重要理念的时代表达。

一、紧随新时代，充分彰显“人民城市”建设重要理念

新时代凝聚力工程的创新实践，秉承党的初心使命，承载“人民城市”重要理念的时代内涵，深刻揭示城市建设发展依靠谁、为了谁的根本问题，深入回答了建设什么样的城市、怎样建设城市的重大命题，为深入推进中国特色社会主义城市建设的高质量发展提供了有益的实践探索。

（一）坚持“发展为了人民”的价值取向

凝聚力工程发展史是以“人”为中心、坚持人民主体思想的逻辑演绎：从“了解人、关心人、爱护人”到“凝聚党员、凝聚群众、凝聚社会”，从“串百家门、知百家情、解百家难、暖百家心”到“问百家需、解百家忧、聚百家力、圆百家梦”，深化拓展时代内涵，始终坚持为人民谋幸福的初心，牢牢把握群众所需所想所盼，推动实现凝聚力工程扎根社区、拓展区域、赢得认同。从“不忘初心、牢记使命”主题教育期间的大调研，到党史学习教育“我为群众办实事”的实践活动，长宁区努力解决民生保障，努力打造人

人享有的品质生活，全力推动民生服务从“有没有”转向“好不好”。在重大民心工程中，自2018年开始，长宁区委区政府认真贯彻上海市委市政府的决策部署，始终高度重视架空线入地工作，成立指挥部和工作专班，坚决打赢架空线入地和合杆整治三年行动攻坚战，以党建联建为着力点，以办好惠民实事为落脚点，真抓实干，自我加压，用好精细“绣花功”，打造最美“天际线”。2020年，长宁区完成开工道路超39公里，完成竣工目标27公里，开、竣工量位列中心城区第一，切实提升了居民的幸福感和满意度。

（二）坚持“发展依靠人民”的实现路径

习近平总书记深刻指出，我们走的是一条中国特色社会主义政治发展道路，人民民主是一种全过程的民主。“全过程民主”理念的提出，为凝聚力工程深化拓展了广阔的空间。凝聚力工程延伸了“全过程民主”优势，聚合人民群众的磅礴之力和非凡之智。虹桥街道是全国人大常委会法工委在全国设立的四个基层立法联系点之一，也是唯一设在街道的立法联系点。基层立法联系点直通全国人大常委会，被百姓形象地称为“群众声音直通车，基层立法彩虹桥”。2019年11月2日，习近平总书记到虹桥街道考察时指出，基层立法联系点立足社区实际、认真扎实地开展工作，做了很多接地气、聚民智的有益探索，要为发展中国特色社会主义民主继续做贡献。截至2020年底，该联系点共听取45部法律草案意见，上报建议820条，其中51条已经被采纳。

（三）坚持“发展成果由人民共享”的目标导向

“人民对美好生活的向往，就是我们的奋斗目标。”凝聚力工程树立以人民为中心的政绩观，把群众的获得感作为城市治理的评判标准。世情、国情、党情在变，群众需求、社会结构在变，联系服务群众的方式方法在变，但凝聚力工程所坚持的以人民为中心的思想没有变，所体现的强烈为民情怀没有变，彰显的城市治理“人民性”的底色没有变。新时代凝聚力工程建设持续提升基层党建质量的基本原则明确，始终坚持以人民为中心的思想，把抓重大任务落实作为检验基层党组织能力的试金石和磨刀石，把服务群众、造福群众作为基层治理的落脚点，充分体现了人民共享的价值追求和群众认同的评价标准，使凝聚力工程更具有人民性、实践性、开放性、时代性。

二、突出“广凝聚”，深入夯实“人民城市”力量支撑

人民城市的重要力量在于人民群众，凝聚力工程发展的力量源泉来自人民群众，而凝聚人民群众的关键则在于党组织的领导力。凝聚力工程始终抓住时代脉搏，从理念到实践不断创新，以“五个凝聚”谱写新时代人民城市建设的新篇章。

（一）政治凝聚：坚持以政治建设统领的政治领导力

加强政治建设是马克思主义政党的根本要求。实践人民城市重要理念、新时代践行凝聚力工程最根本的属性就是要突出政治凝聚。

突出政治引领功能。凝聚力工程强化理论武装，用习近平新时代中国特色社会主义思想武装头脑，把党的政治建设落实到基层建设的全过程。凝聚力工程坚持“凝聚长宁”的“学”基础、“凝”特色、“讲”效应，依托“学习强国”App和建党百年党史学习教育契机，利用“长宁凝聚网”门户网站，增强“初心讲堂”平台的区域资源整合能力，凸显城市基层党建的引领作用。

凸显思想引领功能。基层党组织工作注重体现党的宗旨、意志和要求，使群众时时刻刻感受到党组织就在身边。长宁区区机关党建建立结对走访“六个一”工作机制，涵盖机关160多个党支部与185个居民区，推进“走百居、访千企、进万家”大走访常态化、制度化，发挥广大党员的先锋模范作用。在2020年新冠肺炎疫情防控中，上海同仁医院作为首批区域性医疗中心建设单位，发现了上海第一例新冠肺炎患者，随后医院组建党员突击队和专家团队，保持患者零漏诊、院内零感染，为守护人民生命安全提供医疗支援，发挥了基层党组织的战斗堡垒作用。

（二）组织凝聚：提升基层党组织的组织力

党的基层组织是确保党的路线方针政策和决策部署贯彻落实的基础。凝聚力工程以提升组织力为重点，突出政治功能，增强了基层党组织建设。

健全基层党建工作机制。凝聚力工程在夯实各领域党组织战斗堡垒作用上下功夫，强化条块联合，统筹推进区域化党建、“两新”组织党建、居民区党建工作的融合，构建“横向到边、纵向到底”的基层党建网络等渠道，进一步理顺了城市基层党建工作机制。

夯实各领域党组织建设。加强各领域党建融合互动，特别是加大“两新”组织党建工作力度，根据新兴领域和行业特点，增强党在新兴领域的号召力、凝聚力。江苏街道以“两委制”创新楼宇党的组织设置，实行“铁支部+优治理”；以“两覆盖”加大楼宇党的基因植入，成立楼宇企业党组织54个，覆盖党员886名，全力推动党的组织和工作同步覆盖；以“两联动”提升楼宇党的工作能级，强化楼社联动和楼楼联动，推动楼宇党建、居民区党建、区域化党建“三建”融合，形成“楼宇—社区”共同体，探索“左右楼变上下游”的产业链合作发展新模式，形成更为强大的党建惠企生态圈。

（三）服务凝聚：提高服务群众“最后一公里”的执行力

党的十八大以来，习近平总书记面对深刻变化的世情、国情和党情，提出“密切联系群众，是党的性质和宗旨的体现”等重要论断。凝聚力工程以党建为抓手，不断创新密切联系群众及企业的机制，搭建新型联动载体，输送贴心、优质的服务。

形成“社区养老15分钟生活服务圈”。2018年，长宁区成功获得全国居家和社区养老改革试点优秀地区、全国智慧健康养老应用试点示范基地。长宁区建成了长宁区智慧养老大数据管理中心，服务覆盖20.43万老年人，提供服务7.7万余次，提供专业化的养老顾问服务6 000余次。虹桥、华阳、江苏等街道通过大数据分析，出台上海首个认知症友好社区标准，并开设专项社区托养服务。各街道根据需求将智慧养老、社区助餐、适老化设计方面的优秀企业资源导入社区。目前，长宁区各类居家和社区养老服务设施共计650个，其中综合为老服务中心10个、老年人日间服务中心21个、老年助餐场所81个，基本形成“社区养老15分钟生活服务圈”。

打造产业升级良好的营商环境。华阳街道党工委发挥区域化大党建的平台优势和凝聚力工程的品牌优势，联合区科委、区商务委、区青联、区工商联，共同打造“虹桥智谷”人工智能产业联盟、“互联网+生活性服务业”联盟和产业服务群，同步建立党建专委会。通过打造“服务荟”“创新荟”“人才荟”“银联荟”等“四荟”并举，打通服务企业“最后一公里”，区域内形成企业发展、产业升级的良好营商环境。

（四）文化凝聚：彰显“以文化人”精神家园的向心力

文化，能感国运之变化、立时代之潮头、发时代之先声。习近平总书记指出：“文化自信是更基本、更深沉、更持久的力量。”因此，文化自信是一个国家发展进步的不竭源泉，是一个民族最动人的精神底色。从这个意义上看，作为时代产物、凝结着精神力量的凝聚力工程，也是一种内蕴文化自信的文化凝聚。

以“凝”文化促进社会融合。凝聚力工程经过了28年的积淀，正从有形的组织力中升华出一种无形的文化之力——“凝”文化，并推动形成了各具特色的“文化圈”“文化带”，古北社区的“融之情”国际社区文化，新华社区的“法华牡丹节”文化，以“民俗、民间、民族”为特色的北新泾社区文化，以“艺术愚园”“静雅武夷”“人文新华”“漫步番禺”为特色的街区文化，等等，拉近了人与人之间的距离。

以新时代文明实践引领价值风尚。建设新时代文明实践中心，是打通教育群众、关心群众、服务群众“最后一公里”的重要举措，是更好地统一思想、凝聚人心的新阵地、新平台、新载体。如华阳路街道从组织架构、需求导向和机制建设三方面着手，让文明实践的力量融合更有力度、项目融合更有温度、制度融合更有强度，把文明实践落细到项目、落地到一线、落实到群众心坎上。

（五）情感凝聚：提升人民美好生活水平的创造力

2021年4月，习近平总书记考察南水北调工程时提到“共产党打江山、守江山，守的是人民的心”。中国共产党一切执政行为的最终目的始终在民心。在“人民城市人民建”理念的指导下，凝聚力工程以解决人民揪心事、烦心事为底线，不断满足人民日益增长的美好生活需要。

打造和谐友好的“宜居长宁”。全面升级打造和谐友好的“宜居长宁”，是长宁区在“十四五”时期的重点工作。周家桥街道调动基层群众广泛参与的积极性，实现了从“骨干参与”到“大众参与”、从“自我服务”到“为民服务”、从“一种困难”到“一种习惯”的转变，并在2020年被评为上海市垃圾分类优秀街镇。天山路街道深入推进精品小区建设和非成套房屋改造，公共设施及服务功能不断升级，增强了人民群众的获得感、幸福感、安全感。

创设“AI+社区”的应用场景。江苏路街道的智能水表等多种智能终端，通过“一网统管”平台全方位、全天候守护独居老人的安全，让老人享受到科技进步带来的红利。北新泾街道“AI+社区”聚焦百姓生活“新开门七件事”的需求。“一网通办”自助服务终端、社区事务延伸居民区的预受理服务、三甲医院“远程诊疗”“社区大脑”等，让居民在实实在在的高品质社区生活中提升社区认同感。

形成“小巷总理”的治理效应。“小巷总理”今时今日依然是促进社区认同的最佳聚合剂。新泾镇绿八居民区党支部书记刘观锡凭借敢想、敢做的担当精神，深耕深挖区域资源，形成共治项目22个，社区共建联建单位已达16家，逐个破解困扰居民区多年的急难愁事。虹储居民区“小巷总理”朱国萍在20多年的“小巷人生”中想方设法发动居民参与，用绣花功夫绣出一片虹储新天地。退休后她依然“退休不退岗”，通过萍聚工作室传承经验与方法。各类社区主体的主体性意识在城市治理“为了人民”“依靠人民”的实践中得到切实提升。

三、注重高质量，生动擘画“人民城市”美好未来

2019年，习近平总书记考察上海时指出，“人民城市人民建，人民城市为人民”。牢记习近平总书记的嘱托，上海始终将“人民至上”镌刻在城市治理的每个细节里，以不懈努力把“人人都有人生出彩机会、人人都能有序参与治理、人人都能享有品质生活、人人都能切实感受温度、人人都能拥有归属认同”的美好愿景化为现实图景。凝聚力工程在新时代的创新

发展也充分证明,做好城市治理工作,必须坚持人民至上,用城市治理的温度换取人民的满意度。

（一）以红色基因强化政治认同感

传承红色基因。中国共产党的百年历史孕育了鲜明的红色文化,这是我们共同的历史记忆和文化基因。要充分挖掘、用好上海的红色文化资源,创新传承方式,以老百姓喜闻乐见的方式,调动群众的积极性和主动性,共同讲好红色故事,在学好中国共产党百年历史的过程中,传承好红色基因,增进对中国共产党和中国特色社会主义的政治认同。

践行群众路线。践行党的群众路线,是凝聚力工程的核心理念,也是凝聚力工程的"魂"。新时代凝聚力工程建设的升级创新要更加注重文化力量在提升政治认同上的功能和意义,在推进文化的创新性转化和创造性发展过程中关照现实、面向未来,形成凝聚力工程的"大文化"场域,即内含政治、组织、文化、服务、情感等要素的多维度、立体化的"凝聚力工程党建文化"。

（二）以高品质生活提高获得感

高品质生活体现高质量发展。推动高质量发展要与创造高品质生活有机结合。凝聚力工程从大规模走访活动起步,本着将群众"小事"作为夯实执政基础的"大事",兢兢业业办实事,踏踏实实惠民生。民生实践带来高品质生活。"十四五"时期,长宁区将努力创造高品质生活作为重要目标,提出"统筹抓好底线民生、基础民生、质量民生,扎实推动共同富裕,促进人的全面发展和社会全面进步,更好满足长宁群众对美好生活的向往"。为了实现这一目标,长宁区将通过政治、经济、文化、社会、生态全方位的高水平发展,在统筹推进"15分钟社区生活圈"建设、完善多层次就业促进体系、全面提高教育质量、全方位全周期保障人民健康、大力提升养老服务水平、持续改善群众居住环境、切实做好社会保障等这一系列人民关心的难点、热点、痛点问题上实现高质量突破。

（三）以社区"大治理"提升幸福感

"共建、共治、共享",构建党建引领基层治理的"大体系"。通过共建共治共享打造和谐的城市，将有力地推动国家治理体系和治理能力现代化发展。凝聚力工程始终坚持党的领导与社会协同、公众参与相结合，积极构建党组织领导下的充满活力的社区治理共同体，不断增强党在“人民城市”建设中的凝聚力。“自治、共治、德治、法治”，促进城市发展“四治”融合的“大功能”。以社区事务自治、社区管理共治、社区文明德治、社区秩序法治为生态功能模式，凝聚力工程以党建为引领，使群众需求与社会资源有效对接，打通“为民服务最后一公里”，继续充分利用社区党群服务中心等阵地建设，实现资源的有效下沉，让“红色引擎”激发自治共治活力，继续把改善民生福祉作为法治社会建设的出发点和落脚点，不断提升社会治理法治指数，在完善法律服务中提升法治为民实效。

立足“十四五”发展的新起点，凝聚力工程将继续秉承初心使命，传承红色基因，发挥党建引领现代化城市治理政治领导力；秉承党的群众路线，践行“人民城市”重要理念，凸显高品质生活的提升力；秉承面向世界的开放品格，合力推进虹桥国际开放枢纽建设，增强高质量发展促进力；秉承党的高质量建设要求，激发基层社会和群团组织的向心力，推动“人民城市”重要理念的先行样板迈向新台阶，在奋力推进具有世界影响力的国际精品城区建设中谱写新的篇章。

“达人”治理：基层社区治理新路径及思考

——以上海市B区“社区达人赛”为例

王凡荣　梁　浩　中共上海市宝山区委党校

一、问题的提出及研究述评

按照滕尼斯的理解，所谓共同体是从“人类意志的完美统一”这一设定出发的，意味着人类原始或者自然的状态[1]。而随着人类血缘关系的分化，人们不断形成了地缘共同体，而这种地缘共同体体现在人们共同居住在一起，并由此形成一种精神共同体，促进人们能够“朝着一个方向、在相同的意义上纯粹地相互影响、彼此协调”。正是这种由“动物性生命之间的关联”逐渐转换为“心灵性生命之间的关联”，才最终造就了人类发展的最高级共同体形态。因此，“共同体”就是通过血缘、邻里、朋友等关系联系起来的有机群体，它的基础是“自然意志”[2]。而社会则建立在对利益理性选择和权衡基础之上，体现的是人的“理性意志”[3]。

强调基层共建共治共享是构建基层社会治理体系的重要目标，因此，加强共同体建设，形成抑或凝聚共同体精神便成为基层治理的前提。党的十八届三中全会提出要推进国家治理体系和治理能力现代化战略目标，提升基层治理能力和水平便被摆在了重要的位置。党的十九大和十九届四中全会关于“坚持和完善共建共治共享的社会治理格局”的改革方向，更是为我国基层社会治理提供了重要的政策支持[4]。至此，建设人人有责、人人尽责、人人享有的社会治理共同体成为新时代加强和创新社会治理的重要任务，其成效将直接影响中国特色社会主义社会治理体系的发展和完善[5]。

不可否认，随着中国市场经济体制不断健全、完善和社会治理水平的不断提升，中国社会面貌正在悄然发生着深刻的变化。当前我国基层社会的两难困境成为阻碍城市社会发展的瓶颈。一方面，伴随着单位制的解体以及人口频繁流动，人际关系日益陌生化，社会参与主体实质上是处于碎片化的状态，而这种人口构成异质性、“原子化”的个体状态消解了社会治理基础，社区微观主体的共同体意识淡化，使得基层社区治理以及社区共同体建设变得愈加困难，这也成为横亘在社会共同体建设之上的客观难题。另一方面，随着居民素质以及个体参与主体意识觉醒，频繁的社会流动打破了原先传统共同体下制度与个体的结构性平衡，造就了社区当中个体在社会流动和自我决策状态下重新思考、诠释与共同体之间的关系[6]。因此，要实现社会治理、社会调节和居民自治的多元主体治理的有效衔接和良性运转，仅靠政府资源和服务的“单向度”输入是不够的，需要进一步激发民众的参与意识，提升社区居民自治水平[7]。

然而，从目前社会治理实践来看，社区公共性的建构困难重重，既缺乏共享意识，共治参与意识较弱，也有治理制度及运作机制不畅，更有治理当中“隐形隔离”，条块分割权力“围墙”界限分明[8]。众所周知，社会的有机团结需要个体持续的活力作为支撑以及重塑主体间的信任关系。因此，正如有学者所指出的，随着政府职能的转变和社会治理重心的转移，个体与公共性之间存在的联结困境也在逐渐消解。当由国家为主体的公共性转变为分散多元的公共性，这是一种政府、市场和社会间以开放包容、协作对话的方式共同架构的“新公共性”，民间力量在“新公共性”的建构中发挥着重要作用[9]。通过加强基层社会参与主体组织有序化进程[10]，有效地提升社区主体参与能力，改善社区多元主体关系良性竞合与运转，进一步促进社区治理共同体的多元主体协调以实现共同治理，成为当下乃至相当长的时间里必须加以解决的突出性问题，而这也恰恰成为破解基层治理内卷化之困的重要途径和方向[11]。

面对利益日益分化、价值多元化的当下，如何打破阻隔，形成有效的社会联结，在社会场域之下重新塑造社会有机团结是当下乃至未来的社会治理重心。因此，为了破解基层社会治理过程中微观个体参与不足、共同体意识淡薄的弊端，B区在社会治理实践当中以“社区达人赛”这一项目活动作为突破口，以群众喜闻乐见的形式，构建平台促进群众积极参加社区活动，凝聚社区共识，培养社区自主能力，不能不说这是一次有意义的尝试。

二、“达人”治理：基层社会治理的个案分析

党的十九届四中、五中全会提出，“建设人人有责、人人尽责、人人享有的社会治理共同体”[12]。上海市十一届市委九次全会出台的《中共上海市委关于深入贯彻落实“人民城市人民建，人民城市为人民”重要理念，谱写新时代人民城市新篇章的意见》，强调要让“人人都有人生出彩机会、人人都能有序参与治理、人人都能享有品质生活、人人都能切实感受温度、人人都能拥有归属认同”，打造“人性化城市、人文化气息、人情味生活”[13]。“人”字贯穿始终，提示人民城市应当彰显的人本价值。

目前，B区在基层社会治理方面开展了诸多尝试，如“社区通”的推行与运用、居委会电子台账、活力楼组、“社区达人赛”等一批特色创新项目体现了基层社会治理旺盛的创造力，但是基层社区还存在党建引领力量薄弱、基层人手不足、多元治理格局亟待加强等问题。基层社区具有微观性、系统性和复杂性等特点，需要像绣花一样精细的治理，而提升社区自治能力是提升基层社会治理成效的“牛鼻子”。《B区“十四五”社区治理专项研究》中就明确提出创新实施“社区成长计划”，拟聚焦平台、品牌、阵地、队伍、支点，实施“个十百千万”工程，其中包括“培养1 000个社区达人，激发基层社区自治活力”。因此，挖掘“社区达人”的示范引领功能，发挥其在社区治理当中的引领、服务和共建效应，带动基层社会治理效能的整体性提升，是基层打造共建共治共享的社区共同体、践行“人民城市”的重要突破口。

（一）“B区社区达人赛”运作流程

2019年6—9月，首届“B区社区达人赛”顺利举行。经过全区各街镇居（村）、团组织、社会组织、企事业单位等推荐，近千名达人报名，最终评选了涵盖社区治理、社区公益、社区文体、社区创意等“百强达人”。这些

达人领衔的社区自组织在引导居民参与基层社会治理创新中发挥了积极作用。具体赛制流程为：竞赛活动由居委推荐（1～3人）参赛，街镇赛初选30人左右参加片区赛。全区14个街镇（园区）划分为5大片区，每个片区现场评选出20～35位候选人，总计150人，参与区级赛。区级赛阶段按照“初审—中审—决赛”三级赛制，即由初审投票（60人入围）、中审（前20名进入决赛，后40名评定为街镇“社区达人”）、决赛[经过专家审定、民选等方式，确定“B区社区达人（金奖）、B区社区达人（银奖）”等]组成整个赛制流程。

B区首届社区达人赛呈现四个方面的特点。第一，定方案，参与全覆盖。B区制定了《B区社区达人赛片区赛方案》《B区首届“社区达人”评选活动工作方案》，通过居村推送达人等形式“一竿子到底”。此外，还在不同层级的比赛当中增加了网络和大众评审的投票比例等（如区级赛中，大众和网络评审分别占比20%、10%），保障了居民参与的全覆盖。第二，定标准，示范有引领。按照“热爱社区”“服务社区”“引领社区”“共建社区”四个标准，初步筛选长期支持社区发展，积极参与或组织社区服务项目，以自身或团队的行为影响社区，对社区发展始终发挥正能量，有较大的贡献和较好的榜样示范作用的个人、组织参加比赛。第三，定赛程，规范有竞争。整个达人招募过程按照街镇赛、片区赛和区级赛三级赛制形式开展，“好中选优、优中选强”，层层筛选，保障了达人招募海选的规范性和竞争性，既展示了风采，也保证了选拔的公平与公正，为今后的规划运作、发挥功能打下基础。第四，定分工，宣传有力度。区民政局、团区委负责全程统筹协调，组织开展评选活动；各街镇（园区）具体负责宣传发动、举办街镇赛、组织参与片区和区级赛等工作；条线部门和各居村负责宣传发动、推荐人选等工作；第三方社会组织负责全程提供专业指导、承办片区和区级赛事等工作。各方分工明确，各司其职，保障了活动的顺利开展。此外，在宣传上积极利用B区社区通、官方微信和传统媒体、海报、电子屏等媒体资源，形成了全方位、立体化的宣传发动态势，突出了达人在社区工作中的重要性，起到了良好的社会宣传效果。

（二）“社区达人赛”运作的不足及其审视

经过深入调研和对居村等部门相关人员的访谈，发现仍有四个方面的不足亟待完善。一是精准动员能力不足。调研发现，考虑到社区形态、技术成熟度和受众特点，全媒体覆盖还不够精准，势必会影响宣传效果。此外，在动员群众自荐和推荐、调动驻区单位发挥功能和积极性方面，仍有较大提升空间。二是基层组织认识不够。调研发现，部分居村在推荐人选方面，还是抱持上面派活、下面完成的被动交差心态，“找存量”成为基层的应对之策。如居村在非遗传承方面或驻区单位方面资源丰富的，则动员效果较好；而对于一些社区平时基层工作有缺位，则缺乏合适的推荐人选，甚至有居委会委员“凑足”人数参与达人选拔活动。三是达人配套政策缺乏。调研发现，现有的文体活动类、生活服务类、专业调处类、公益慈善类等四类社区达人发展不够均衡，社区之间同质化倾向较为严重，容易导致创新力不足，示范引领作用有限。此外，针对达人的招募、海选目前已经结束，后续培养和管理形式等方面亟待出台相应的配套政策。四是党建引领亟待提升。如党员回社区“双报到”时，党员的某些特长等信息已经在居村报到的时候进行了前期统计，但是调研发现，这种资源的整合工作尚未落到实处，一方面我们需要发挥党员（也是社区达人的重要来源之一）的社区模范带头作用；另一方面社区又缺乏足够的达人运作资源，“躺在财富上睡觉”成为基层社区党建引领的真实写照。因此，如何盘活、用好、发挥好党员社区报到后的价值成为基层社区面临的重要课题。

三、打造“活力达人社区”，建设“人民卓越社区”的思考

“一张蓝图绘到底，重整行装再出发。”“社区通”让B区走在了科技赋能社区治理的全国前列，下一步推进“人民至上”的滨江新城建设要继续书写好“社区达人”这篇文章，以构建共建共治共享的社区治理共同体为目标，持续发力、久久为功，打造具有B区特色的“人民卓越社区”应该成为今后社会治理的重要内容。因此，笔者认为，下一步应该以打造活力达人社区为突破口，构建具有B区特色的“1+3+3+3”“人民卓越社区”运作

模式："1"是"一个中心"，即以党建引领基层社区治理为中心；"3"是三大任务，即培养社区达人、推进居民自治、建设社区共同体；"3"是三大支撑，即达人赛形式、达人益项目、达人汇效应；"3"是三态合一，即社区达人生态、社区精神文态和社区共同体形态。

（一）挖掘和培养社区达人，夯实"活力达人社区"基础

1. 挖掘、梳理社区达人资源

建议与前期的党员"双报到"、推动驻区单位融入以及基层志愿者、体制内退休人员、社区社会组织等渠道打通。对于部分街镇居民有专业特长（比如有非遗等技术特长）的，做好走访摸底工作，将目前居村已有的存量资源进行整合，做好街镇社区达人库的梳理、备案登记，做到"摸清家底再请客"。

2. 发挥社会组织协同培育功能

目前B区已建成"1+12"模式的区、街镇两级社会组织服务中心，建立了社区公益服务扶持引导专项资金，这些资源都为协同治理提供了可能。一是对达人资源丰富的社区，通过培训和交流等形式，创新达人参与社区治理的形式，提升达人的社区参与意识与能力。二是对于社区达人资源不丰富甚至匮乏的社区，可以通过开展社区活动、兴趣小组，发现和挖掘社区当中的"潜力股"，按照"兴趣小组—社团—社区社会组织"的培养模式，提供社区志愿服务方面的支持。以上两方面运作的逻辑可实现社区达人资源从无到有、从有到优，发挥其功能和作用。

3. 构建社区达人声望体系

声望是一个重要的社会学概念。社会学家马克斯·韦伯认为，财富、权力和声望构成了社会分层的三个维度。这里的声望主要指向的是职业声望[14]。社区声望是与社区公共性建设有关，代表的是一种现代公共精神。达人声望体系建立的初衷就是利用其个人品格、行动能力、为他人带来的帮助、对社区的贡献等行为表现而在社区中得到的认同和尊重。声望体系越成熟，达人本身的价值就越容易被居民所感知，感染力和引领效果也越明显，社区共同参与意识就会越浓厚。一是依托各种线上线下的传播

渠道进行广泛宣传，通过各类媒体平台分享社区达人故事。二是搭建社区达人协商议事平台，建立达人与居委、党政部门沟通的桥梁，收集社情民意，表达社区声音。三是做实社区代表大会等制度化平台，使社区达人在社区发展和议题设置中发挥更大作用。

4. 完善社区达人培养的制度机制

1）优化社区达人培养机制建设

一是强化党建引领为中心。强化党建引领，一方面是强化"党委+X"模式，即"党建+大数据""党建+文化惠民""党建+共建共治"，保障社区达人在参与基层社会治理过程中，坚持在党的领导下，服务社区、引领价值、发挥示范导向作用。另一方面，加强思想引领。通过对达人进行社会主义核心价值观教育、业务能力方面的培训，提高其政治能力、道德引领能力和专业服务能力。

二是构建三级运作机制。成立以区民政局牵头，各街镇社区办和居村委三级运作机制。机制建设的目的是让社区达人有平台展现、街镇有场地、活动有清单、宣传展示有内容等。

三是结对帮扶赋能社区达人。社区达人具有较高的民众喜爱度，但也会存在知识和能力的不足，社区可尝试整合区域资源进行结对帮扶。比如，针对社会调处类，可以尝试与区法院和街镇司法所进行结对；对于民众喜闻乐见的文体活动类，可与地方文艺社团、区艺术团等结对共建指导等，从而实现对达人的精细化培育。

2）完善社区达人培养的制度保障

一是居民活动申报制度。社区达人的作用发挥需要平台和支撑，否则他们的作用发挥很难持续。比如，协助一些具有策划和组织能力的达人建立自组织团队，并通过自治金项目等方式支持其参与行动，促使其从个体化参与走向组织性参与；做好宣传工作，对于居民活动有成效的项目积极申报市级相关项目；实行负面清单制度，对于宣扬邪教、借组织活动丑化党的领导和四项基本原则的，实行一票否决制，并取消今后的申请资格；目前在经费比较紧张的情况下，可以积极尝试引进市场力量，以赞助的形式，发挥多元治理的效能，做好社会共建共治的大文章。

二是建立社区达人的评价及社区成长计划。要以群众的肯定与否作为评价的标准，这就要求政府作为监管方，而不是裁判员，只有让广大居民群众说了算，才可能避免形式主义，为达人的选拔、培育和功能的发挥提供长久的动力。这也是增强群众参与意识、认同感和融入感的重要体现。实施社区成长帮扶计划，发挥“社区达人”的传帮带作用，通过带教工作，培养后备队伍，建立社区工作者和社区达人之间的纽带，激励社区达人与社区工作者形成合力，组成有战斗力和行动力的自治团队，按照分类带教、成长档案制度等，准确记录社区工作者的成长历程，特别是在社区开展工作的相关情况总结，为培养居民区后备力量提供保障。

（二）打造“三态合一”的“人民卓越社区”

未来，建议按照“三态合一”的模式建设具有B区特色的“人民卓越社区”。通过举办“达人赛”的形式挖掘社区达人，打造活力竞相迸发的社区达人生态；推进居民自治“达人益”项目，营造富有亲和力和归属感的社区精神文态；打造“达人汇”品牌，塑造以情感之、以文化之、以益合之的社区共同体形态，建设具有B区特色的“生态、文态、形态”合一的“人民卓越社区”。

1.“双线”合力，活力迸发——打造社区达人生态

一是结合线下“社区达人赛”的有益探索，打通线上新媒体之间的通道。比如，结合B区“社区通”前期运作经验，通过设立达人网上专门账号（达人网上工作室）、抖音号等方式，建设居村“铁粉”队伍。线上线下联动、“脚尖指尖”共用，双线发力，满足不同群体的参与需求，解决线下年轻人等群体的参与不足问题，带动更多居民参与社区治理。二是实现“达人赛”与达人社区服务双向互动。目前在继续完善达人赛并常态化运作相关赛事项目之外，可以在社区达人资源丰富、社区社会资本丰富的社区开展达人服务试点工作，利用达人的示范性效应，吸引更多的人群参与社区建设，实现社区的自我管理和完善。

2. 以人为本、情感聚合——营造社区精神文态

社区精神是展现B区社区建设底蕴的着力点，也是提升B区基层社会治理整体效能的重要支撑。在“向上向善向美”的价值追求中塑造以公益文化、志愿文化、“创全”文化为主的社区精神。首先，打造以达人引领社区公益、志愿服务和文明创建为主的“达人益”项目，激发社区居民的社区认同感和归属感。其次，结合全国文明城市建设实施社区“达人益”文明素质提升工程，培育社区开放、创新、包容、关爱的人文基调。最后，以“达人益”项目中“志愿者行动”和“微笑活动”为突破口，激发社区的关爱之心，打造具有亲和力的社区。

3.“达人汇”聚效应——塑造社区共同体形态

“达人汇”聚效应，完善达人梯队建设，构建达人引领的社区共同体模式。做好达人梯队建设的目的是扎实推进社区自治能力的整体性建设，提升基层社会治理的整体效应。可以针对社区当中有一定的社会影响力和社会认可度，有利于打开工作局面的居民，以其个人名字命名达人工作室，彰显社区达人的价值，扩大达人个人品牌的影响力。在后续的发展过程中，可以参照达人工作室的模式，按照梯队建设规划“社区新星—社区达人—达人工作室”，设置B区社区达人红榜，做好达人工作室对周边的辐射带动作用，促进周边衍生服务的生成和发展，形成集聚效应和放大效应。此外，还可以在完善人员结构、凸显团队力量以及及时总结梳理经验方面进行完善，从而为其他地区的应用推广提供借鉴。

围绕社区利益共同体、情感共同体和文化共同体建设，重点加强社区协调达人、社区交往达人和社区文化达人梯队建设。其中，社区协调达人主要提供社区公共事务协调服务（以益合之），社区交往达人侧重于发展社区邻里交往互动（以情感之），社区文化达人重在提供社区精神文化产品（以文化之），最终塑造达人“汇”聚的以益合之、以情感之、以文化之的社区共同体形态。

“人民卓越社区”，应当是围绕人的需求服务的有机体，既需要社区共同体的形态、社区精神的文态，更需要特色化的社区达人生态。“生态、

文态、形态”三态合一，具有B区特色的“人民卓越社区”才能真正落地生根。

四、结论与讨论

总的来说，达人赛活动并不是最终的目标，而是途径，通过这种途径实现了让居民走出家门进入社区这样一个过程。很显然，目前的形式抑或内容还处于初级阶段，正如前文所述，这是一种有益的尝试。笔者认为，“夫风生于地，起于青蘋之末”，作为一种地方的治理实践探索，既然这股社会治理之“风”已经刮起，何不“趁热打铁”，后续可以借鉴肇始于我国台湾地区的“社区营造”运动，其业已深化成为一种共同的社会经验[15]。

社区共同体作为“社区营造”的前提和目标，就是要“借着社区居民积极参与地方公共事务[16]”这一“东风”，不仅在社区空间形态、居住空间品质、地方产业的再发展和学习体系的建立等方面，还包括以文化来塑造人，通过社区文化空间的营造，激发人们的地方文化自豪感，创建一个“心之所在”的故乡[17]。这恰恰也与我国目前社区治理当中大力提倡治理创新的政策倡导相契合，更与当前我国治理实践当中，切实解决多元主体参与以及运转有效的治理体系的建设尚显不足的问题意识相契合。

未来，以“赛”为突破口，紧紧抓住社区治理当中的痛点，从而在不同主体之间塑造共识，促进社区治理合作体系的形成和发展，帮助实现国家、社会和市场间的良性互动[18]，这才是社区治理的最终目的所在、价值所归。

参考文献

[1] 裴迪南·滕尼斯.共同体与社会：纯粹社会学的基本概念[M].张巍卓，译.北京：商务印书馆，2020：76.

[2] 郑玲玉.社会治理共同体视域下提升基层社会治理水平对策探究[J].中共乐山市委党校学报（新论），2021，23（2）：56-60.

[3] 周晓虹.西方社会学历史与体系：第一卷[M].上海：上海人民出版社，2002：292.

[4] 黄晓春.当代中国治理转型与社会组织发展[M].北京：社会科学文献出版

社，2021：4.

[5] 张贵群．社会治理共同体：理论内涵、时代价值与建设路径[J].重庆理工大学学报（社会科学），2021，35（3）：124-132.

[6] 蔡斯敏．社区自组织动员力与多元主体参与机制的有效塑造[J].广东行政学院学报，2021，33（2）：15-23.

[7] 江维．城乡社区可持续总体营造行动的顶层设计与行动能力建构：基于成都市的经验考察[M]//唐亚林，陈水生．复旦城市治理评论：第4辑．上海：上海人民出版社，2019：26-45.

[8] 蔡斯敏．社区自组织动员力与多元主体参与机制的有效塑造[J].广东行政学院学报，2021，33（2）：15-23.

[9] 洪波．"个体—共同体"关系的变迁与社会治理模式的创新[J].浙江学刊，2018（2）：82-89.

[10] 李鹏．构建社区治理共同体要把握好三个关键[N].学习时报，2021-05-05（7）.

[11] 王凡荣．特大城市治理"全周期管理"的三个维度[J].党政论坛，2020（12）：43-45.

[12] 十九届五中全会公报要点[EB/OL]. (2020-10-29) [2021-10-08]. http://cpc.people.com.cn/n1/2020/1029/c164113-31911575.html.

[13] 十一届上海市委九次全会决议[EB/OL]. (2020-06-24) [2021-10-08]. http://cpc.people.com.cn/n1/2020/0624/c64387-31758235.html.

[14] 马克斯・韦伯．经济与社会：下卷[M].林荣远，译．北京：商务印书馆，1997.

[15] 黄瑞茂．社区营造在台湾[J].建筑学报，2013（4）：13-17.

[16] 张梅青，张蕾．文化创意产业与社区交融互动模式研究：借鉴台湾社区营造实例[J].山西财经大学学报，2010，32（S2）：151-152.

[17] 张婷婷，麦贤敏，周智翔．我国台湾地区社区营造政策及其启示[J].规划师，2015，31（S1）：62-66.

[18] 吴海红，郭圣莉．从社区建设到社区营造：十八大以来社区治理创新的制度逻辑和话语变迁[J].深圳大学学报（人文社会科学版），2018，35（2）：107-115.

高质量发展与满足人民群众美好生活需要

——“人民城市”重要理念的徐汇滨江实践

陈祥英　中共上海市徐汇区委党校

习近平总书记2019年在上海考察时提出“人民城市人民建，人民城市为人民”重要理念，深刻回答了城市建设发展依靠谁、为了谁的根本问题，深刻回答了建设什么样的城市、怎样建设城市的重大命题。中国共产党上海市第十一届委员会于2020年6月23日召开第九次全体会议，全会审议通过了《中共上海市委关于深入贯彻落实“人民城市人民建，人民城市为人民”重要理念，谱写新时代人民城市新篇章的意见》。徐汇区通过了《中共徐汇区委关于贯彻落实“人民城市人民建，人民城市为人民”重要理念，谱写新时代人民城市徐汇新篇章的实施意见》。

“人民城市”重要理念是习近平新时代中国特色社会主义思想在城市建设和城市治理领域的集中体现，是新时代城市建设和城市治理的根本指南。徐汇区作为上海的中心城区，传承红色基因、担负重要使命，认真贯彻落实习近平新时代中国特色社会主义思想，全面贯彻、自觉践行“人民城市人民建，人民城市为人民”的重要理念，正在综合实践新时代“高质量发展、高品质生活”，涵养城区创新气场、开放气质、人文气息、包容气度，书写徐汇城市建设的新奇迹，迈向全球城市的卓越徐汇、典范之城。

一、生态文明指引下的高质量规划

党的十八大以来，生态文明建设作为统筹推进“五位一体”总体布局和协调推进“四个全面”战略布局的重要内容，日益引起全社会的广泛关注和重视，生态文明建设是功在当今、利在千秋的伟大事业。城市建设生态文明要注重保护城市生态、注重保护城市历史文脉，用有机更新的理念进行城市改造与更新。

（一）生态文明建设下的徐汇滨江功能定位

上海是国际性的大都市，上海的城市建设实践，更是积累了在中国这样一个发展中大国进行社会主义建设的重要经验。

2017年12月15日，《上海市城市总体规划（2017—2035年）》获得国务院批复原则同意。这是继“1946年大上海都市计划”之后，上海的第六轮城市总体规划。为落实上海市城市总体规划，徐汇区发布重要规划，内容涉及如何建设卓越之区、典范之城。根据规划，至2025年，徐汇区将加快建设具有世界影响力的社会主义现代化国际大都市卓越之区；至2035年，徐汇区将努力成为卓越全球城市和具有世界影响力的社会主义现代化国际大都市的典范之城。

1. 融入全球竞争，承载核心功能

在城区功能定位方面，徐汇区将建成上海融入全球竞争、落实国家战略的核心功能承载区，具体包括建设科技创新中心的策源地、国际金融中心的增长极、文化大都市的引领区、国际消费之都的核心圈以及精细化治理的示范城。习近平总书记指出，无论是城市规划还是城市建设，无论是新城区建设还是老城区改造，都要坚持以人民为中心，聚集人民群众的需求，合理安排生产、生活、生态空间，走内涵式、集约型、绿色化的高质量发展路子，努力创造宜业、宜居、宜乐、宜游的良好环境，让人民有更多获得感，为人民创造更加幸福的美好生活。

2. 发挥徐汇资源优势

徐汇区最大的优势在于资源禀赋集中，教育资源、医疗资源、科研资源、高端人才资源、综合交通枢纽资源都成为徐汇静态的资源优势。徐汇区要依托自身的优势，将资源优势转变为发展优势，产出更大的效益。徐汇滨江开发建设的理念是：城市是人民的城市，人民城市为人民；徐汇滨江开发建设的目标是把徐汇滨江建设成为创新之城、人文之城、生态之城，成为向世界展示中国特色社会主义城市建设的窗口。

3. 传承与延续城市文脉

文化历来是徐汇的骄傲。海派文化是江南文明与西方文明融汇而产生的文化结晶体，是上海文化区别其他城市文化的鲜明标签，更是长三角区域一体化发展的精神文化基础。徐汇作为上海海派文化的发源地和主要承载区，无论是徐家汇源还是西区老洋房群，无论是江南制造局工业遗存还是今天的上海西岸，无不折射出海派文化的光辉。徐汇曾是引入外来文化的窗口。徐汇自明代起就成为东西方文化的交汇之地，吸引了众多西方文化要素在此集聚，陆续兴建了徐家汇天主教堂、藏书楼、徐汇公学、徐家汇观象台等，并就此开启以“西学东渐”为核心的光启计划。徐汇区内昔日的租界其实是上海“海纳百川”城市精神的最初发源地。而徐汇滨江地区旧时的厂房仓库是其老家当，同样承载着一个城市的工业记忆，工业遗存和历史建筑是徐汇滨江最具本土化的特征，成功保留和利用将有助于延续城市的集体记忆，并催生城市新文化。从“文化输入”到“文化输出”，徐汇又站到了前沿，徐汇推出了“西岸计划”，旨在用国际化的理念合作，传播中国文化和海派文化，从徐汇滨江走向世界，使上海西岸成为上海国际文化大都市与世界对话的文化大平台和文化新地标。

（二）科学规划一张蓝图绘到底

徐汇滨江面积达9.4平方公里，是上海中心城区唯一可以大规模、高起点、成片规划开发的土地资源。

1. 保持战略定力谋定后动

城市开发要统筹考虑、科学规划，不能拍脑袋决定，要深入调研制订科学方案，一旦方案确定就要久久为功，一张蓝图绘到底。

随着中心城区建设如火如荼地进行，徐汇滨江的开发成为政府的关注焦点。自2007年至今，历届徐汇区委区政府领导班子高度重视徐汇滨江开发工作，决心要想好了再开发，要谋定而后动，稳步推进，不宜操之过急。“徐汇滨江是徐汇区的发展潜力，要想好了再开发。”

2. 借助世博会召开的东风

21世纪第一个十年临近尾声之际，徐汇滨江终于迎来了腾飞契机。当时，为了上海世博会的顺利举办，浦江沿岸企业搬迁工作陆续进行。徐汇滨江开发恰逢天时、地利、人和三个有利条件。“天时”是指借上海举办世博会的“东风”，“地利”是徐汇滨江紧邻世博园，“人和”是指上海市委市政府、徐汇区委区政府高度重视，特别是城市管理由区属向区域转变，从深度和广度上加大了资源整合力度，形成举全区之力办大事的格局[1]。历任徐汇区领导的重视和期望，职能部门的主动作为，成为推动徐汇滨江开展调研、摸清底数、制订规划的基础。

2007年1月，市浦江办领导到徐汇区共商黄浦江徐汇段的开发工作。徐汇区主要领导要求有关职能部门要围绕世博会召开的总体要求，积极配合市浦江办，加强工作对接，加快与市浦江办建立合作开发机制。2007年3月14日，徐汇区政府与上海市黄浦江两岸开发工作领导小组办公室签署《共同推进黄浦江沿岸徐汇区段综合开发合作备忘录》，明确了“市区联手、以区为主”的建设机制，以及“政府主导、企业主体、市场运作”的开发原则。

3. 通过法律确保徐汇滨江开发的可持续性

徐汇滨江开发形成了以下共识：徐汇滨江开发，要积极保护保留和开发利用原有历史建筑；要力求商、旅、文、住与生态环境和谐发展；要整体规划、稳步推进，力求取得社会效益和经济效益的最佳平衡。其中特别强调徐汇滨江的开发是个长期过程，需要几届政府班子的共同努力方能完成。因此，必须量力而行、三思而行，事先充分听取各方意见。总体规划一旦形成，要有法律制度确保规划落地，不能以行政化意志加以改变，若根据实施情况或经济发展形势确实需要调整的，应通过必要的立法程序予以批准，方可更改。

在后续的滨江开发中，尤其是徐汇滨江国际社区的规划建设，需要重视和把握若干关系：政府职能和社会力量共同作用的关系，历史传承与时代创新的关系，长期持续发展与短期政绩效益的关系，精神文化建设与物质形态建设的关系，经济功能与生活休闲的关系，本土习俗与国际时尚的关系，并把这些关系应用到徐汇滨江的整体开发中。

2012年12月，为加快推进徐汇滨江地区综合开发建设，徐汇区在徐汇土地发展有限公司、滨江开发建设投资有限公司和光启文化产业投资公司的基础上组建上海西岸开发集团。徐汇区赋予西岸集团全面承担徐汇滨江地区9.4平方公里范围内土地储备与前期开发、基础设施投资建设、功能开发与招商引资、整体运营与综合管理等职能。

二、把握新发展阶段，推动徐汇滨江高质量发展

中国特色社会主义已经进入新发展阶段，我国发展已经站在新的历史起点上，要根据新发展阶段的新要求，坚持问题导向，更加精准地贯彻新发展理念，举措要更加精准务实，真正实现高质量发展。

海派文化资源是构成上海城市文化核心价值与个性特色的最大资源基础。徐汇滨江开发正是传承和弘扬了海派文化的务实、科学、人文精神，也是徐汇滨江开发的历史和文化依据。正是得益于徐汇深厚的文化积淀和文化传承，徐汇滨江确立了以文化产业为先导，用科创引领未来的创新驱动、产城融合的新发展之路。

（一）坚持有机更新，打造魅力文化滨江

1. 保护城市工业遗存

“开发黄浦江两岸，一定要杜绝大拆大建、刻意雕琢，在贯通和安全的基础上，在原来的底子上慢慢‘着色’。”在城市规划设计专家看来，滨水空间规划，要因地制宜，对既有的自然环境和建筑，能修复的修复，能保留的保留。对待废弃建筑，徐汇滨江的做法很有特色：变工厂为公园，变废墟为绿地，将承载民族工业历史的城市记忆融入城市更新的进程中，让西岸有故事，让城市有温度。

2. 工业旧址功能再造

工厂变公园，废墟变绿地，通过更新、升级，使原先的工业旧址旧貌换新颜，赋予其新的功能，重新焕发生机和活力。

龙华机场的飞机跑道改建成了跑道公园，以机场跑道为原型展现航空历史印迹，用多样化的线性空间将街道和公园组织成一个统一的跑道系统，并

将水系和绿地穿插其中。原北票码头于2014年建成龙美术馆（西岸馆）并开馆。油罐艺术中心的前身为中航油油库，现在它们卸下了储油的历史重担，摇身一变成为为海内外游客揭开艺术奥秘的文化展馆。在“大刀阔斧”的改造中，徐汇滨江仍然保留码头4万平方米，保留历史建/构筑物33处，系缆桩近100个，铁轨2.5公里，枕木1 200根，石材1 800平方米，吊车4台。

3. 打造时尚文化高地

充分发挥徐汇“海派文化”之源的优势，利用建成的徐汇美术馆大道和众多公共艺术场馆，筹划多项文化活动，打造时尚文化高地。2011年底，“西岸文化走廊”品牌工程正式启动。国内规模最大的私人美术馆——龙美术馆、余德耀美术馆领衔，上海摄影艺术中心、西岸艺术中心、星美术馆、油罐艺术公园、西岸美术馆、上海梦中心剧场群落等20余座公共文化设施纷纷落户西岸。2017年，徐汇滨江迎来了法国蓬皮杜艺术中心——中法最高级别人文交流五年合作项目。随后几年，西岸音乐节、西岸艺术与设计博览会、西岸食尚节等品牌活动也相继推出，并联动了20余家区域文化机构。

现在的徐汇滨江正吸引着全球顶级的文化机构、艺术家以及每年超百万的观众，成为沪上文化生活亮丽的新名片。众多美术馆、博物馆、图书馆、剧场、文化活动平台、雕塑等将错落有致地分布在这条走廊上，由此成为上海“最大的户外美术馆”和文化新地标。

（二）布局高科技新产业，保持先发优势

经济是城市发展的动力之源，必须坚定不移地贯彻新发展理念，坚持高端产业引领，积极培育增长新动能，为满足人民日益增长的美好生活需要提供充实的物质保障。

1. 精准确定城区定位

徐汇区的发展目标是至2025年，加快建设具有世界影响力的社会主义现代化国际大都市卓越之区；至2035年，努力成为卓越全球城市和具有世界影响力的社会主义现代化国际大都市的典范之城，为此要将徐汇建成上海融入全球竞争、落实国家战略的核心功能承载区：打造科技创新中心的策源地、国际金融中心的增长极、文化大都市的引领区。

2. 科创引领高质量发展

在徐汇滨江地区建设高质量滨江发展带，以建设全球城市卓越水岸为目标，在黄浦江两岸开发面临功能趋同、产业趋同、形态趋同的激烈竞争环境下，徐汇滨江充分依托自身资源、引进一流企业项目，聚焦西岸金融城、西岸智慧谷、西岸传媒港、西岸创艺仓、西岸枫林湾等品牌项目，构建“双A（ART+AI）”功能引领、生态空间完善、城市品质卓越的高质量滨江发展带，构建文化创意、科技创新、创新金融三位一体的产业蓝图，着力打造汇集国内外顶尖文化艺术、信息传媒、时尚设计、科技创新、金融商务等业界领袖的世界级滨水新城区。

（三）初步形成有国际竞争力的产业形态

拥有150余家知识产权专业服务机构，439家市级高新技术企业，这是徐汇区集聚科技服务业的底气；950万平方米的规划建筑面积，20座文化场馆组成的高品质滨水岸线，这是徐汇区打造世界级科技产业服务地标的魄力。

1. 聚焦人工智能持续发力

总建筑规模达120万平方米的西岸智慧谷，恰逢上海引导科技型企业向徐汇滨江集中布局的重大机遇，成为上海人工智能产业集聚区和国家人工智能高地新地标，成为领创世界的人工智能总部高地，2018、2019世界人工智能大会使徐汇滨江成为最具活力的AI现场。

2. 金融、传媒、艺术齐头并进

总规划面积近百万平方米的西岸传媒港，将打造成为以影视制作、数字科技、文化娱乐、休闲消费为特色的上海国际文化、传媒、科技新中心。西岸金融城将以金融科技为引领，以国际金融、科技金融、创新金融为特色，引进总部型金融机构、国际化投资机构等，充分融合西岸智慧谷的科技优势，聚合阿里巴巴、腾讯、华为、商汤、联影等巨头，打造成未来的全球数字货币中心。

3. 错位竞争携手发展

徐汇滨江将充分利用徐汇科创富集资源、文化艺术禀赋、滨水区位优势，与陆家嘴金融城错位发展，功能互补，大力发展数字货币，打造金融、科技、文化融合共生的3.0版金融城。

三、党建引领下的城市精细化治理保障人民美好生活

"人民城市人民建，人民城市为人民"，城市建设最终是为了人民，是为了满足人民群众对美好生活的追求，城市建设的成效要靠人民来检验。习近平总书记多次就"城市治理"问题做出指示，强调"城市治理是国家治理体系和治理能力现代化的重要内容"，"城市是生命体、有机体，要敬畏城市、善待城市，树立'全周期管理'意识，努力探索超大城市现代化治理新路子"等。习近平总书记指出，"城市治理搞得好，社会才能稳定、经济才能发展"，"我们创建国际一流的城市，要有一流的治理，我们要为此再进一步努力"。这鲜明指出了"治理"在整个城市可持续发展全局中的关键性和基础性地位。

（一）完善公共空间，提供人民享受美好生活的物质载体

基础设施是城市各项功能得以实施的物质载体，也是人民群众享受美好生活的重要保障。城市建设不仅要有科学合理的规划，更重要的是各项规划得以实施，各项设计得以实现，各个设施能够使用，各中功能得以呈现。

1. 建成沿江公共开放空间

"望得见江、触得到绿、品得到历史、享得到文化"，是人们来到徐汇滨江后最直观的感受。经过十多年开发建设，徐汇滨江已建有长达11.4公里的沿江公共开放空间，实现了从以工业旧址为主的生产型岸线向以公共空间为主的生活岸线的转变，昔日的"工业锈带"变成了"生活秀带"。北至日晖港，南至徐浦大桥，目前水岸绿道总长达8.4公里，均衡布置"水岸汇"驿站作为公共服务品牌站点；建成的开放空间达80万平方米。

2. 建设文化集聚功能区

油罐艺术公园、上海梦中心、西岸美术馆、西岸传媒港等人文艺术场馆成为徐汇滨江文化核心区。未来这里不仅是西岸的文化核心区，更将成为

全球集聚度最高、规模最大的文化设施群落之一。法国总统马克龙曾专程前来为“西岸美术馆与蓬皮杜中心五年展陈合作项目”揭幕。

3. 打造城区户外活动胜地

北起黄石路，南至罗秀东路，岸线长度2.5公里，由城市道路、绿地景观和沿江岸线有机结合的CORNICHE滨江大道动线、自然体验动线和CORNICHE滨水动线，这里以田园、湿地、森林、草原为主题，分段呈现城市钢筋水泥丛林中的自然意趣组成自然体验区。徐汇滨江被誉为“上海户外活动胜地”，并成为重要竞跑赛事的举办地。

将工厂变公园，建成户外活动圣地，将废墟变绿地，打造精品文化高地，旧区变新城，塑造24小时活力城区，徐汇滨江公共开放空间以历史文脉的传承与保护、多元活动的滨水空间、丰富多样的生态环境获得社会各界和广大市民的高度评价，并于2015年荣获中国人居环境范例奖。

（二）党建引领构建基层社会治理共同体

市民是城市建设和发展的主体，必须完善群众参与城区治理的制度化渠道，推动全民积极参与、共同建设和共同治理，打造党组织领导下的人人有责、人人尽责、人人享有的社会治理共同体[2]。

1. 党旗在徐汇滨江高高飘扬

“把最好的滨水资源留给人民”是徐汇滨江开发的目的，也是徐汇滨江开发践行“人民城市”重要理念的承诺。徐汇滨江党群服务中心是党组织服务滨江人民群众的场所，是党员群众学习、活动、休息的重要场所，市民可以在这里学习党史，了解徐汇滨江的过去、现在和未来，可以利用服务中心提供的场地开展各种活动。通过党群服务中心提供的服务，让滨江的市民游客“乐享”、社区居民“乐活”、企业白领“乐创”、人才精英“乐居”，让党旗在徐汇滨江高高飘扬。

2. 打造“水岸汇”服务品牌

全线贯通的滨江水岸，提供了市民活动的亲水平台和公共活动空间，为市民活动提供了广阔的舞台。依托徐汇滨江公共空间设立的“水岸汇”，通过优化专项规划、完善扶持政策、健全运作机制，在徐汇滨江8.4公里岸线均衡布置以便民、应急为核心“水岸汇”驿站，增设外摆，拓展服务新空间，实现“统一标志、统一管理、统一服务”，打造集党建服务、志愿服务、便民服务于一体，具有网络化和辨识度的公共服务站点品牌。

3.“可移动”、在一线的徐汇滨江建设者之家

徐汇滨江设立的为建设者服务的建设者之家，也是创新社会治理的有效形式。徐汇滨江建设者之家是为徐汇滨江建设者这一群体提供综合服务，为他们构建温暖的家园和港湾。这个项目彰显了上海的城市精神，提升了城市建设群体的获得感。怀着为建设者打造一个“家”的初心，徐汇区委第一时间构建“党委领导、群团注力、企业尽责、社区保障、建设者参与”的社会治理工作模式，明确由建设管理企业负责硬件建设，工青妇组织、属地街道负责日常运营管理，相关委办局提供服务配送和技术支持，共同将徐汇滨江建设者之家打造成特殊“社区”的日常管理载体。

（三）用科技助力城市精细化治理

一流城市，要有一流的治理。“城市管理应该像绣花一样精细”指明了城市治理的路径。2020年4月，习近平总书记在浙江考察调研时强调，“要运用大数据、云计算、区块链、人工智能等前沿技术推动城市管理手段、模式、理念创新，从数字化到智能化再到智慧化”。当前要充分依靠和运用现代科技手段、方式，助力城市精细化治理。

1. 全面推进“一网统管”“一网通办”

上海全力推进的“两张网”建设，正助力上海走出一条中国特色超大城市治理的新路。“一网统管”和“一网通办”两张网建设是打造最优营商环境和建设智慧城市的“牛鼻子”工作。围绕“高效办成一件事”，徐汇区坚持理念转变和体制改革并重，从以政府部门为中心转变为以市民企业为中心，实现了“进一网、能通办；来一窗、能办成”。

2. 借助数字化推进智慧政府建设

作为上海“一网统管”建设先行区，围绕“高效处置一件事”，徐汇区把握以人为本、整体政府、智慧治理的核心要义，通过技术赋能，推动城市治理实现“三个转变”，即由人力密集型向人机交互型转变，由经验判断型

向数据分析型转变，由被动处置型向主动发现型转变。

3. *以科技支撑推进社会治理精细化*

聚焦解决市域社会治理突出问题，把科技创新融入社会治理全过程，充分发挥科技支撑新引擎作用，并运用制度创新促使管理精细化，把社会治理制度化优势和科技发展信息化态势结合起来，打造“互联网+”社会治理模式，将智能化、精细化、标准化贯穿于社会治理全过程，进一步促进治理理念转变、治理手段改进，提升社会治理数字化、网络化、智能化水平，不断促进社会治理提质增效，不断满足人民群众对美好生活的向往。

参考文献

[1] 中共上海市徐汇区委党史研究室.口述徐汇改革开放（1978—2018）[M].上海：上海人民出版社，2018：391-392.

[2] 徐建刚.中国改革开放全景录：上海卷[M].上海：上海人民出版社，2018：391-392.

“人民城市人民建，人民城市为人民”的乐山片区治理样板

王晓晨　中共上海市徐汇区委党校

习近平总书记于2019年考察上海时提出“人民城市人民建，人民城市为人民”的重要理念。随后，上海市委积极响应部署，发布《中共上海市委关于深入贯彻落实“人民城市人民建，人民城市为人民”重要理念，谱写新时代人民城市新篇章的意见》，对深入贯彻该理念提出了明确要求。在此大背景之下，徐汇区以建设人民城市最佳实践区为目标努力探索，以片区一体化治理为抓手，形成了很多成功治理案例。其中，乐山片区治理的成功经验特别值得关注。

一、乐山片区治理工程中的三种品格

乐山片区位于徐家汇地区中心地带，毗邻在建的“浦西第一高楼”徐家汇中心，却聚集着整个街道29%的残疾人和40%的困难家庭，人均住房面积不足5平方米，甚至有家庭的住房总面积仅10平方米，硬件设施老旧、周边环境杂乱等问题非常突出，是社区治理中的一块“硬骨头”。

习近平总书记曾指出：“我们的城市不能一边是高楼大厦，一边是脏乱差的棚户区。只要有利于老百姓的事，我们就要努力去办，而且要千方百计办好。”[1]在居民对改善居住环境的热切渴盼之下，乐山片区一体化治理工作启动，用3年时间使乐山片区“旧貌换新颜”。在此过程中，鲜明地体现了三种品格。

（一）人民至上：“把加强顶层设计和坚持问计于民统一起来”

习近平总书记强调：好的方针政策和发展规划都应该顺应人民意愿、

符合人民所思所盼，从群众中来，到群众中去。为夯实乐山片区治理的基础，徐家汇街道组织了202名公务员、事业单位人员和社工以及居民区党员，入户走访乐山片区5 494户家庭，通过调研形成了三类清单：一是“居民问题清单”，并据此梳理出物业管理、车辆停放、电梯加装、活动空间、菜场升级五大难题；二是“居民骨干清单”，包括628名党员的党员清单和381名社区骨干清单；三是形成“困难家庭清单”，提高为困难群众“雪中送炭”的精准性。以上三类清单的梳理和形成，以人民的诉求为指引，在工作中坚持人民至上的情怀，将问计于民与顶层设计有机结合，为后续工作有效开展创造了良好的开端。

（二）迎难而上：“多留点绿地和空间给老百姓”

公共空间不足是乐山片区治理中的一大难题。因为居住面积狭小，违章搭建以及占用走廊等公共空间堆物的现象极其严重，而要解决这一直接关系到老百姓“切身利益”的难题可谓困难重重。但旧城治理就是要“越是艰险越向前”。

习近平总书记在2019年11月考察上海时指出：“无论是新城区建设还是老城区改造，都要坚持以人民为中心，聚焦人民群众的需求，合理安排生产、生活、生态空间，走内涵式、集约型、绿色化的高质量发展路子，努力创造宜业、宜居、宜乐、宜游的良好环境，让人民有更多获得感，为人民创造更加幸福的美好生活。”乐山片区在治理中服务先行，找准问题的症结，解决问题，通过拆违、改造原有空间、全面整合片区各小区空间，成功拓展了居民公共休闲健身空间、公共服务空间以及绿地等，“在螺蛳壳里做道场”，为营造宜居乐居的环境创造了条件。

（三）大局为上：“着力解决人民群众所需所急所盼”

推动公共资源向基层倾斜，向困难群体倾斜，着力解决人民群众关心的现实利益问题，是新时代社会治理的重点。为了解决公共服务中空间少、资源散、功能弱的问题，乐山片区在治理过程中整合各方力量，将原位于乐山二三村的一幢老年活动室改造成内涵丰富的“乐山邻里汇”，改造后的邻里汇面积近400平方米，面向整个乐山片区2万余名居民提供服务。

"乐山邻里汇"集合了养老服务(老人洗澡、食堂)、助餐、健康管理、文化娱乐、阅读教育等各式各样的活动,还创新引入了街道社区事务受理功能,可现场办理医保、社保、计划生育、工会相关事务等40项居民高频使用的业务,让乐山的居民率先实现了"不出小区就能办事",真正做到了党的十九大报告提出的,"使人民获得感、幸福感、安全感更加充实、更有保障、更可持续"。

二、乐山片区治理过程中的三对关系

"人民城市人民建,人民城市为人民"理念从内涵来看,包含党和政府与人民在城市治理中所发挥作用的辩证关系。治理不是管理,强调的是党和政府与人民多方于治理过程中通过形成合力而共同实现治理目标。在乐山片区一体化治理中,党和政府与人民之间所形成的合力,以及从中所体现的领导力、组织力、认同力,是对"人民城市人民建,人民城市为人民"重要理念的深入实践。

(一) 党建引领与社区居民主体的关系:领导力引领统合力

党建引领是核心,必须贯彻在社会治理的方方面面。乐山片区一体化治理中的领导力体现在党建引领与居民骨干带领两个方面。乐山片区一体化治理中通过联合党建切实发挥引领作用,多方统筹协调,突破原来各个居民区党支部的能力和资源限制,沟通联动区有关部门、区域单位、国资公司为乐山综合治理争取更多支持。同时,联合党支部上承街道"八大办",下接乐山片区5个居委会,接通党建"最后一公里",确保各相关职能部门直接参与乐山综合治理,服务居民。

居民是社区治理的主体。在党建引领之下,乐山片区在治理中大力发展居民骨干,由他们带领居民加入社区改造之中,通过他们发动居民,一起做居民的思想工作,逐步将居民与党和政府对乐山治理的目标、理念统一起来。如在加装电梯和楼道整治的过程中,居民骨干发挥了较强的带领作用。

(二) 自治与共治的关系:政府民主与居民自治的合力形成凝聚力

乐山片区一体化治理中的组织力体现在政府共治与居民自治两个方

面。旧区治理中的硬件改造是居民需求最为迫切的问题，为此，徐家汇街道投入大量资金，整合各类资源，大力实施乐山地区硬件改造，为老百姓办实事。

同时，乐山片区在治理中通过组织力量推动“问计于民”，通过各种渠道发挥居民主体作用，以共建促共治，具体办法是：精准施策，服务先行发动、提升居民自治力，使得志愿者数量同比增加了174%。有了强大的志愿者队伍，乐山片区居民积极开展自治，通过丰富多彩的自治项目实现了共治与自治的良性互动，为乐山片区的持续健康发展，实现党的十九届四中全会提出的“坚持和完善共建共治共享的社会治理制度”打下了坚实基础。

（三）党政主导、居民主体力量与客观存在的种种困难的关系：通过内因实现外因的转变

习近平总书记指出，以人民为中心的发展思想，不是一个抽象的、玄奥的概念，不能只停留在口头上、止步于思想环节，而要体现在经济社会发展各个环节。要坚持人民主体地位，顺应人民群众对美好生活的向往，不断实现好、维护好、发展好最广大人民根本利益[2]。对于乐山居民来说，改善居住环境就是他们的一项根本利益。在乐山片区的治理过程中，既存在由乐山片区治理客观需求所产生的外因所发挥的促进作用，也存在由党和政府与人民群众联动，以服务群众为抓手所产生的社区治理的内在动力，将不利条件转化为有利条件。正是党和政府与人民就治理工作达成共识，在改造过程中形成合力共同发挥作用，才产生了强大的治理效能，并最终取得了良好的治理效果。

三、乐山片区治理中的机制创新

乐山片区在治理中坚持党建引领机制创新，成立了由街道处级领导担任联合党支部书记，吸纳区房管局、物业公司、徐家汇街道职能部门等负责同志以及乐山地区居民区党组织书记担任支部成员的“乐山地区综合治理联合党支部”。联合党支部成立之后，建立了有效的运作机制，党组织的领导力在综合治理中切实发挥了引领作用，也取得了切实的治理成效。具体而言，这些创新机制主要体现在以下四个方面。

一是横向联结、纵向贯通的统筹协调机制。横向联结是指联合党支部突破原来各居民区党支部的资源限制，代表街道乐山地区综合治理领导小组，加强与区有关部门、区域单位、国资公司的沟通联动，整合资源为乐山综合治理争取更多支持。如在全面推进环境整治时，街道积极听取居民的想法和意见，争取相关职能部门在工作上、政策上的更多支持。纵向贯通是指联合党支部上承街道“八大办”，下接乐山片区5个居委会，在乐山形成35个叠加项目，加强对居委、物业、业委会的领导，贯通党建“最后一公里”，确保各相关职能部门直接参与乐山综合治理，服务居民。

二是问需于民、服务为民的问题征集机制。联合党支部坚持密切联系群众，强化服务为民的根本宗旨，深入居民家中走访调研，找准老百姓需求，把地区的难点、痛点及瓶颈问题搞准，做到集体研究、科学决策，实现“一张蓝图绘到底”的美好愿景。为此，徐家汇街道坚持问需、问策、问计于民，动员街道全体干部深入群众开展大调研活动。联合党支部落实践行初心、使命必达的要求，强调全覆盖、真入户、听需求，通过边走访、边梳理、边解决的办法，切实为群众解决困难。2019年10月，结合“不忘初心、牢记使命”主题教育，徐家汇街道组织了202名公务员、事业单位人员和社工以及居民区党员，入户走访乐山片区5 494户家庭，共收到居民提出的各类需求和建议1 670条，梳理归纳了物业管理、车辆停放、电梯加装、活动空间、菜场升级五大需求和两大突出问题，掌握了党员清单、居民骨干清单、困难家庭清单三类人员清单，为乐山片区综合治理夯实基础，找准方向。

三是定期通报、严格考核的项目推进监督机制。联合党支部健全组织机构，完善各项制度，规范工作流程，明确支委成员的任务分工。在征集梳理问题后形成项目清单，明确任务分工，强化目标落实。定期召开支部领导小组会议，推进制度化、系统化工作。联合党支部每两周在街道党工委会议上通报综合治理进展情况，以挂图作战方式，对没有按时间节点推进的项目单位进行通报，并就下一步重点内容提出明确目标。同时，通过列明综合治理项目清单，将项目清单纳入街道目标管理考核系统，每两周召开目标管理会，进一步明确目标任务及推进实施节点，研究解决综合治理中存在的问题及项目推进情况。

四是联防联治、群防群治的长效治理机制。小区的乱象和问题由来已久，治理不是一朝一夕的事情，所以，联合党支部在乐山片区综合治理中建立治理机制，着力培养自治力量。首先，建立联席会议机制。联合党支部每月组织“三驾马车”讨论研究小区物业管理中存在的突出矛盾及群众反映集中的问题，通过“物业沙龙”和“业委会沙龙”，为辖区内8个小区业委会和2家物业服务企业搭建相互沟通的平台，强化“三驾马车”的联动，进一步提升“三驾马车”化解矛盾和解决问题的能力，提升共治水平。其次，健全居民参与机制。一方面充分发挥党员的先锋模范作用，带动居民参与社区治理。联合党支部组织6支党员先锋队设计了6类党群公益项目，推动党建特色工作在乐山片区有平台、有队伍、有抓手。实施“党员家庭”挂牌工作，推动党员业主亮身份、亮承诺、亮行动，参与志愿活动和公益服务，以点滴作为营造各小区团结互助的和谐氛围。同时，针对乱停车、乱堆物、乱充电、群租以及赌博等痛点、堵点及难点问题，打造群防群治党员示范岗，建立常态化社区综合执法巡逻机制，成立由平安办、派出所、城管执法队、物业保安等组成的社区综合治理巡逻队，整治乱象、固守成效。另一方面，在各小区推动成立“居民自治理事会”，引导居民代表通过民主协商、共建联建，定期讨论社区事务，了解居民的需求，先后在乐山片区开展了一系列自治项目，形成街道层面共同支撑、各居民区全力参与的治理格局。通过党建引领自治共治，乐山六七村已成功加装3部电梯，其他小区电梯加装工作正在有序推进。

四、乐山片区治理中所体现的党员干部的精神、情怀、意志

乐山片区从市中心的治理洼地到旧区改造治理中的标杆，实现了脱胎换骨式的转变。“啃”下社会治理中的这块“硬骨头”，参与其中的党员干

部付出的艰苦努力，取得的优异成绩，可以从精神、情怀、意志方面概括为“创新、实干、担当、为民”。

创新是利民。党的十八大以来，在新时代新要求面前，徐汇区积极探索；在人民对美好生活的向往面前，徐汇区勇于实践，形成了包括“邻里汇”在内的诸多创新举措。这些创新既有理念，也有一项一项的工作实践，它们以利民为出发点，不断开创出徐汇区社会治理的新局面。

实干是为民。习近平总书记指出：“干部干部，干是当头的。”在乐山片区治理中，党员干部靠实干从走进小区到走进民心。在徐汇的各项治理工作中，党员干部时刻记得以人民为中心的思想，为民实干，把事情做在百姓开口之前，做在实处，做在老百姓的心坎上。

担当是惠民。习近平总书记多次强调，责任担当是领导干部必备的基本素质，干部就要有担当，有多大担当才能干多大事业。党的事业就是人民的事业，担当就是为了惠民。在乐山片区治理中，党员干部所体现出的担当精神是徐汇党员干部一贯敢于引领、敢于攻坚作风的一次集中体现。他们坚持将服务放在治理之前，用一个个惠民项目累积成了乐山治理的成功范本。

为民是亲民。“一切为了群众，一切依靠群众”，是我党全心全意为人民服务根本宗旨的重要表现。乐山片区治理的实践经验已经证明，旧区改造工作的开展只有做好群众工作才可能顺利推进，将心比心，以心换心，换取真心，为居民排忧解难“雪中送炭”，通过旧区改造工作架起党和人民之间的心桥。

参考文献

[1] 习近平.习近平谈治国理政：第三卷[M].北京：外文出版社，2020：343.

[2] 中共中央宣传部.习近平总书记系列重要讲话读本[M].北京：学习出版社，2016：129.

以“人民城市”理念引领“群租”乱象综合治理

徐汇区华泾镇党委

一、背景及成因

（一）“群租”乱象问题严重

盛华景苑是华泾镇大型动迁安置房小区，地处徐汇、闵行两区交界处，占地面积8万余平方米。小区居民来自27个动迁基地，因区位较偏、出行不便，不少动迁居民将安置房出租，出租房占了小区住房的三分之二。“二房东市场”走俏，违法“群租”现象突出，带来社区治安、消防安全、环境卫生等各类矛盾。盛华景苑“12345”“110”投诉量长期居高不下，小区2019年的“110”报案量多达290起，约为周边其他小区的4倍。

（二）多次整治成效不显

针对盛华景苑“群租”乱象有过两次集中整治。第一次集中整治，华泾镇连夜清查“群租”房90余户，拆除违建隔断123间，但不少二房东短暂“躲猫猫”后，又做起“群租”生意，导致乱象回潮。第二次集中整治，是结合2017年小区综合改造，但费力不见效。截至2020年3月，小区仍有120余户“群租”房。“屡治不改”成为盛华景苑必须面对的治理顽症。

二、举措及经验

（一）细研“群租”难治原因，排摸小区“群租”状况

深入调研、分析原因。华泾镇领导深入盛华景苑调研，与镇派出所所长、居委会班子成员等仔细分析研究小区“群租”难以根除的原因：一是市场有需求。盛华景苑是动迁小区，很多居民有两三套房，有房屋出租的需求；华泾镇地处徐汇、闵行两区交界处，相对是“房租洼地”，成为

外来务工人员的集中地。二是“二房东”成本低。“二房东”通常用较低的改造成本，把只能租给3人的房屋租给8人，虽然每人只收租金五六百元，但利润远高市场价。同时，“二房东”用可拆卸夹板隔断房间，即便被拆除也可迅速重建。三是中介不接盘。“二房东”获取房源后，正规中介不会再接盘大房东的租房需求。四是业主法律意识薄弱，对“群租”危害认识不足。多重因素叠加，使得小区“群租”乱象屡治屡败。

成因清晰、排摸跟上。2020年4月，华泾镇党委镇政府果断决策，以疫情防控人员排查为契机，启动了“群租”乱象的综合整治行动，发动楼组长、志愿者对盛华景苑2 728户住户逐一排摸。2020年6月底，排摸出外来租户4 300余人，把在同一出租房中居住但不是同一省市且没有亲属关系的出租房列为“疑似群租”房。对“疑似群租”房，居委干部再次上门现场查勘，如发现阳台改装、房屋使用功能明显改变等情况，确认“群租”上报整治。

（二）组成联合整治小组，发挥“一网统管”优势

多部门“一盘棋”协同整治。2020年初，华泾镇成立包括镇规划办、城管中队、派出所、房管办、居委会等成员单位在内的“群租”联合整治小组，打响盛华景苑小区“群租”治理攻坚战。各成员单位抽调人员，小区党群服务站、小区物业等一起参与，组成包含85人的“群租”治理队伍。

四颜色“作战图”有序推进。在社区党群服务站会议室巨大的“作战图”上，用4种颜色醒目标注小区所有住户单元人员情况：绿色为业主自住，蓝色为正常租赁，红色为有“群租”乱象，橙色为尚未入住，依照分片包块方式，整治初期便排摸出87套“群租”房。

依托好“一张网”统筹治理。对应87套“群租”房所在区域的自治网格和处置网格，将镇层面执法、管理、服务各类力量直接下沉至整治行动中，拆除违法隔间；首批“群租”住户清退后，小区警情总量同比下降57.1%。一年下来，“大房东”收回200多套“群租”房，60余名二房东退出小区，房屋原有功能也逐渐恢复。

（三）加强法治宣传，密切警民信息对接

法治教育全覆盖。进驻小区的联合整治小组摸清与“群租”房有法律关系的当事人，通过面对面、视频、电话等途径对其进行法治教育：告诉大房东，若因“群租”发生事故，业主负法律责任；告诉二房东，不按时缴税需承担法律责任，告诉“群租”户，若“群租”房出现消防、治安等问题，租户权益得不到法律保障。居民的法治意识不断加强，业主与二房东签订的租赁代理内容仅允许将房屋用于合租，一旦存在“群租”行为合约自动解除，业主不用赔偿。

警民对接全天候。盛华景苑新建近300平方米的警务室，建立小区“群租”整治“巡查+上报”制度，派出所民警、城管队员和居委干部、楼组长作为巡查主体，重点查看整治成果是否巩固、“群租”乱象是否回潮；居民作为上报主体，发现“群租”乱象可立即上报警务室。小区“警民会客厅”全天候服务“群租”整治，增强了居民对“群租”整治的信心。

（四）注重长效预防回潮，规范租赁维护产权

“智慧社区”技防支撑。整治小组建立“群租”现象“动态+源头”分析机制，依托“一网统管”平台实时掌握小区人员变动、房屋出租等情况。为有效地管理群租房，盛华景苑党群服务站通过大数据与人工智能相结合的方式，推出以人脸识别为主的智能管控门禁系统，已采集、录入小区居民1 400余人的信息，与此同时，同步推进小区内租客的信息采集，智能管理门锁可有效地对群租房人员的出入构建起人群管理通道。同时，社区警备室辅以“一网统管”智慧社区建设提供的技防手段，“动态+静态”分析，管理部门可第一时间掌握小区人员变动、异常报警、黑灰产业等情况。

“委托管理”提供出路。在区房管局、区财政局的支持下，华泾镇联动区属国有企业惠众公共租赁住房运营有限公司，成立憓家品牌，升级租赁模式，建立租赁住房托管业务，以委托的形式，通过收储和托管两种方式，为住房租赁市场提供专业化、规范化的服务。业主把房源直接托管给憓家，憓家为业主提供带看出租、租客管理、维修保洁、装修设计等一系列租前、租后服务，业主不用担心群租和其他管理等问题，可安心当“甩手房东”。同时，与中国建设银行下属上海建信住房服务有限责任公司开展金融创新合作，收储的居民住房经程序认证后可转为公租房，打开了社租房与公租房的转化通道。

（五）自治平台自我管理，自治团队保障成果

"盛心汇"凝心聚力。盛华景苑党支部搭起"盛心汇"自治平台，通过各种活动吸引居民，尤其是通过"舌尖上的盛心汇""沪语课堂""四点半课堂"等活动引导外来租户参与自治。在这个平台上，可以宣传法治，可以形成共识，也可以组织力量共同维护小区平安。如组织党员志愿者、社区志愿者开展法律法规宣传活动，宣讲"群租"危害。小区业委会将"禁止群租"条款列入《居民公约》，增强居民及租房业主预防、整治"群租"乱象的意识和自觉性。

"整治队"自发监督。"盛心汇"整治"群租"小队形成了由居委干部担任块长、党员和楼组志愿者共同参与的楼组管理网络，开展"群租"摸底调查。小区建立"楼道巡查小组"，两两一组定期巡查，志愿者们结合实际情况建立了"入室查""对面看""水电费"等多种发现机制，保证了及时发现、及时上报。

三、成效及反应

（一）小区居民投诉率大幅下降

整治"群租"前，盛华景苑的警情发生率、报案量长期在全区高居榜首，2020年整治后警情发生率、报案量大大下降；同时，盛华景苑"12345""110"的投诉量直线下降，较2020年整治前分别下降了98%、52.3%。原来因"群租"对居委有意见的居民，现在也竖起了大拇指。

（二）小区居民满意率大大提高

整治"群租"前，盛华景苑的居民安全感较低，整治后居民们纷纷点赞——"小区'群租'问题让我们头疼好几年了，安全感又找回来了！""小区的环境也比以前好多了，楼道也干净多了！"

（三）"小巷总理"体验感十分强烈

盛华景苑党总支书记侯玉虹对整治"群租"的成效感触万分。她自

2013年10月起到盛华景苑工作至今，经历过几次“群租”整治，唯有2020年的整治最成功，其中最重要的经验就是践行了“人民城市人民建，人民城市为人民”重要理念，坚决整治的同时，又兼顾各类群体的利益，让“大房东”不损失、让“二房东”有出路、让租赁户安心住、让全体居民都开心。

四、启示及思考

（一）要以党建引领整治

盛华景苑前几次“群租”整治成效不明显的根本原因是单纯的“业务观念”。2020年的“群租”整治之所以能成功，关键在于加强党的领导和党建引领，整治理念先进，整治方案科学，整治队伍有力。社区治理永远在路上，必须始终坚持党建引领，自治共治平台“盛心汇”议事能级的提升，能及时发现小区治理的堵点、痛点，以党建引领来统筹各方资源、凝聚各方力量，破解治理瓶颈。

（二）要以共治推进整治

盛华景苑“群租”乱象，既与二房东只关心经济收益乱隔房有关，也与大房东只管租房不管乱象有关，更与租客只想省钱不懂法律有关。盛华景苑2020年的整治能成功，与小区党组织打造“盛心汇”平台、增强居民租房法治意识、推动“群租”整治自治共治密切相关。自治共治是法宝，乱象整治少不了。

（三）要以严格执法保障整治

盛华景苑“群租”乱象整治能成功，也与整治队伍的建立密切相关。华泾镇成立专项整治小组，派驻盛景苑居民区；公安派出所设置南片警务站，24小时驻点保障。全面的入户宣传提升了相关当事人的认知能力和水平，持续“露头就打”的执法行动迫使“二房东”主动寻求合法的出路。

（四）要以机制创新推进整治

“群租”整治的重要性在于“社区治，天下安”，其根本性保障在于“唯有长效机制，才能久久为功”。正如前面提到的，“人民城市”重要理念的贯彻，能够在坚决整治的同时，又兼顾各类主体的利益，引进了可以让“二房东”统一委托规范管理的平台，让“大房东”不损失、让“二房东”有出路、让租赁户安心住、让全体居民都开心。

新时代党建引领下基层社区精细化治理的思考

——以上海市基层社区实践为例

严惠民　原上海市督查人民内部矛盾化解工作办公室副主任
中共上海市徐汇区委党校特聘教授

如何实现新时代党建引领下基层社区精细化治理？习近平总书记明确指出，要以最广大人民利益为根本坐标，创新社会治理体制，改进社会治理方式，构建全民共建共治共享的社会治理格局[1]。如何做到牵一发动全身、纲举目张地创新这一社会治理格局？习近平总书记进一步指出，要把加强基层党的建设、巩固党的执政基础作为贯穿社会治理和基层建设的一条红线，深入拓展区域化党建。增强基层组织在群众中的影响力和号召力，必须把抓基层打基础作为长远之计和固本之策，丝毫不能放松[2]。党的十八大以来，上海市各区根据习近平总书记的工作要求，坚持实事求是、一切从实际出发的原则和精神，结合各区实际情况，积极主动探索和实践，通过基层党建引领社区治理、走通城市社区建设“最后一公里”的做法，一届接着一届干，持续推进、久久为功，从而切实增强了老百姓的获得感、幸福感和安全感，全市社会治理成效显著提高。

一、党建引领，促进纲举目张

基层党建的核心是加强党的政治引领、思想引领、组织引领。政治引领，就是坚持政治方向的引领，把社区力量始终凝聚在坚持爱国主义、社会主义核心价值理念的方向上；思想引领，就是加强舆论引导，正面引导，凝聚共识，凝心聚力，画出发展稳定中的同心圆；组织引领，就是增强基层党组织的社会动员力，关键时刻看得见组织在、人员在，关键时刻引导社区居民明辨是非，在社会发展的每个阶段最大限度地把社区力量始终团结在一起，凝心在一起，聚力在一起。政治引领、思想引领、组织引领归结到一点，就是要把党的工作延伸拓展到城市社区发展稳定的最活跃经络上，紧紧围绕广大人民群众的现实利益开展工作，为广大人民群众的现实利益服务，而为人民群众的现实利益服务归根到底就是为了人民群众的根本利益服务。“群众生产、群众利益、群众经验、群众情绪，这些都是领导干部们应时刻注意的。”[3]为了使人民群众的现实利益得到真正地实现，必须把党的群众工作做到人民群众的身边去。根据这一思路，近年来上海市的社会治理实践是重在通过强化党建引领，推动权力下放、资源下沉、重心下移，让看得到问题的人能够解决问题，让贴近群众的人更好服务群众，从而确保基层群众的现实利益在基层得到保障和发展。

在具体工作的推进层面，基层社区党建引领基层社区精细化治理工作做得比较好，主要体现为三个层次：一是在街镇层面，各级机关干部主动下沉到基层社区，推进重点项目工作，以点带面促进发展，是社区建设和治理的引路人和带头人；二是在居民区层面，重点组织社区网格化的具体交流平台，广泛开展居民区基层协商民主，是社区建设和治理的组织人；三是在居民楼层面，重点发挥好党员干部的先锋模范作用，激活和增强居民区发展更新的“细胞”动力，是基层社区建设和治理的实践人。可见，党建引领下基层社区精细化治理的主要内涵，就是在地方的街镇层面、居民区层面、居民楼层面，将服务和管理的各项工作做实、做细、做精。

早在2007年，时任上海市委书记的习近平同志对上海市的基层党建工作提出要求时就前瞻性地指出，要通过构建单位党建、区域党建、行业党建互联、互补、互动的基层党建工作新格局，使党的工作覆盖经济社会发展的所有领域[4]。根据这一工作要求，上海市经过十多年来的持续探索实践，已经在全市建立了区域化基层党建工作的新格局，实现了基层党组织的政治引领、思想引领、组织引领，充分发挥了党的工作在城市社区治理中的强大号召力和影响力。比如，2020年初，上海在防控新冠肺炎疫情蔓延阻击战的早期阶段，就明确居民区党组织以网格化党建为抓手，以网格为单位，组织网格员、社区党员、楼组长、志愿者等各方面力量，将开展防控疫情知识宣传、人员流动排查和管理、环境卫生整治等工作举措落实到网格；当复工复产来临时，上海更进一步明确提出将织密“社区一张网”进一步具体化、精准化、属地化。比如，将社区治理工作落实到进入上海的各个大道关口、上海市各大社区的各个关口，做细做实“空路铁路道路，路路严守三道关：消毒关、测温关、核查关”[5]。在居民属地社区，广大群众创造的办法层出不穷，主要是“居委会业委会物业守土有责，落实到每一个具体岗位、每一个基本单元”。居民群众将其形象地概括为：“喇叭喊起来，楼道跑起来，闲事管起来。”[6]同时，在社区实行管控的同时，加强基层普法宣传，以案说法，及时推进法治化深入社区、深入家庭。事实证明，上海这些社会治理的精细办法，在疫情防控阻击战中发挥了积极有效的作用，这正是上海市基层党建引领下促进社区各项工作向前深入推进的“纲举目张”。实际工作的高效率和精准性更是充分证明：基层党建引领的上海社区防疫工作重点方向是精准科学的，社区处于疫情防控第一线，是防止社区疫情传播的关键，更是确保各项措施落实到位的关键所在。这一工作把准了新时期城市治理的内在规律，探索了加强基层治理的有效路径，初步走出了一条符合上海超大城市特点和规律的社会治理新路子。

二、系统集成，促进聚焦发力

系统集成是指建立社区治理和服务等各项制度执行的协同性、合力性、整体性。这是建立和完善共建共治共享的社区治理格局的工作基础。如何建立和健全这一良好的工作基础？要建立必要的渠道，动员和组织社会主体有序参与。比如，通过扩大基层有序民主参与，建立和完善各种表达性、评议性、互动性渠道，依托合理合法方式引导和发动社区居民、各类社会组织、专业人士，尤其是“两代表一委员”参加社区治理工作，依靠群众的力量做好群众身边的工作，并努力实现这些工作的制度化、规范化、程序化。可见，基层社区民主渠道的有效推进，是实现系统集成、促进聚焦发力的主要平台。习近平总书记早在浙江省担任省委书记期间就非常关注和关心这一问题，他经过深入调查研究，专门撰写了一篇文章——《基层矛盾要用基层民主的办法来解决》，明确指出："推进基层民主建设是实现政治稳定、社会和谐的重要保证，基层民主越健全，社会就越和谐。"[7]多年的实践也证明，基层社区是社区居民的共同家园，一旦发生矛盾和问题，发动和引导居民共同讨论、共同选择、共同决定，寻找发展中的最大同心圆。这是社区发展基层民主的主渠道，也是社会治理预防和化解社会矛盾的有效办法。

以徐汇区为例。"一切为了群众，一切依靠群众"，通过基层组织力量，将社会治理触角延伸到基层群众的急难愁盼问题上。"绿主妇"最初是由一批退休的家庭主妇自愿结成的环保宣传活动团体。随着队伍的不断发展壮大，以及在小区内影响力的不断增强，"绿主妇"由行动小组逐步发展成有一定社会影响力的公益社团组织——"绿主妇"议事会，参与小区自治管理。"绿主妇"的"绿"不仅体现在小区生态、公益、志愿的服务理念上，更体现在"以人为本"的深切关怀中，将社区中的矫正人员和上访户从不良的生活状态、不合理表达诉求的生活方式中脱离出来，使其走出家门，融入社区，加入和谐自治的"绿色家园"。依托"绿主妇"的组织框架和服务功能，进一步推动成立了"绿主妇"调委会，下设调解工作室，通过主妇们"家长里短"的闲聊，可以及时发现矛盾纠纷，依靠骨干、志愿者等力量，组织发动居民实现自我教育、自我服务、自我管理，促进邻里之间的和睦相处，从源头上预防和减少矛盾纠纷。

近年来，上海市静安区立足建立和健全共建共治共享社会治理格局，在全区普遍实行了基层社区工作"约请制度"，即在基层社区，由政府搭建居民百姓参与民主协商的平台，围绕基层社区的工作项目，请居民百姓就与自身利益密切相关的社会公益项目充分发表意见和建议，这种以民主程序保障民生利益的有效做法，使社会公益项目实现了社会效益最大化。事实充分证明，这一全过程的民事民议、民事民办、民事民管的良好民主协商氛围，使居民群众的获得感和幸福感油然而生，充分体现了"人民城市人民建，人民城市为人民”的时代意蕴和精神内涵。

三、“三治”合力，促进充分自治

随着经济的发展和人民生活水平的提高，公平、公正地处理社会民生问题，在经济社会发展格局中愈加重要，其具体的表现就是如何在发展中协调好社会利益关系的平衡问题。社区治理的核心问题，归根到底就是社区组织、社区居民的利益关系协调和平衡问题。进入新时代，社会的主要矛盾发生变化，社会利益关系的协调问题更加凸显、更加迫切，它关系到社区居民的安居乐业问题。而实行法治则是实现利益关系平衡的根本保障。因为实行法治，就是在社区事务的管理和服务中，保证公平、公正、公开，避免暗箱操作，依法保障每一户居民的切身利益。法治是发展的保障，而德治是法治的基石。党的十九大以后，以习近平同志为核心的党中央进一步明确提出：“健全党组织领导的自治、法治、德治相结合的城乡基层治理体系，健全社区管理和服务机制，推行网格化管理和服务，发挥群团组织、社会组织作用，发挥行业协会商会自律功能，实现政府治理和社会调节、居民自治良性互动，夯实基层社会治理基础。”[8]可见，在健全社区管理和服务机制、推行网格化管理和服务的主题工作平台中，包含了自治、法治、德治的基本内涵，也将“三治”合力的基本要素及工作对象予以进一步的明确：法治是保障，德治是基础，自治是动力。

以徐汇区为例，全区广泛开展律师参与信访工作，律师参与成为信访工作常态，通过打造“家门口”信访服务体系，将律师公共法律服务网络延伸到全区13个街镇、306个居村，律师在接待来访、调解社区信访矛盾等信访事项受理过程中，通过向来访居民、矛盾各方进行法治宣传，提供法律援助等方式，引导信访群众通过法定程序表达诉求，依靠法律手段解决纠纷，运用法律武器维护自身合法权益，充分发挥了法律职业优势和第三方的中立客观作用。在社会治理体系和治理能力迈向现代化、群众信访诉求多元化的大背景下，为加强疑难矛盾化解，区信访办与7家律所开展战略合作，在区领导下访接访、核查化解等专项工作中，由律师出具法律专业意见与合理合法解决矛盾的方案，切实提高信访部门、职能部门运用法治思维和法治方式解决问题的能力，使一些“老大难”的历史信访积案得以成功化解。

近年来，静安区在广泛实行群众自我管理、自我服务、自我教育、自我监督的工作推进中，以着力推进基层直接民主制度化、规范化、程序化为抓手，于2007年成立了覆盖全区的社会组织联合会，即把区属内的各类社会组织联合起来，发挥它们作为社会自治主体的自治作用，同时在全区的社会组织联盟之下又设立了社区专业调处联盟，通过划分和组织专业网格，以专业网格化、区域网格化的“双网格”党建共同行动为互动平台，通过政府定向购买服务的方式，发挥社会组织参与社会治理的协同作用。这个平台具有明显的五大优势：第一，以第三方身份介入，客观、公正，充分尊重各方利益，社会公信力高；第二，社会组织具有追求社会公益最大化的天然优势，平衡社会利益关系的社会效益高；第三，协商机制比较灵活，尊重客观实际情况；第四，调处联盟中的“两代表一委员”深得群众信任，调处矛盾互信度高，处理问题的成功率高；第五，调处联盟成员调处化解各类矛盾纠纷依法、合情、入理，在化解矛盾的同时让涉事方“心服口服”，解除了矛盾各方的内在“心结”。据不完全统计，2015年以来，调处联盟参与化解了各类社会矛盾和信访问题共计2 000余件，绝大部分的社会矛盾和信访问题被化解在源头、处理在发生地。这一成功案例充分体现了“人民城市人民建，人民城市为人民”的时代意蕴和精神内涵。

四、聚焦“三感”，促进落实“三化”

总结近年来上海社区治理的基本做法和成功经验，我们大致可以得到一个共性规律，就是社区居民是否具有获得感、幸福感、安全感，是社区治理成功与否的基本标准。为此，应当做到如下三点：

一是做细做精做实社区管理和服务的网格化。我们常说社区是我们各项工作的“最后一公里”，社区作为我们各项工作的出发地和落脚地，很多工作就是需要落实在社区居民的身边和家里。因此，社区治理一定要实行网格化管理和服务，这样就会越做越细、越做越精，会越做越实、越做越好。网格化管理和服务应当促进和推动社区工作者走下去、沉下去、做下去，各项工作要项目化、具体化，要看得见人、看得见事、看得见结果。

二是深入推进社区各项管理和服务工作实现标准化。社区各项工作都应当有明确的可量化目标，根据群众现实利益诉求及长远发展需要确定明确的工作标准，各项工作标准应当扩大覆盖面，能够覆盖的尽力覆盖，力争消除社区工作中的“空白点”，努力做出品牌，从而得到社区居民的真正认可。

三是不断推进社区各项管理和服务工作实现精准化。现代科技支撑带来的最大好处就是能够在大数据的实时动态变化中发现苗头和趋势，能够就日益差异化的群众利益诉求找到解决问题的对策。习近平总书记指出，要强化智能化管理，提高城市管理标准，更多运用互联网、大数据等信息技术手段，提高城市科学化、精细化、智能化管理水平[9]。

实践已经充分证明，上述社区建设和治理的“三化”应当在一个同质性相对较强的小区系统推进；而同质性相对较弱的居民区，则应当分类推进。比如，《上海市国民经济和社会发展第十四个五年规划和二〇三五年远景目标纲要》提出的“路管会”和“弄管会”制度，以及探索实施“社区工作室”制度，就充分考虑到了社区社情同质性的问题。因为社区社情差异性大的社区，很难用同一个模式去套用。

五、现实的深刻启示

总结上海市党建引领基层社区精细化治理方面的成功案例，我们得到的启示如下：

一是加强价值引领，坚持凝心聚力。党的十八大以来，党中央高度重视基层党组织建设对社会治理的引领作用。进入新时代，满足人民对美好生活的需要成为基层党组织建设的鲜明主题。而社区治理的基础性、经常性、根本性工作也是做好群众工作。基层社会治理的每一个层面都与群众利益息息相关。因此，必须尊重群众在基层治理中的主体地位，通过舆论引导、正面引导，充分调动群众参与基层社会治理的积极性和主动性。同样，只有在推动基层治理现代化进程中加强基层党组织建设，着力突出服务群众的功能定位和价值定位，切实提升服务群众的意识、强化服务功能、拓宽服务领域，才能在服务群众的过程中更好地发挥领导核心和政治核心作用，使党的执政基础深深植根于人民群众之中，在服务中引领培育群众的公共意识。早在延安时期，毛泽东同志就深刻指出："党是依靠群众，脱离了群众就会死亡，无法生存。"[10]习近平总书记也明确指出："让人民生活幸福是'国之大者'。"[11]中国共产党的百年历史证明：历史无论怎么发展，我们党同人民群众的密切联系永远不能改变。历史和现实还充分证明：伟大的事业必须有坚强的党来领导。在新时代中国特色社会主义发展的背景下，新时代的群众工作应当有时代的鲜明特点，基层党组织找到了新时代服务群众的切入点，在服务群众、发动群众、组织群众、宣传群众、引导群众的过程中，就能增强基层党组织的影响力和凝聚力，就能赢得群众的信任和支持，就能夯实与人民群众同心同德、凝心聚力的党的执政根基。

二是加强组织建设，坚持夯实根基。随着经济社会的持续发展与信息化、智能化时代的到来，自治组织结构日益复杂化、居民思想日益多样化、利益诉求日益多元化，导致服务群众的工作呈多元化状态，决定了服务理念、服务方式、服务内容也要多元化。基层党组织服务群众已不仅仅是提供物质帮助、访贫问苦，也不仅仅是提供活动场所、设备器材、活动经费，而是要把组织、动员、引导群众广泛参与社区治理作为重点，更好地推进党建引领下的社区共治自治。为此，基层党组织和党员要在社区治理中扮演积极行动者的角色，以基层党建主动带动群建、促进社建，基层党组织必须具备整合资源、协调关系、凝聚社会共识、引导社会治理的组织功能，党员在社区治理中也必须是不可忽视的中坚力量，要着力提高自身解决矛盾问题的能力，不断增强人民群众的获得感、幸福感、安全感。

三是加强精细管理，坚持工作联动。社区居民是社区治理的智力支持和群众基础。基层党组织需要发挥自身的政治优势、组织优势和资源优势，搭建社区自治平台，在社区参与内容、参与平台、参与制度等方面有所创新，为群众参与提供多种资源和机会，激发、培育、保护、规范和巩固群众参与的积极性，从而提升公民素质，提升其参与治理的能力。通过精细化管理，引导居民健全“提议题—出主意—拟方案—开言路—定公约—居民表决”的议事协商民主决策机制，并且要扩大民主参与，吸纳区域单位代表、社会组织代表参与协商议事，推动居民自治项目真正做到决策议题自下而上产生，决策过程体现协商民主，决策程序规范健全，便于居民有序参与，为全面提升党组织领导的居民自治水平筑牢基础。同时，现代科技支撑带来的最大好处就是能够在大数据的实时动态变化中发现苗头和趋势。习近平总书记明确指出，要强化互联网思维，利用互联网扁平化、交互式、快捷性优势，推进政府决策科学化、社会治理精准化、公共服务高效化，用信息化手段更好感知社会态势、畅通沟通渠道、辅助决策施政[12]。上海目前正在推进的政务服务“一网通办”和城市运行“一网统管”，这两张网正是目前上海城市社区治理的科技支撑。基层社区应当在这两张网的每一个管理和服务的接口上，做到工作联动，实现无缝衔接。

四是加强利益协调，持续协调利益工作。在基层党建的引领下，如何抓住居民群众最关心最直接最现实的利益问题，如何及时了解他们的操心事、烦心事、揪心事，尽心尽力为人民群众办实事、办好事、办好身边的事，需要基层党组织具备并不断提升战斗力、组织力，在基层社区主要表现为利益协调力。中国共产党的百年历史也充分证明，我们党的战斗力主要来自组织力。提升新时代中国共产党的基层组织力，要进一步探索城市街道社区基层党组织服务群众的服务方式、服务载体、服务内容，以丰富和夯实基层党组织服务供给体系，在服务和引导群众中增强党组织的利益协调力。其中，开发能够吸引、激活“两新”组织等非公领域党组织和党员认同的激励与约束性交互机制，使体制内外基层党组织服务良性互动，画好城市基层党组织的“同心圆”。从根本上来说，开发能够吸引、激活“两新”组织等非公领域党组织和党员认同的激励与约束性交互机制，实现体制内外各类成员的良性互动，实际上就是一个充满生机与活力的社会建设格局的基本要求。这样一种充满生机与活力的社会建设格局，有利于实现社会发展生机和社会发展和谐的有机统一。

习近平总书记指出："市民是城市建设、城市发展的主体。要尊重市民对城市发展的知情权、参与权、监督权。""只有让全体市民共同参与，从房前屋后实事做起，从身边的小事做起，把市民和政府的关系从'你和我'变成'我们'，从'要我做'变为'一起做'，才能真正实现城市共治共管、共建共享。"[13]研究上海市基层社区的典型实践样本表明，在全面深入推进"共治共管、共建共享"的社会治理共同体工作中，坚持"以人民为中心"的发展思想是根本指导思想；坚持"党建引领"是一个方向性的纲要；坚持"服务网格化、标准化、精准化"是工作的主要标准和途径；坚持"人民城市人民建，人民城市为人民"是完善社区治理精细化的根本保证。只有实现上述四者的有机融合、相互贯通、系统推进，才能真正提升新时代党建引领下基层社区精细化治理的能力和水平。

参考文献

[1] 中共中央宣传部.习近平总书记系列重要讲话读本(2016年版)[M].北京：学习出版社，2016：224.

[2] 中共中央文献研究室.习近平关于社会主义社会建设论述摘编[M].北京：中央文献出版社，2017：129，131.

[3] 中共中央文献研究室.论群众路线：重要论述摘编[M].北京：中央文献出版社，2013：26.

[4] 顾春源.以党的政治建设为统领，推动党建引领社会治理创新发展[J].党建通讯，2019(5).

[5] 空路铁路道路，路路严守"三道关"[N].文汇报，2020-02-10(1).

[6] "居委会业委会物业守土有方，落实到每一个具体岗位、每一个基本单元"[N].解放日报，2020-02-10(5).

[7] 习近平.之江新语[M].杭州：浙江人民出版社，2007：226.

[8] 中共中央关于坚持和完善中国特色社会主义制度　推进国家治理体系和治理能力现代化若干重大问题的决定[M].北京：人民出版社，2019.

[9] 中共中央文献研究室.习近平关于社会主义社会建设论述摘编[M].北京：中央文献出版社，2017：136.

[10] 李朱选.群众路线大家谈[M].北京：华文出版社，2013：6.

[11] 习近平：让人民生活幸福是“国之大者”[N].解放日报，2021-04-28（1）.

[12] 中共中央文献研究室.习近平关于社会主义社会建设论述摘编[M].北京：中央文献出版社，2017：134-135.

[13] 中共中央文献研究室.习近平关于社会主义社会建设论述摘编[M].北京：中央文献出版社，2017：133.

党建引领下的社区治理共同体建设研究

——以嘉兴路街道环瑞虹社区发展共同体为例

上官酒瑞　中共上海市委党校

社会治理是国家治理的重要方面。党的十九届四中全会提出："加强和创新社会治理，完善党委领导、政府负责、民主协商、社会协同、公众参与、法治保障、科技支撑的社会治理体系，建设人人有责、人人尽责、人人享有的社会治理共同体。"这是继2019年初习近平总书记在中央政法工作会议上首次提出"社会治理共同体"后，党中央正式将这一最新理念写入最高文件。这也是对党的十九大报告提出的"打造共建共治共享的社会治理格局"的进一步丰富和发展，为我国社会治理建设指明了方向。党的十九届五中全会重申了"建设社会治理共同体"的要求与方向。如何建设社会治理共同体？这当然需要顶层设计，提出指导原则、基本遵循、实践要求，更需要基层探索创新，整合资源、激发活力、形成合力。尤其是作为社会治理最基层、最基本单元的社区，如何推动治理共同体建起来、立起来，并动起来、活起来，这需要在理论上深入研究、在实践中创新探索。

近年来，虹口区嘉兴路街道按照新时代社会治理的新目标、新要求，因时制宜、因地制宜、因需制宜，适应时代进步、社会变迁与区域发展需要和社区居民期待，在基层建设、社区治理上用足功夫、花大力气，以绣花般的思维与行动，不断优化体制、开发资源，拓展渠道、创新方式，探索形成了一系列卓有成效的社区治理新举措、新方法。2018年11月6日，习近平总书记在虹口区嘉兴路街道市民驿站第一分站调研时，对街道的社区治理、民生建设等方面给予了充分肯定与高度评价。环瑞虹社区发展共同体营造项目，就是街道为落实新时代社会治理共同体建设要求，创造性提出并实施的计划，旨在以党建为引领，建设共建共治共享的治理共同体，走出社区治理新道路，探索形成社区营造新模式。

一、推动社区治理共同体建设的意义

社区是一个物理空间，也应当是一个居民有归属认同、能守望相助的生活空间。它既是一个行政管理单元，也应当是一个蕴含共同体意识与情感联系的关系单元。如果说社会是一个大系统、共同体，那么它又是由散布于城乡基层社会的一个个社区共同体构成的。不同于社区管理，社区治理更强调主体平等性、参与多元性、行动协同性，强调协商沟通对话、共建共治共享，强调共同体的营造和建设。社区治理共同体建设是在社会现代化建设不断进步、社会主要矛盾转化的背景下，在社会结构多元化、利益关系多样化、思想观念复杂化的环境下，推动发展、维护稳定、构建和谐的内在需要。比较而言，嘉兴路街道的环瑞虹社区发展共同体营造计划，从“大”往“小”里看，具有多方面的意义。

（一）有助于夯实“中国之治”的基础

中华人民共和国成立以来，尤其是改革开放以来形成了经济快速发展奇迹与社会长期稳定奇迹。这“两大奇迹”的背后是“中国之制”的优势与“中国之治”的力量。党的十九届四中全会集中概括了我国国家制度和治理体系的显著优势，描绘了“中国之治”的总体目标与制度图谱。需要指出的是，“中国之治”集中体现为党领导下的人民之治、制度之治，根基在社会、在社区，在社会的民主、民生与民心，直接体现为人民权益保障与发展，民生福祉持续增进与提升，社会和谐稳定与繁荣，也就是人民的美好生活。在这个意义上，“中国之治”就现实性地转化为“社区之治”，其方向就是建设社区治理共同体。基础不牢，地动山摇。如果基层社会依然是原子化的，是一盘散沙，社区里依然是“独自打保龄球”，那么“中国之治”的基层就没活力，基础就不牢固。

嘉兴路街道推动的环瑞虹社区发展共同体项目，就是适应新时代新环境，为解决社区治理新矛盾，创新治理的新思路、新举措。虽然它只是一个实践案例、一个样本，但却是有效吸纳基层力量和凝聚社区共同体，形成社区中的有机团结、营造美好生活，夯实“中国之治”的基础性工程。

（二）有助于“人民城市人民建”理念的落实

人民城市人民建，人民城市为人民。在城市建设、社区治理中，都要贯彻以人民为中心的发展思想。这是习近平总书记考察上海时提出的重要理念和要求。中共上海十一届市委九次全会以此主题专门出台了文件，提出了五个“人人”的努力方向——人人都有人生出彩机会、人人都能有序参与治理、人人都能享有品质生活、人人都能切实感受温度、人人都能拥有归属认同。可以说，这是“城市，让生活更美好”内涵的新拓展。那么，如何建设人民城市呢？人人参与是必备要件。

打造环瑞虹社区发展共同体，其中心议题就是通过搭建平台、拓宽渠道，让居民广泛参与，通过参与激发活力、增添动力、形成合力，让居民在社区治理、城市建设中感受温度、增强归属认同、享受品质生活。这要紧紧依靠人民，激发他们的主体力量和主人翁精神，最大限度地调动他们的积极性、主动性、创造性，让人民群众真正成为城市发展、社区建设的积极参与者、最大受益者、最终评判者。嘉兴路街道推动实施这项计划，以营造创新包容、共建共治共享的社区共同体为目标，也就是“人民城市人民建，人民城市为人民”理念在社区治理中的集中体现，是践行该理念的一个缩影。

（三）有助于城市精细化治理向纵深推进

一流城市要有一流治理。上海提高城市管理水平，走出一条中国特色的超大城市管理新路子，要在科学化、精细化、智能化上下功夫。在习近平总书记提出城市管理要像绣花一样精细的要求后，上海经过调查研究，采取了一系列举措，取得了较好的成效。党的十九届四中全会提出：“推动社会治理和服务重心向基层下移，把更多资源下沉到基层，更好提供精准化、精细化服务。”党的十九届五中全会更进一步指出：“推动社会治理重心向基层下移，向基层放权赋能，加强城市社区治理和服务体系建设……构建网格化管理、精细化服务、信息化支撑、开放共享的基层管理服务平台。”上海城市治理精细化向纵深发展，也要求进一步将基层基础治理做精做细做实。

由于历史与现实等诸多原因，特别是从20世纪五六十年代起，随着人口的增加和大量危棚简屋的搭建，嘉兴路街道以虹镇老街为代表的棚户区，成为上海棚户区的代名词。该辖区也是全市人口密度最高、老龄化程度最高的城区，60岁以上老人约占总人口的40%，高于全市6个百分点。经过多年的旧区改造，该辖区不少居民住房条件改善了，随之而来的是民生服务、社区治理问题的凸显。嘉兴路街道以党建为引领，实施环瑞虹社区发展共同体营造计划，重点就是不断优化社区治理体制，充分激活治理资源，通过社区治理的绣花功夫，取得城市治理的精细化功效。

二、环瑞虹社区发展共同体：嘉兴路街道的探索创新

嘉兴路街道推动实施的环瑞虹社区发展共同体营造项目，是问题导向的；为了破解社区居住形态改变后的治理难题，它也是目标导向的，有使命、有愿景。该项目已经建立了比较完整的组织架构，并探索形成了相应的行动方略，成为嘉兴路街道“一个街道一面旗帜”着力做深做实的亮点。

（一）项目背景

嘉兴路街道位于虹口区中南部，总面积约2.63平方公里，下辖27个居委会，户籍人口超过10万人。在过去很长一段时期内，街道辖区内多以二级旧里、售后公房为主，随着旧区改造的推进，商品房小区不断增加，街道现有小区88个，其中商品房小区50个，占小区总数的56.8%，涉及全街道21个居委会，占居委总数的77.7%。辖区内客观上形成了两种不同居民区并存的格局。相对而言，新的商品房小区居民对生活品质的追求会更高一些，对公共服务的需求也更多一些，进而对社区治理需求、治理方法、治理模式的要求也会有差异。在辖区房屋性质、居住形态变化后，如果还延续以往老公房的社区治理是难以为继的，这是街道推进社区治理面临的难题。破解难题的关键，是进一步创新治理方式，开发治理资源，激活治理力量，探索新的治理模式。

社会有需要、群众有呼声，党和政府就有回应、有举措。嘉兴路街道党工委、办事处提出并推动环瑞虹社区发展共同体营造计划。这是为贯彻落实党的十九大提出的“美好生活”新目标，根据《中共中央国务院关于加强和完善城乡社区治理的意见》（中发〔2017〕13号）和《中共虹口区委、虹口区人民政府关于加强本区城市管理精细化工作的实施意见》（虹委〔2018〕28号）的要求，对标社区治理先进经验，推动街道社会治理体系和治理能力现代化建设转型升级的新举措。

2018年1月12日，环瑞虹社区发展共同体第一次联席会议召开。此次会议听取了瑞虹周边居民区和瑞虹集团住宅、商业部代表对辖区概况、工作特点的介绍，就居民需求和企业资源对接等方面进行了探讨。作为方案策划与实施合作方，华东理工大学的代表从理论研究、社会组织培育与发展、社区公共服务与评估、社区营造以及系列培训工作等方面阐述了共同体营造设想。2018年是共同体建设起步之年，其主要工作是充分做好地区居民、企业调研，了解居民需求和企业资源；定期召开联席会议，共商社区事务，阶段性地在瑞虹地区开展大型社区共治活动，凝聚社区居民，增强居民归属感和认同感。经过前期的充分准备，2019年6月14日，嘉兴路街道社会组织服务中心及嘉兴社区基金会举行了“瑞享生活　共治共建”环瑞虹共同体成立仪式，并开展了公益面对面主题活动。这标志着环瑞虹社区发展共同体正式成立。

从空间看，该共同体涉及环瑞虹地区的天虹、新港、瑞鑫、瑞一、安丘5个居委会，实际住户8 000余户，占全街道总户数的1/4，是典型的人口导入型高档社区，也是虹口区中部打造的3个重点功能区域之一。从着力点看，它鼓励、支持社会组织发展，统筹发挥社区、社工、社会组织在社区治理中的不同优势与作用，引导、动员辖区内居委、社会组织、基金会、企事业单位、高校等各类机构开展合作。从落脚点看，它试图通过共同体建设，尝试构建“多元主体、多元平台、多元服务”的社区治理模式，营造创新包容、共建共治共享的社区氛围，走出具有嘉兴街道社区治理特色的社区营造道路。

（二）使命愿景

使命与愿景是现代社会组织与共同体发展的目标。任何组织、共同体如果缺乏发展目标，那就失去了方向，没有了动力。环瑞虹社区发展共同体明确提出“每个人都是美好生活的创造者，参与让社区更美好”的愿景，提出“构建一个人人皆可参与、乐于奉献的美好社区”的使命。这样的使命与愿景，正是该共同体营造的初心，也是其发展的动力、努力的方向，是凝聚多方力量、整合各种资源的精神纽带、价值追求。

深入而言，以上使命与愿景聚焦在相辅相成的两方面：一是美好生活；二是人人参与。习近平总书记多次强调：“人民对美好生活的向往，就是我们的奋斗目标。”这与共产党为人民服务的宗旨、为人民谋幸福的初心，与新时代以人民为中心的发展思想，在本质上是一致的。特别是随着社会主要矛盾的转化，人民对美好生活的向往，不仅意味着人民对物质文化生活有了更高要求，而且对民主、法治、公平、正义、安全、环境等方面的要求也日益增长。这是美好生活的内涵规定。从实际空间看，人在哪里，美好生活就应当在哪里。但无论如何，幸福生活都是奋斗出来的，创造美好生活需要人人参与、人人尽责、人人奉献。环瑞虹社区发展共同体计划，是紧紧围绕环瑞虹美好生活的营造展开的，如果没有社区居民、社工、志愿者、党员等主体的积极参与和奉献，美好生活就只能是一句空话。这样的使命与愿景，也正是上海“人民城市人民建”理念的体现，是城市精细化治理在社区的实践。相应地，使命与愿景能够实现，社区发展共同体与美好生活营造也就能够成功。

（三）组织架构

从外在形态看，共同体是一个有共同价值追求、认同归属、情感联结的组织体系。环瑞虹社区发展共同体营造计划的推出，是为了解决城市更新中出现的社区治理难题。通过近三年的探索，该共同体建设已经逐步建立起了完整的组织体系。这主要包括领导组织、运作指导组织、筹资筹款组织、协调议事组织，是一个集领导、运作、筹款、议事于一体的自治与共治结合的社区治理组织架构（见表1）。

表1　环瑞虹社区发展共同体组织架构

组　织	任　务	主　要　职　责
街道党工委	领导	把方向、谋大局、定政策等
社会组织服务中心	运作	引入社会组织、孵化本土组织、挖掘社区领袖
嘉兴社区基金会	筹款	筹措资源、资金扶持、项目运作
议事委员会	议事	民主参与、协商议事、共谋发展

（1）领导组织。中国共产党的领导是中国特色社会主义最本质的特征，是中国特色社会主义制度的最大优势。党政军民学，东南西北中，党是领导一切的。党的领导贯彻到治国理政的全过程和各方面，当然包括城市社区治理。党章规定："街道、乡、镇党的基层委员会和村、社区党组织，领导本地区的工作和基层社会治理，支持和保证行政组织、经济组织和群众自治组织充分行使职权。"嘉兴路街道党工委是辖区内把方向、谋大局、定政策、促改革的领导组织，自然也是环瑞虹社区发展共同体项目的领导者、决策者。这是共同体营造的政治保证。

（2）运作组织。在上海街区体制改革后，街道自治办作为一个职能部门以及下设的社会组织服务中心、社会组织服务联合会，是街道辖区内的社会组织培养者、"孵化器"、服务者，也是该项目的直接策划、引导、推动者。社会组织联合会与社会组织服务中心运作指导的具体职责包括：协助做好决策机构和监督机构的换届与日常工作记录，确保机构工作有序规范运营；指导各项行政管理工作规范开展；辅助政府部门做好社区需求调研工作，为项目设计与实施提供立项依据；收集、汇总政府购买公益服务项目需求，并向区域内外社会组织公布，引导社会组织参与社区开展的公益招投标和公益创投；加强对区域内社会组织和社区自治组织的登记备案、信息管理、预警网络机制建设；为区域内已注册民非机构或有意从事公益创业的机构和个人提供政策咨询、年度检查、现场勘查、创业指导等服务。

（3）筹款组织。这主要是指嘉兴社区基金会。社区基金会是聚焦于社区公共事务的一种基金会，负责社区建设中政府资金之外的筹款筹资，实现了社区公共服务供给资源渠道从单一到多元的转变，并可在一定程度上减轻政府的财政负担。嘉兴社区基金会成立于2017年12月8日，是由街道和辖区内企业共同发起的民非慈善组织，注册资金为200万元人民币。在环瑞虹社区发展共同体项目建设中，该基金会作为筹资筹款和指导组织，其主要职责如下：协助做好社区公益基金会决策机构和监督机构的换届与日常工作记录，确保机构工作有序规范运营；指导基金会各项行政管理工作规范开展；协助基金会对有意向在嘉兴社区开展公益服务的组织或个人提供项目能力建设培训，对于选拔出来的优秀公益项目给予经费扶持；指导基金会按照市区业务主管部门的要求，积极参与其组织开展的各项公益活动；动员社区力量，组织开展社区公益项目策划和筹款等活动，为社区公益基金会开拓筹款渠道。

（4）议事组织。这是指议事委员会。它是围绕环瑞虹社区发展共同体项目成立的一个专门协调议事组织。在共同体项目建设中，其主要职责如下：以天虹社区活动室为基地，共创一个环瑞虹共同体展示与宣传空间，作为日常活动和议事基地；围绕环瑞虹共同体美好生活营造进行民主议事和协商；以社区全职妈妈、白领青年人群的子女教育、能力成长、文化娱乐需求为导向，设计开展系列品牌活动，发挥社区居民的自治能力，每个品牌项目培育1～2名社区骨干人员，作为项目活动负责人，共同开展活动；加强与企业、高校、社会组织、居委会、基金会等各方的联系与互动，以创新创意市集的形式，探索共建共治共享的社区生活方式。

（四）行动方略

组织可以让力量聚合、效能倍增，形成“1+1 > 2”的效应，但如果缺乏有效行动，也只能是水中花、镜中月。组织架构的形成是环瑞虹社区发展共同体建设的前提。共同体不仅要建起来、立起来，更要活起来、动起来，才能真正将各种组织与个人连起来、聚起来，成为一个整合资源、融合力量、聚合功能、综合手段的共同体，成为营造美好生活的共同体。党中央提出“党委领导、政府负责、民主协商、社会协同、公众参与、法治保障、科技支撑”，也就是社区治理共同体建设的行动遵循、实践指南。环瑞虹社区发展共同体营造计划也是如此，并以此为基础探索形成了更有针对性、实效性的行动方略。比如2020年，受新冠肺炎疫情影响，虽然一些已经安排的活动不能如期举行，但是项目主办方还是克服重重困难，不断打造治理共同体，为环瑞虹美好生活营造氛围、创造条件（见表2）。

表2 环瑞虹美好生活社区营造计划项目2020年工作情况

组 织	工作内容	具 体 事 项
社会组织服务中心	社区调研	5月份展开2020年环瑞虹美好生活社区营造计划项目需求调研等
	预警网络	每月收集、汇总嘉兴社区社会组织预警网络信息月报表，针对2020年嘉兴路街道社区群众团队新增情况进行排摸等
	规范化运作管理	为辖区内多家社会组织提供年检事项咨询；协助街道完成更换嘉兴社服中心登记证书、新章程核准、理事会换届等事宜，并进行了网上备案
	先进表彰	年底召开嘉兴路街道优秀志愿者暨群团表彰大会，对社区核心志愿者、社区领袖进行表彰等
嘉兴社区基金会	爱心慰问	2—3月，多家企业的爱心物资送到社区防疫一线工作者手中，向他们表示崇高敬意和真挚问候
	宣传推广	7月，街道委托第三方公司对微信公众号平台进行升级，环瑞虹社区发展共同体服务号积分商城正式上线；通过现场扫码的方式，动员社区居民主动关注微信公众号并进行注册，扩大公众号的影响力
	筹款活动	4月，与联劝基金会共同开展护颜行动，面向嘉兴社区进行公益筹款；6月，参与联劝网举办的六一专题线下公益市集活动，进行文创产品及手工品义卖筹款活动；9月，申报并线上发布腾讯九九公益日筹款项目“球爱行动——公益联赛”等
议事委员会	企业走访	定期走访合作企业，商讨活动开展共建事宜，包括月亮湾福维克体验中心、瑞虹天地事务推广部、85°C上海总部等
	召开会议	召开4次会议，委员们针对瑞虹盟空间改造、每月主题活动、社区各自需求进行讨论

（续表）

组　织	工作内容	具　体　事　项
议事委员会	瑞虹创益集	开展主题活动12次，服务300余人次，活动主题包括亲子暖心烘焙慰问、“疫过天晴”绘画展、“七一”红色摄影展等
	“环瑞虹”公益市集	举办2场公益集市，服务超300人次，分别为：9月9日在月亮湾开展的“环保新时尚　公益嘉年华暨虹口区嘉兴路街道上海市第十届公益伙伴日主题活动”；10月17日在瑞虹坊举办的“QPQ瑞虹坊1017邀您一起，闲物交换再焕新生”——环“瑞虹新城‘夜’主市集”

结合2020年共同体营造计划实施中开展的这些活动，可以更清晰地看到环瑞虹社区发展共同体的行动方略。

（1）以党的建设为引领。以党建引领社区治理共同体建设，是党的领导在社区治理行动中的体现。最根本的是以习近平新时代中国特色社会主义思想为引领，关键是在共同体建设中要守好初心、把好方向、站好立场，进行政治引领、价值引领、目标引领等。党建引领促治理，凝心聚力搞建设。2020年初以来，嘉兴路街道共同体发展议事委员会，举行“疫过天晴”绘画展、“七一”红色摄影展、“四史”主题教育、“光盘行动”倡导绘画等活动，集中体现了党建引领社区共同体的发展。尤其是在政治建设上，嘉兴路街道历来坚持政治标准一致，要求相同，“一把尺子”量到底，坚持政治道路不偏、政治方向不移、政治原则不动、政治立场不变，不折不扣地将党的领导、党的意志贯彻落实在社会建设、社区治理、民生服务的各领域、各环节。

理念是行动的先导，理念引领是根本性引领。作为一种基层治理中的创新性探索，社区治理共同体建设更要贯彻落实好新时代的新发展理念。这是新时代发展的基本方略，是管根本、管全局、管长远的理论指导。党的十九届五中全会坚持新发展理念并提出：“把新发展理念贯穿发展全过程和各领域，构建新发展格局，切实转变发展方式，推动质量变革、效率变革、动力变革，实现更高质量、更有效率、更加公平、更可持续、更为安全的发展。”当然，这也要落实到社区治理中。环瑞虹社区发展共同体项目就明确提出用新发展理念作为引领，并提出了具体要求：创新，就是在社区既有空间资源的基础上，通过创新思维和手段，重新给空间注入一定的功能，使老旧的社区空间焕发活力；协调，就是兼顾老中青幼不同群体的差异化需求，设计开展符合其需求的人性化服务；绿色，就是响应垃圾分类和环境保护号召，宣传可持续的生活方式；开放，就是以促进人际交往为核心，开展融合性活动，增进人与人之间的交流互动；共享，就是通过分享社区公共资源和精神文化，培养社区共识，形成“互动、互助、互补”的社区共同体意识。用新发展理念引领共同体建设，这是新时代党建引领的生动实践。更进一步而言，这是为了实现社区治理的高质量发展。

（2）以居民需求为导向。坚持群众路线，问需于民、问计于民、问政于民，这是党和政府有效工作的“传家宝”，也是持续不断获得人民支持的动力源。说到底，问需于民就是坚持以问题为导向。问题是时代的声音，尤其是在社会结构分化、利益多元化、价值观念复杂化的背景下，基层治理要更民主、科学、精细化决策，要更好地提供精准化服务。这就更要求善于倾听、问需于民，只有知民心、听民意、顺民心，方能解民忧、聚民力。

问需于民，进行居民需求调研，是环瑞虹社区发展共同体项目推进的重要内容与抓手，主要由社会组织服务中心和社会组织联合会组织实施。在项目推进中，为更准确地掌握社区居民对环瑞虹美好生活社区营造计划的期待，以针对性地设计服务内容和形式，吸引更多社区居民参与活动，提升服务成效，项目主办方扎实开展调研工作。比如，2020年的调研采用随机抽样方法，在街道居民区及附近商圈工作人员中，随机抽取100人进行了问卷调查。通过调研提出了三方面改进举措：一是注意服务频率和时长的设计。由于被服务人群主要为60岁以下的社区居民，与老年人不同，他们在工作日都有本职工作，闲暇时间有限，因此在活动和服务设计上要充分考虑这一点，要提质减量，或把服务周期拉长，适当降低服务的频率和时长，让更多的社区居民参与并受益。二是细分服务设计。60岁以下的人群分别处于不同的人生阶段，他们的需求异质性相对较高，在服务设计上需要结合不同年龄段人群的需求设计有针对性的服务项目。在确保专业度的同时，扩大受益面，提升影响力。三是注重社区宣传。通过多种渠道扩大社区宣传，让服务可以触达更多人群。建议做好活动文案，及时做好定期活动预告更新，增加不同内容的滚动宣传频次，从而增强社区居民对服务内容丰富度的感知力。这样的调研和改进举措，有助于清晰排摸社区居民的潜在服务需求，有助于更好地提供服务项目，推进治理共同体建设。

（3）以广泛参与为动力。社会治理的重心在城乡社区，要建设治理共同体并非简单自上而下的政策推动即可实现，而需要居民自下而上的主动参与。社区治理为人人，人人参与建社区。建设共同体不只是党组织和政府机关的事情，应当是全社区共同的任务，要激发社会各主体积极参与的活力。2017年6月发布的《关于加强和完善城乡社区治理的意见》中明确提出，健全完善城乡社区治理体系要求充分发挥基层党组织领导核心作用，有效发挥基层政府主导作用，注重发挥基层群众性自治组织基础作用，统筹发挥社会力量协同作用。这与党的十九届四中全会坚持和完善“共建共治共享”的社会治理制度，“建设人人有责、人人尽责、人人享有的社会治理共同体”是一致的。这里的三个“人人”，就是要将“责任配置—责任履行—成果享有”结合起来。其中，人人有责是讲治理的责任配置问题，与认知、意识和价值判断相关；人人尽责是论说治理责任的到位问题，与参与、行动和携手合作相连；人人享有是论及治理成果的分享问题，与绩效、结果和权益实现结合在一起。社区治理共同体既是一个居住、生活的共同体，更是一个参与、责任、共享的共同体。其动力在于参与，在于以居民为核心的多元主体共同参与。这是社区治理共同体营造的关键。

嘉兴路街道推出环瑞虹社区发展共同体营造计划，就特别强调多元参与、广泛参与。习近平总书记在该街道视察时指出，加强社区治理，既要发挥基层党组织的领导作用，也要发挥居民自治功能，把社区居民积极性、主动性调动起来，做到人人参与、人人负责、人人奉献、人人共享。这里的“人人”既指辖区内的党组织、政府机关、企事业单位、群团组织、社会组织等组织化主体，也指具体的社工、志愿者、党员、普通居民等分散主体。正是在广泛参与的驱动下，街道这些年来的基层建设、社区治理取得了较好成绩。该共同体建设也从一个侧面说明了这一点。

（4）以民主协商为方式。党的十九届四中全会，将民主协商嵌入社会治理体系建设，其道理不言自明。社会治理共同体建设，需要党的领导、政府负责、法治保障，但它更需要公众参与、社会协同。如何参与和协同呢？通过民主协商这种方式来实现。新时代党领导人民治国理政的重要特征就是强调协商民主与民主协商。有事好商量，众人的事情由众人商量，是人民民主的真谛。发展协商民主，应该是实实在在的，而不是做样子的，应该是全方位的，而不是局限在某个方面的，应该是全国上上下下都要做的，而不是局限在某一级的。特别是涉及人民群众利益的大量决策和工作，主要发生在基层，因此要大力发展基层协商民主，重点在基层群众中开展协商。凡是涉及群众切身利益的决策都要充分听取群众意见，通过各种方式在各个层级、各个方面同群众进行协商。在2015年下发的《关于加强城乡社区协商的意见》中，明确提出要形成协商主体广泛、内容丰富、形式多样、程序科学、制度健全、成效显著的城乡社区协商新局面。

习近平总书记指出，民主不是装饰品，不是用来做摆设的，而是要用来解决人民要解决的问题的。环瑞虹社区共同体发展项目的实施，正是依托街道社区的各种协商议事平台，尤其是共同体议事委员会这样的组织平台，进行民主协商的。共同体营造的本质是社区居民关系的再造，是居民身份归属、情感认同的增强。这是依靠行政命令和管理难以实现的，唯有通过协商、沟通、对话才可达成。嘉兴社区高档商品房小区居民需求多样化是事实，又要构建“多元主体、多元平台、多元服务”的社区治理。那么，如何基于“多”的现实，整合力量、凝心聚力达成“一”？也就是在差异性的基础上如何寻求最大公约数？民主协商是重要方式。作为共同体建设的协调议事组织，环瑞虹议事委员会的主要工作模式就是通过民主协商聚合各方力量，探索共建共治共享的美好生活。2020年虽有新冠肺炎疫情的影响，环瑞虹议事委员会还是召开了4次会议，围绕瑞虹盟空间改造、每月主题活动、社区各自需求进行了讨论，确定并收集了阵地四面上墙资料：瑞虹主画面墙、运营模式介绍、共建单位展示墙及荣誉墙。这只是该共同体协商议事的一个方面，实际上要比这多得多。

（5）以“三区联动”为支撑。如果凭借共同体营造的系列举措，能够将各单位、各部门、每个居民都连起来、动起来，形成人人参与、人人尽责、人人奉献、人人共享的局面，那居民的社区归宿感、身份认同感就能不断增强，邻里情、邻里心就能得以汇聚，那就真正凝聚了力量，共同体营造就成功了。这是环瑞虹社区发展共同体计划的落脚点。比如，在共同体建设中，通过积极搭建居委、物业及相关部门沟通协调平台，在居民区内，将居民、物业公司、业委会与社区连在了一起。街道从2019年3月1日启动垃圾分类调研、宣传和发动。此后按照《上海市生活垃圾管理条例》要求，因地制宜地形成“一小区一方案”。在宇泰景苑小区，由党员、楼组长、业委会成员、物业经理、保洁员等组成的“绿精灵”垃圾分类志愿者团队每天早上7:30按时上岗，火钳、手套、绿背心是他们最鲜明的身份标志，其任务是引导居民养成自主分类投放的习惯。小区居民已实现了100%参与分类投放，分类准确率达98%。也正因此，社区居民高度认同“垃圾分类就是新时尚”。

在居民区外，环瑞虹社区共同体建设探索中，还特别强调“三区联动”，主要是让商区、社区、校区连起来、动起来。“三区联动”得益于市民驿站、楼组党建、区域化党建平台与共同体建设的融合。通过与区域化党建单位华师大一附中联合开展关爱未成年人工作，老师以志愿者身份走进了社区，通过“一路书香”微课堂系列课程，将学校、老师与社区连在了一起，共同开展传统文化教育；在海伦金融街等楼宇建立了党建服务站，弘扬创全志愿精神，通过党建共建、互动共享，将企业、白领与社区连在了一起，共同参与社区共同体建设。

（6）以品牌活动为载体。让居民走出自己的小家庭、融入社区大家庭，更多走进社区公共场域、参与公共活动，这是在匿名社会、在商品房小区建设社区共同体的要求。要达到此要求，必须有平台、有载体，需要通过举行各种社区居民乐于、善于参与的活动。环瑞虹社区发展共同体计划的实施，就是通过调研，把脉社区居民需求，并以需求为导向有针对性地开展各类服务活动，吸引居民走出家门，积极参与这些活动，在其中感受社区共同体大家庭的温暖，进而构建起身份认同与情感归属。

共同体建设中开展的活动，主要有共同体品牌与社区自治品牌两种活动。其中，环瑞虹创意集就是一项品牌活动。它又包括快乐星期五、瑞虹小书房、瑞虹小集市三个子项目，目的是通过与企业或高校、社会组织、社区学校等各方联动，开展儿童主题活动、青年读书会、公益慈善市集等特色创意活动，倡导公益文化理念，凝聚社区各方力量，探索共建共治共享的美好生活。活动具体实施内容包括：利用节假日与社区居委会、社区学校合作，开展垃圾分类、爱国主义、传统美德教育、社区志愿服务等专题活动，吸引青少年群体参与社区公益活动；以读书会的形式，动员社区全职妈妈、女性白领等群体参与社区公益活动，并组织她们适时为社区提供志愿公益服务；与街道社区基金会、慈善超市等进行联动，通过公益市集、公益展示等形式，宣传垃圾分类、公益慈善等内容，唤起更多人关心身边的公益活动。2020年5月20日，环瑞虹共同体议事委员会第一次年度会议举行，协商部署了后期的各类活动。通过这些品牌活动，整合了社区资源，动员居民、商圈、公益组织等共同推进社区共建共治共享。

三、环瑞虹社区发展共同体建设的成效

虽然嘉兴路街道环瑞虹社区发展共同体项目推进总体上还处于初级阶段，但是经过持续探索与不断创新，共同体建设的组织架构已建立健全，实践行动也有方略、显特色，越来越接地气，越来越有生气，并能展活力、聚合力。目前，环瑞虹社区居民已经越来越乐于走出家门，善于参与共同体的各类活动，并从中获得参与感、责任感，进而获得归属感、认同感、价值感。共同体建设已初见成效，得到了社区干部群众的普遍认同与赞誉，并产生了良好的反响，成为社区治理共同建设的一个典型样本，并在努力朝着“人人有责、人人尽责、人人享有”的方向发展。这可主要概括为：聚

合了力量，化解了难题，增强了认同。以上三方面并非全部，它们是递进关系，折射了社区发展共同体建设的成效。

（一）聚合了力量

城市管理、社区治理，当然需要党的领导和政府承担责任，但仅仅依靠党和政府是远远不够的，必须充分激活蕴藏于社会各方面、各领域，尤其是基层的力量，最大限度地聚合力量。如何做到这一点？著名社会学家费孝通曾提出：居民作为完整意义上的市民来参与社区管理，其内在条件是否已经具备？不用行政方式，作为个人的居民如何走到一起来？他们是否认同行政意义上的社区这种组织形式？是否认为社区事务是与自己有关的公共事务？答案只能是：建设社区治理共同体。在理论上，共同体建设超越了“主体—客体”二元划分的思维底板；在实践中，它是一种更趋合作式、融合型的社会建设思路。

船的力量在帆上，人的力量在心上。环瑞虹社区建设计划的实施，虽然时间不长，但社区居民的主体意识在不断增强。他们从被动旁观者变为积极参与者，走到社区治理的“舞台中央”当主角，在文明城区创建、旧区改造、垃圾分类等社区治理的重要事务中，积极参与。这整合了资源、聚合了力量，居民的自治与共治能力也得以提升。比如，在2020年9月9日公益日当天，由环瑞虹社区发展共同体携手瑞虹天地，在瑞虹天地月亮湾共同举行了“环保新时尚　公益嘉年华”暨虹口区嘉兴路街道上海市第十届公益伙伴日主题活动。通过前期宣传招募，活动期间共设了10余个摊位，有与民生息息相关的“吃”摊儿，吸引了不少前来献爱心的市民，既尝了美味，又献了爱心。2020年10月17日，“QPQ瑞虹坊1017邀您一起，闲物交换再焕新生”——环“瑞虹新城‘夜’主市集”主题活动举办，吸引了辖区内众多青年业主、商铺代表、公益组织代表和社区居民前来参与。此次夜市与调动“社区多方力量，共同参与公益活动”的精神紧密结合，现场设置了公益展区、业主展区、商铺展区、舞台展区4个部分，参与活动者沉浸在夜市带来的欢乐中，驻足围观的市民在游玩的同时，也献出了自己的一份爱心，纷纷拿出手机扫码为嘉兴社区公益项目捐款助力，而摊主们也主动地将当日所得款项的10%捐给了嘉兴社区基金会，为后续社区公益活动的开展添砖加瓦。社区治理共同体营造的本质，就是搭建平台，把每个居民、每个参与者的力量聚合起来，让居民关心自己的事情、自己的事情自己商量、自己的事情自己解决，这样的治理共同体建设才最有活力，也最有力量。

（二）化解了难题

如果说社区治理共同体建设，要坚持目标导向，有使命、有愿景，那么它更是问题导向的，要通过治理不断解痛点、通堵点、破难点、化焦点。习近平总书记在嘉兴路街道视察时指出，社区是党委和政府联系群众、服务群众的神经末梢，要及时感知社区居民的操心事、烦心事、揪心事，一件一件加以解决。这些事可能是琐碎的、繁杂的，但又关乎民生问题，与群众的获得感、幸福感、安全感密切相关。这正是街道实施环瑞虹社区发展共同体营造计划的初心。

在近三年的探索中，该共同体建设以党建引领，围绕四类主体，即政府、瑞虹运营方、商户企业、居民自治组织，通过“四微”举措，实现了四方参与，成果共享，共同体建设的共治平台作用得以有效发挥。一是开展社区“微治理”，针对居民关注度高的问题提出治理方案。比如，发动社区居民志愿者参与共享单车停放管理；在重点区域联合瑞虹运营方、物业等多方力量，共同开展“黑车”整治和乱设摊整治。二是打造社区“微课堂”。党组织牵头居委会、物业公司、业委会这“三驾马车”轮值当班，围绕不同主题开展交流，协商解决辖区围墙内的操心事、烦心事、揪心事，探索创新社区治理的有效举措。三是实施社区“微实事”。建立小区物业创先争优方案和24小时快速联动反应机制，加强中高档小区及石库门里弄的物业管理，实现区域内日常维修“1小时上门、2小时修复”，着力解决管理中不到位、不及时的问题，物业的满意度让居民来“亮分”。四是做实社区“微项目”。充分发挥新文化活动中心的平台作用，开展法律服务咨询、商民互动沟通、文化团队活动等项目，丰富社区生活，加强各方的联络，增进感情。这样以“四微”举措切实提升小区品质，以更和谐美好的社区生活，把小区中的居民“请”出家门，共融共治共建社区家园。

社区处在基层治理最前沿，也是疫情防控的第一线。天虹居民区发挥物业、居民和周边单位群策群力的作用，在第一时间组建了一支虹悦防疫突击队，主动站在疫情防控第一线，在做好自身防护的同时，积极参与社区防疫阻击战中，成为社区防疫的坚守者。值得一提的是，瑞虹新城第一居民区党总支书记华磊，疫情期间带领志愿者队伍，上门排摸外来返沪人员情况，点对点对接33位居家隔离人员，筑牢群防群控安全防线。她创新工作方法，制定了小区“事先报备+进出审核”的无接触式快递投递模式；制作防疫路线图，对重点国家、地区来沪人群进行循环排查；建立境外回沪人员管理小组，对回沪居民进行对接。她提出的境外回沪人员“预摸排—接人—入户—日常管理”闭环管理流程在全市推广。因为工作成效突出，她荣获了上海市五四青年奖章等称号。在一定意义上，她所获的荣誉也体现了环瑞虹社区治理共同体建设的成效。

（三）增强了认同

社区治理共同体的要旨，就是要让社区居民在“空间”聚合起来的基础上，通过广泛参与实现“身体”联系起来，更高境界是实现“心灵”凝聚起来。这就是要让居民走出自己的小家庭、融入社区大家庭，在社区治理中共建共治共享。这“三共”耦合治理的要求，本质是增强社区居民的归属感和认同感。在党建示范引领下，环瑞虹社区治理共同体建设不断创新举措，激发居民主动参与社区公共事务治理的积极性。通过打好“感情牌”，架起“连心桥”，通过多途径聚力，搭建社区公益互助平台，将居民群众的“微心愿”“微困难”“微建议”纳入社区重要议事议程，在社区中做个“有心人”，办好“贴心事”，关心居民家中“红白事”，做到心中有数，账簿有记录，让群众关系“亲”起来。同时，发挥区域党建联盟的作用，动员社区单位、爱心人士投入公益事业，形成社会救助机制的辅助模式。比如成立社区企业公益服务团队，参与开展“爱心助老”实物帮扶活动，残疾人健康干预项目，为失独、孤老家庭提供专业关护等，诠释企业的社会责任担当。这样不仅能够让社区居民走出家门、融入社区，且有助于树立起“社区是我家，治理靠大家”的身份认同与行动自觉。

这样的认同感、归属感，在疫情防控期间表现得尤为突出。在疫情防控形势十分严峻的时期，社区于2020年2月10日在社区各工作群中招募社区抗疫“暖橙志愿者”，其工作内容主要是测量并登记进出社区业主的体温。70岁的陈咸娇老师首先请缨，鉴于她的身体状况，居委干部和其亲属希望她做防疫后勤志愿工作，但是陈老师毅然决然地说：“这不是一个人的事情，这是大家的事情。社区是我们的家，我们要共同守护美丽家园，虹悦防疫坚守阵地，疫情不退我们不退！”随后，在每天下午3∶30，都能看见她精神抖擞的身影活跃在防疫第一线。家住悦庭的退休党员王玲老师，看到“暖橙志愿者”的招募信息立即联系居委会，提出自己能为社区做些什么，经协商后，她志愿守门，此后不时在大门口能看到她的身影。热心居民在业主群内自发捐出30公斤消毒水与邻居共享；从美国回沪的租户将其从美国带回的3M口罩捐给物业和居委会；上滨广场捐赠暖宝宝，慰问寒风中的守门人；共同体还为天虹居民区捐赠保暖中药背心、消毒水……居民们的一个个暖心举动，在寒冬中汇成涓涓暖流，彰显了社区大家庭的大爱。

四、环瑞虹社区发展共同体建设的启示及改进方向

新时代全面深化改革的目标是坚持和完善中国特色社会主义制度，推进国家治理体系和治理能力现代化。社会治理是国家治理的重要内容，其难点在基层，亮点也在基层，要推动社区治理共同体建设。习近平总书记在嘉兴路街道视察时指出，社区工作非常重要，继续这么干，继续这么完善，社区搞好了，上海就能搞好，国家也能搞好。环瑞虹社区发展共同体营造计划的实施，既建立健全了组织架构，将共同体建起来、立起来了，也形成了以党的建设为引领、以居民需求为导向、以广泛参与为动力、以民主协商为方式、以“三区联动”为支撑、以品牌活动为载体的行动方略，让共同体活起来、动起来，并将社区居民连起来、聚起来，聚合了力量、化解了难题、增强了认同，展现了良好的治理效能，经不断完善会发展成为社区治理共同体建设的一个典型样本和品牌。

环瑞虹社区发展共同体营造计划实施的经验总结如下：

其一，社区治理共同体的本质是人际关系的再造。在计划经济体制下，我国的“单位社会”就是一个共同体，单位通过垄断和分配物质资源、组织资源、文化资源等，构建起一个个依附型共同体，这是一个近乎能够“自循环”的熟人共同体。在市场经济体制下，“单位社会”逐步解体，“单位人”逐步转变为“社会人”，回归到社区，成为“社区人”。尤其是住房改革及商品房小区的出现，城市社区越来越成为匿名社会。如何重塑人与人的关系，让社区成为真正意义上的“熟人社会”，不只是一个有居住功能的物理共同体，而是建设成为一个有身份认同、情感归属的生活共同体，这是城市社区治理共同体建设的使命所在。其根本之策在于参与，在于人人参与，让居民在走出自己的小家庭、融入社区大家庭，通过参与塑造社区人际关系，让居民真正团结起来、凝聚起来，成为有机共同体。如果违背这一本质规定，共同体建设将会徒劳无益。

其二，社区治理共同体建设要服务于人民美好生活。中国特色社会主义进入新时代，其中一个重要标志就是社会主要矛盾的转变。党的十九大报告提出社会的主要矛盾是人民日益增长的美好生活需要和不平衡不充分的发展之间的矛盾。同时指出，人民美好生活需要日益广泛，不仅对物质文化生活提出了更高要求，而且在民主、法治、公平、正义、安全、环境等方面的要求也日益增长。这是关系全局的历史性变化，对党和国家的工作提出了许多新要求。无论是基层建设，还是社区治理，说到底是做人的工作，其出发点与落脚点都是人，是服务人的，是为了人民的美好生活。那么，人在哪里，群众在哪里，社区营造、社区治理共同体建设就在哪里。正因此，适应人民美好生活的需要，治理共同体建设要紧紧围绕着人民的获得感、幸福感、安全感展开，当然也要紧紧依靠人民、牢牢扎根人民、不断造福人民。这是社区治理共同体建设的本质要义。如果偏离了这一点，搞形式主义、“形象工程”，再多的创新探索也没有意义。

其三，社区治理共同体建设要充分整合资源。在市场经济和全球化的驱动下，国家与社会关系从一元从属走向二元分立，并逐步形成了互动。这是推进社会治理的大背景，它不同于以往的社会管理思维，尤其强调多元化的参与互动,强调共建共治共享,要整合资源、形成合力。社会治理共同体建设要求党组织领导、政府负责、社会协同、公众参与、民主协商、法治保障、技术支撑。这内在地要求资源整合,表明它不是"独幕戏",也不是"独角戏",而应是多重力量整合下的"多幕剧""众角戏",要求人人参与、人人负责、人人奉献、人人共享。尤其是在社区层面,它要求党和政府、社会组织、社区基金会、群众组织等,与社工、志愿者、党员、群众等主体的积极参与;要求整合社区自治、议事协商、区域化党建、楼宇党建、园区党建等资源,最大限度地撬动社会资源,整合各方力量;要求将政治、德治、法治、自治、智治等整合起来、贯通开来;要求在党建引领下,让所有力量联起来、动起来、活起来,补短板、强弱项、聚合力、破瓶颈,释放社区治理共同体建设的整体效能。这样的共同体建设才能更接地气、更有生气,才能建成为参与共同体、责任共同体、价值共同体、生活共同体。这是社区治理共同体的目标。

同时,我们也要认识到,嘉兴路街道环瑞虹社区发展共同体营造计划,虽然形成了一些好做法,有一些好经验,取得了一些好成效,但从发展的眼光看,总体而言还处于初创阶段,还存在很多制约条件与现实困难,还存在局限与不足,还有较大的改进空间,有很长的路要走。从本质看,社区治理共同体建设是社区居民关系的再造,要求居民走出小家、融入社区大家,参与公共事务、公共活动。这在实践中还是比较困难的,实际情况是经常参与社区活动的居民是少数,参与者往往是年纪比较长的,年轻人的参与度还不够。从取向来看,社区治理共同体要增强社区归属、情感认同,但真正连接居民与社区关系的纽带主要是各种活动,这意味共同体建设的有效抓手还是不足的,难以凝聚力量。从体制上看,虽然目前的共同体建设已经优化了治理体制,比如社区基金会的成立和参与,就是一项很好的探索,但是社区服务中心、社区基金会、共同体议事委员会三者的关系还没有在体制上得以厘清,如何更能够协同行动,还存在需要改进的方面。从横向比较看,环瑞虹高端商品房社区启动了治理共同体建设,投入了资源,花了力气,那如何协调平衡与街道其他社区、居民的关系,这也有必要进一步探索。

区域化党建与治理

高水平党建推动高效政策执行

——以徐汇区乐山新村旧区综合改造为例

杜　力　上海交通大学国际与公共事务学院
彭　勃　上海交通大学国际与公共事务学院、
上海交通大学国家安全研究院、
上海交通大学公共政策与治理创新研究中心

公共政策从文本形态或者话语形态转化为实践形态的政策执行，进而实现政策目标，不是一个清晰明了的单线运动过程，而是一个复杂多变的复线运动过程。在这个过程中，中央与地方的博弈、条块部门之间的竞争以及国家与社会之间的内在张力都可能会造成政策执行的偏离。如何减少政策偏差，有效执行公共政策，使政策真正成为政府引导市场和协调社会的行政管理工具。这既是西方发达国家一直以来不断探索的公共管理议题，也是转型中的中国当前亟待解决的关键问题。

从中国的政策过程来看，政党既是公共政策形成过程中的关键主体，也是推动公共政策落地，促进政策稳定有效执行，实现政策目标的重要主体。首先，政党提议和政治协商是我国公共政策形成的关键环节。一般而言，国家重大公共政策的制定主要由执政党发出政策提议，并与参政党和无党派人士进行政治协商形成公共政策文本草案，进而提交全国人大及其常委会审议通过。其次，政党的组织整合功能是推进我国公共政策执行的重要法宝。在涉及多个行政主体的公共政策执行过程中，执政党往往通过设立联合工作组，创建跨区域或跨部门的政治协调平台等方式，强化公共政策执行主体的沟通合作。由此可见，与西方国家的政行二分结构不同，我国的政策执行结构是一个政治与行政相结合的连续体。所以，有必要将“政党带进来”[1]，对政策执行过程中的政党因素进行考察分析，为推动政策执行理论的本土化和建构中国公共管理学的话语体系，做出有益的尝试。

一、党建嵌入政策执行：一个分析框架

就中国的制度环境而言，公共政策的执行过程不是一个脱离政治、纯粹的行政执行过程，而是一个政党领导行政执行，将政治意图嵌入政策执行中的过程。执政党通过政策宣传，强化政党的政治社会化功能，进而提高政策执行主体的政治水平和执行能力[2]。一方面，执政党通过发挥政策宣传的引导性功能，推动公民有序参与政策执行，实现有效的政治动员和政治监督。另一方面，政策宣传劝诫性功能的发挥，既是对公共政策意图和边界的直接表达，也是对政策执行主体越轨或失范行为的防范和约束[3]。因此，将政党带入公共政策执行过程，具有重要的理论价值，是了解中国公共政策过程的前提。

（一）组织嵌入与制度耦合：政策执行的再政治化

在公共政策执行过程中，政党的组织嵌入是指中国共产党通过其组织网络将自身嵌入行政体系之中。一般而言，执政党的组织嵌入有两种具体方式。一是同构型嵌入，即执政党的组织体系与政府的行政组织体系同构，通过在科层组织体系内部建立相应的政党组织，以实现执政党对各级政权的政治领导和控制。值得肯定的是，同构型嵌入实现了执政党在各级政府及其职能部门中的组织附着。但是，这种嵌入方式是参照政府的条块结构进行的对应式嵌入。所以，它不仅未能突破科层组织的“碎片化”权力结构，而且通过政党组织的嵌入实现了政策执行分化结构的体制强化。二是整合型嵌入，即执政党通过成立领导小组的方式将条块部门予以整合，打通条块分割结构中的政策执行“梗阻”。与行政组织内部成立的行政领导小组不同，执政党这种基于治理工作需要，成立的跨部门、跨系统的领导小组，是通过发挥执政党的政治势能实现“高位推动”的结果。在这种整合型嵌入中，执政党通过领导小组的嵌入实现组织附着，对基层政府

面临的多重政策执行任务进行政治化转变，实现复杂治理任务的简约化处理。就基层社会而言，执政党成立的领导小组往往将基层政府中街道或乡镇的主要行政负责人、“块块”部门的负责人以及基层政党组织和自治组织的负责人纳入其中，以实现基层治理场域中的条块整合和政治沟通，推动政策执行结构的再政治化。

政党的制度耦合是指中国共产党通过利用其嵌入行政体系中的组织网络和党管干部的组织原则，以加强党的建设为切口，运用政党的制度和规范加强对政府中党员领导干部的监督和动员。在当代中国的政府结构中，执政党不仅通过党组织的嵌入实现对国家政权的领导，还通过政党的细胞——党员的嵌入实现对各级政府的控制。由于行政组织的地位差异和权力差别，这些散落在条块结构中的党员会受到科层体制的组织束缚。因此，在政策执行过程中，他们常常将个人利益和组织利益的最大化作为行动选择的依据，进行成本—收益的精细计算，从而对公共政策进行内容替换或者变通执行，最终导致政策执行的偏差[4]。对此，执政党通过制度耦合的方式，以加强党的思想建设强化党员领导干部对自身初心和使命的认识。在此基础上，执政党将政治教化与治理任务结合起来，实现政治力量的有效传导，增加政策执行主体的政治压力。因此，执政党以制度耦合的方式能较为有效地将处于耗散结构中的党员领导干部进行政治整合，实现政策执行主体的再政治化。

（二）政治吸纳与组织社会：政策执行的再组织化

随着单位制的解体，国家如何实现对社会的再组织化一直备受关注。为了避免国家现代化进程带来的解构国家的危险，一个政体必须具有将现代化进程中产生的新兴社会群体吸入现有体制的能力[5]。因此，吸纳的目的就是将一个异己的事物纳入自我体系之中，为我所用，甚至同化为一个整体[6]。所以，政治吸纳就是通过执政党的政治过程将其他治理主体纳入政策执行框架，以促进国家与社会的融合[7]。其实质就是，国家通过一系列手段与基层社会建立联系，实现社会再组织化的国家基础性权力建构过程[8]。

具体而言，执政党主要通过组织吸纳和参与吸纳两种吸纳机制实现社会中治理主体的再组织化。首先，组织吸纳是指执政党通过区域化党建，将同一治理场域中分散的社会主体重新组织起来，强化多元治理主体集体行动的能力。同时，这种区域化党建的方式突破了单位化党建的组织边界，拓展了党建的社会空间，将退休党员、流动党员、社区党员和居民党员重新纳入政党组织网络中，从而最大限度地盘活了基层党员存量。其次，参与吸纳是指执政党通过社区网格制度，将原子化的居民群体整合起来，助推其主动参与政策执行的过程。随着单位社会的解体，国家无法通过单位组织将分散在社会中的个体组织起来，进而准确地捕捉和回应公民的利益诉求。同时，行政组织复杂的垂直体系和水平网络，更增加了公民向上反映利益诉求的沟通成本，降低了公民的政治参与效能感，使得公民与国家之间逐渐疏离。对此，执政党通过功能调适，增强服务功能，弱化控制功能，密切与个体党员和普通民众的日常联系，从而提高政党动员社会的能力[9]。通过组织吸纳和参与吸纳，执政党成功实现了社会的再组织化。它通过将党建与治理相融合的方式，挖掘基层党组织潜力的同时，激发了基层自治组织的活力，促进了社会公共性的再生产[10]。

二、徐汇区乐山新村旧区综合改造的执行分析

为了落实中央和上海市建设人民城市的公共政策，徐汇区自2018年起着手对辖区内的老旧住房小区实施旧区改造项目，提出用三年的时间完成老旧小区硬件设施和治理环境的“双升级”。徐汇区党政机关认识到，旧区改造项目是一项复杂的系统性工程，涉及改造小区居民的切身利益，单纯依靠基层政府的行政力量难以实现政策的有效执行。因为行政力量的介入，意味着国家强制力量的入场，若处置不当，容易引起基层社会的反感甚至反抗，损害国家政权的政治合法性。所以，徐家汇街道在旧区改造项目的实施过程中，注重利用党建嵌入将原子化的居民个体和碎片化的组织结构整合起来，助推社会成长的同时，促进国家与社会的合作。

（一）嵌入与耦合：徐汇区乐山新村旧区改造项目执行中的政治整合

第一，以整合型嵌入的方式将政党组织嵌入政策执行结构，实现政党组织的附着，为推动政治整合、形成政策执行合力提供组织基础。在街道层面成立了旧区改造项目治理领导小组，由街道党工委、办事处从总体上统筹旧区改造的蓝图规划，避免以往各职能科室各自规划、单独执行引起的资源浪费和政策冲突问题。在具体操作层面，采取“政治高配”的方式将街道党工委主要领导和街道办事处各职能科室的主要负责人纳入领导小组中，以政党的高位推动向行政组织体系“借力”[11]，从而突破职能分权的组织困境。一方面，治理领导小组是同级党委主导成立的政治性组织，在政治位阶上一般高于同级行政组织。因此，治理领导小组释放的政治势能能够最大限度地实现基层政府块状结构的整合。同时，治理领导小组以政党权威推动街道政府权威的再造，以政府的“实质性权威”取代部门的“正式权威”，实现基层政府政策执行主体的整合[12]。另一方面，治理领导小组还负责街道与上级政府及其职能部门关于旧区改造工作的沟通协调，理顺条块关系，避免条块沟通不畅引起政策执行主体选择性执行。

第二，以制度耦合的策略，将政党的制度要求融入政策执行过程中，实现政策执行的再政治化。与西方国家文官制度的“政治中立”原则不同，我国公务员在政策执行过程中也必须持有正确的政治立场，贯彻执政党的宗旨、政策、方针和路线。对此，徐家汇街道通过将政治教育与政策执行相结合，推动服务与治理的融合。徐家汇街道党工委将党的群众路线教育制度置于旧区改造的政策执行过程中，以制度耦合实现政治力量向基层治理场域的有效传导。徐家汇街道党工委以旧区改造项目为政治教育的活动平台，结合“不忘初心、牢记使命”主题教育，发动全街道党员干部下基层，开展大走访、大调研，主动问需于民、问计于民，形成了旧区改造项目的居民需求清单、困难群众清单和党员骨干清单。通过这种政治教化活动，政策执行过程被赋予了政治内涵，不再是纯粹的行政工作，政策执行主体也再度被政治化，从而实现政治整合。

（二）吸纳与组织：徐汇区乐山新村旧区改造项目执行中的社会整合

与政党控制社会的目的不同，政党组织和整合社会是为了促进社会建设，增强居民的主体意识和参与意识，从而激发社会的活力，形成良好的政治互动。徐家汇街道党工委通过区域化党建实现政党的再社会化[13]，以政党在场的方式整合分散的社会力量，形成旧区改造项目的执行合力。具体而言，徐家汇街道区域化党建主要从组织吸纳和服务融入两个方面促进执政党的再社会化。首先，区域化党建以治理场域为党建活动的空间平台，将原本封闭的党建活动置于基层社会中开展，打破了党建活动依托固定党组织开展的组织束缚。它通过吸纳机制将同一社会空间中的多个党组织联系起来，拓展党建活动组织边界的同时，强化了不同治理主体之间的沟通协调能力，有利于提升政策执行过程中的集体行动力。其次，区域化党建将党建活动与旧区改造项目的治理任务相结合，吸纳多元主体参与提供社区公共服务，实现政策执行、党的建设和公共服务的融合，满足群众对公共权力的期待。例如，徐家汇街道以区域化党建为纽带，动员驻区单位为旧区改造项目实施地的居民服务，整合辖区27家单位资源，开展微心愿认领活动，帮助解决旧区改造项目执行过程中社区居民遇到的现实困难。

徐家汇街道以参与吸纳的方式引领社区居民积极有序地参与旧区改造项目的执行过程。徐家汇街道以社区党员为联系纽带，依托社区网格制度和居住空间，推行党员联户制度。一是实行党员家庭挂牌，党员业主亮身份、亮承诺、亮行动，将社区不同空间网格的党员符号化，强化政党在场的象征性，在增强党员与居民联系的同时，也厚植了邻里资本。二是以党员联户形成的社区“熟人圈子”为基础，动员居民参与政策执行。同时，通过引导居民成立自治理事会，以旧区改造项目为公共议题，开展民主协商活动，定期讨论社区事务，为社区居民的政治参与和公共交往提供社会空间。例如，通过社区网格中的党员提议和居民倡导，“乐活社区”“手‘工艺’慧家园”“温馨楼道建设”“瓶子菜园”等一系列自治项目有序开展。居民之间的社会关系网络以联户党员为纽带，以自治项目为交往空间，被重现建构起来，从而实现了旧区改造项目执行中的社会整合，并助推了社区共同体的成长。

三、结论与讨论

组织规模与政策执行效率之间的矛盾，一直以来都是超大型国家实现有效治理面临的组织困境。随着组织规模的扩大和行政层级的增加，组织内部的信息沟通机制和利益协调机制逐渐失灵，信息不对称和利益博弈时有发生。可见，国家治理规模的扩大不得不以牺牲治理效率为代价[14]。在中国的政治情境中，这种现象主要体现为条块分割型政府组织结构中的政策执行问题。在这种组织结构中，条块关系的复杂性表现为一种"双重从属制"，即地方各级政府的职能部门在纵向上从属于上级职能部门，以保证条线结构行政指令的统一性；在横向上从属于本级政府，以实现块面结构的一体化，从而保证有效且全面地管理本地区[15]。尽管这种政府组织结构有利于强化国家对社会的有效控制，但条块矛盾引起的利益博弈和组织耗散问题，最终将导致政府权力碎片化和政策执行效率的降低[16]。而在基层治理场域，公共政策执行过程遭遇纵横交错的权力线路就更容易产生政策执行偏差[17]。

一方面，为了避免旧区综合改造的政策执行偏差，徐家汇街道通过党建的整合型嵌入，打破了科层组织内部的分化结构，推动政府一体化建设，再造政府的实质性权威，从而能有效避免部门主义引发的政策执行博弈。同时，以政党制度的耦合，促进政治教化活动与政策执行任务融合，赋予政策执行活动特殊的政治意蕴，从而强化了政策执行主体的政治意识，避免自利动机引起的政策执行偏差。另一方面，执政党的党建创新，增强了党组织的政治吸纳能力，有利于实现同一治理场域多种治理主体和资源的政治整合。同时，党员嵌入网格，触发执政党的参与吸纳机制，加强党员与居民的社会联系，从而助推现代熟人社区的建构，实现政党对社会的整合。正是在政治整合和社会整合的基础上，政策执行实现了再组织化。因此，政党组织网络以其嵌入机制和吸纳机制实现了政策执行结构的再造和政策执行多元共治体系的建构。

参考文献

[1] 景跃进.将政党带进来：国家—社会关系范畴的反思与重构[J].探索与争鸣，2019(8)：85-100.

[2] 钱再见，金太军.公共政策执行主体与公共政策执行"中梗阻"现象[J].中国行政管理，2002(2)：56-57.

[3] 钱再见.论政策执行中的政策宣传及其创新：基于政策工具视角的学理分析[J].甘肃行政学院学报，2010(1)：11-18.

[4] 宁国良.论公共政策执行偏差及其矫正[J].湖南大学学报(社会科学版)，2000(3)：95-98.

[5] 塞缪尔·亨廷顿.变化社会中的政治秩序[M].王冠华，等译.北京：生活·读书·新知三联书店，1989：29.

[6] 刘伟.从"嵌入吸纳制"到"服务引领制"：中国共产党基层社会治理的体制转型与路径选择[J].行政论坛，2017(5)：38-44.

[7] 唐文玉.行政吸纳服务：中国大陆国家与社会关系的一种新诠释[J].公共管理学报，2010(1)：13-19.

[8] 侯利文.行政吸纳社会：国家渗透与居委会行政化[J].深圳大学学报(人文社会科学版)，2019(3)：112-121.

[9] 彭勃，邵春霞.组织嵌入与功能调适：执政党基层组织研究[J].上海行政学院学报，2012(2)：34-40.

[10] 田毅鹏，苗延义."吸纳"与"生产"：基层多元共治的实践逻辑[J].南通大学学报(社会科学版)，2020(1)：82-88.

[11] 周望.超越议事协调：领导小组的运行逻辑及模式分化[J].中国行政管理，2018(3)：113-117.

[12] 原超，李妮.地方领导小组的运作逻辑及对政府治理的影响：基于组织激励视角的分析[J].公共管理学报，2017(1)：27-37.

[13] 谢忠文.当代中国社会治理的政党在场与嵌入路径：一项政党与社会关系调适的研究[J].西南大学学报(社会科学版)，2015(4)：41-46.

[14] 周雪光.国家治理规模及其负荷成本的思考[J].吉林大学社会科学学报，2013(1)：5-8.

[15] 马力宏.论政府管理中的条块关系[J].政治学研究，1998(4)：68-74.

[16] 周振超.条块关系：政府间关系的一种分析视角[J].齐鲁学刊，2006(3)：

144–147.

[17] 李侃茹.治理中国：从革命到改革[M].胡国成，赵梅，译.北京：中国社会科学出版社，2010：188–190.

党建工作引领社区治理研究

——以枫林街道“居务会”为例

徐汇区枫林街道党工委

2021年是中国共产党成立100周年，也是“十四五”开局之年。一直以来，徐汇区枫林街道传承红色基因，践行初心使命，全面贯彻“人民城市人民建，人民城市为人民”的重要理念，以绣花针精神推进社区治理精细化，努力探索出一条符合枫林特点和规律的社区治理新路子，进一步推出了居民区事务联席会议制度（以下简称居务会）。

一、研究背景与起因

徐汇区枫林街道贯穿内环、毗邻浦江，面积达2.69平方公里，有居委会31个、自然小区94个，实有人口10.5万人，域内大院大所大单位集中，医疗健康资源丰富。作为典型的市中心老城区，枫林街道“老少旧远”问题十分突出：人口高度老龄化（老龄人口占比为40%），公共场地和设施缺乏，小区老旧（老旧小区占比达90%），政府服务资源分布不均。此外，域内众多三甲医院带来密集人流，周边管理顽症一直是困扰区域发展和群众生活的难题。近年来，枫林街道在区委区政府的领导下，先后在加强医院周边综合治理、提升居委服务能力方面做出有益探索。从2020年开始，街道围绕学习贯彻落实习近平总书记关于加强组织建设、下沉工作力量、做实基层治理的系列重要指示精神，进一步推出了居务会制度，通过党建工作引领社区治理。

党的十九届五中全会指出，要推动社会治理向基层下移，向基层放权赋能，不断完善基层民主协商制度。党的十八大以来，习近平总书记每年都对上海加强城市党建、下沉治理资源、做强做实基层提要求、作指示。对照新时代完善共建共治共享的社会治理制度的总体要求，社区基层党建和治理仍存在短板。如何从根本上继续增强居民区党组织领导核心能力，把党建引领落实到基层社会治理的方方面面，是一个摆在眼前的现实问题。

二、研究理论基础

以习近平新时代中国特色社会主义思想为指导，认真贯彻落实党的十九大、十九届四中全会精神和习近平总书记视察上海系列重要讲话精神，深入贯彻市、区关于创新社会治理加强基层建设的要求，牢牢把握推动城市社会治理和服务重心向基层下移的要求，健全街道向居民区党组织赋能、党建引领居民区治理、群众广泛参与社会治理的制度机制，提升党建引领基层社区治理的系统性、整体性，使基层一线的综合治理更加精细，党群服务更加精准，干部能力更加精湛，不断夯实“健康枫林”党建基础，努力建设“健康枫林”品质社区。习近平总书记指出，基层党组织是贯彻落实党中央决策部署的“最后一公里”，不能出现“断头路”，要坚持大抓基层的鲜明导向，抓紧补齐基层党组织领导基层治理的各种短板。组织建设是党的建设的重要基础。党的力量来自组织，要坚持党建引领、重心下移，夯实基础、疏淤解难，打通基层治理“最后一公里”[1]。

三、研究主要目标

居务会是指以居民区党组织为领导核心、居委会为主导、居民区群众为主体，围绕居民区党建工作、政策落实、公共事务、治理难题等内容，建立党建引领下居民区多方力量多元参与的会议协商决策平台和综合治理平台。推行居务会制度，深化服务型居委建设，要以创新基层社会治理、加强基层党的建设、提高解决问题的实效为目的，让治理权责在居民区层面统一起来，形成党建引领社区治理的良好局面。具体来讲，要着力实现“四个一”的目标任务。

（一）突出一个领导核心

通过为居民区党组织赋权、增能、减负，进一步突出居民区党组织在其管理辖区内社会治理的领导核心作用，推动居民区党组织更好地凝聚党员、服务群众、领导治理、解决难题，把党的组织优势在治理单元中显在明处、落到实处，解决居民区党组织“资源抓不住、人员叫不应”的虚化、弱化、边缘化问题。

（二）理顺一项运转机制

引导推动居民区发现问题后充分发挥主观能动性，守土有责、守土尽责，牵头协调区域各方力量直接承担问题解决和矛盾化解的责任，形成“发现—协商—决策—落实—评议”的工作闭环，强化居民区党组织和居委会在社会治理中的主体作用，解决“发现在居委、处置在街道”的“两层皮”问题。

（三）完善一套支持体系

街道党工委通过加强整体研判，在把准方向、资源统筹、制度保障等方面强化统一领导，进一步将“区域党建促进会”“八办”“七所八所”“块区党的工作小组”等资源下沉至居民区，切实形成以居民区党组织为核心、居委会为主体，各方力量共同参与的居民区治理架构，解决居民区“问题积成堆、力量不到位”的问题。

（四）锻炼一支基层队伍

着力强化领导班子带班带队的示范作用；着力推动职能办公室和专业管理部门主动担责、深入一线、现场办公；着力落实机关干部队伍深入联系群众，成为人、财、物和权、责、利“下沉”的纽带；着力抓好以居民区书记为重点的社区工作者队伍建设，通过协同参与实打实、硬碰硬的治理实践，让干部到一线经考验、长才干，系统提升干部队伍的基层治理能力。

四、研究思路与路径

（一）推进居务会制度的总体要求

1. 加强组织领导

街道成立推行居务会制度工作领导小组，下设办公室，定期组织召开工作会议，加强总体部署，制定实施细则、落实工作规范、落实分类指导，做好监督考核工作[2]。党建办和自治办要切实发挥职能作用，加强业务指导和督促检查。

2. 注重统筹协调

注重结合当前中心工作推行居务会制度。与当前疫情防控工作相结合，与党史学习教育相结合，与推进城市精细管理和文明城区建设相结合，要注重协调联动，相互促进，系统解决基层难题，形成“健康枫林”活力社区建设的合力。

3. 落实整体保障

居民区工作改革落实效果，关键还在于街道的整体保障。要形成条块联动、定期推动、灵活机动、上下互动的格局，杜绝随意派单、越减越“负”的怪象。高度关注居民区党组织负责人的思想动态，探索建立健全有效的激励机制，营造良好的干事创业环境。

4. 建立考评机制

将居务会工作落实情况纳入机关公务员、居民区、居民区党组织负责人定期考核范畴，把居务会工作的“软任务”变为考核的“硬指标”。机关公务员要兼顾本职工作和居民区工作，真正深入居民区一线，切实发挥作用。居民区党组织负责人要真正履行居务会领导核心职责，推动解决各类问题。

（二）推进居务会制度的具体做法

居务会是围绕“三公一建”工作建立的以居民区党组织为领导核心，居民区多方力量多元参与的会议协商决策机制和综合治理平台，通过基层党组织牵头，围绕党的领导形成治理合力。

1. 街道层面

一是强化区域统筹。进一步优化块区党的工作小组制度，五个块区各由两名处级领导干部担任党的工作小组正、副组长，块区工作小组成员包括块区所辖全部居民区党组书记以及公安、城管、市监、房管等单位的人员，同时纳入物业、业委会的代表。由党的工作小组根据工作需要指定办公室负责人作为块区工作的联络人，协助领导处理好跨居民区的区域性、公共性和协调性的问题。

二是强化干部担当。调整机关公务员联络居民区名单，尽量与街道分管领导的块区保持对应关系，机关联络员每季度以量化和直观的形式向分管领导进行工作汇报。对能够在居民区层面推动的工作、解决的问题，必须在居民区层面完成和解决；对疑难问题，应直接联系职能部门，做好协调推进。在此过程中，机关联络员要发挥好联络、督促、协调、保障作用，减少居民区层面“等靠要、躲避绕”问题。

三是强化整体保障。街道各职能办公室，公安、城管执法、市场监管、房屋管理等部门力量要落实管理职能托底，积极主动支持居民区层面的工作，要督促推动物业公司、业委会主动做好职能范围内的工作，要动员、引导驻区单位、社会组织等力量支持居民区党组织的工作。对于涉及本部门的工作，街道各办公室要主动帮助居民区找准小区特点和治理难点，优化问题清单、资源清单和项目清单，提高工作的针对性和实效性。在工作中形成的成功经验或典型做法可在机关每周工作例会上进行汇报交流。

2. 居民区层面

一是坚持党建引领，建强一个领导核心。围绕让治理权责在居民区层面统一起来的工作定位，通过明责、赋能、减负的方法，推动居民区党组织在小区事务议事决策落实全过程中发挥“贯通性”引领作用。以天钥新村综合治理项目为例，围绕“固全迎检”工作在块区现场办公，由各居民区党组织提出项目议题，根据工作需要，结合治理目标，确定出席范围当场协商，协调治理力量，重点对非机动车乱停放、机动车划线、楼道堆物、“僵尸车”、绿化带垃圾等影响小区环境的问题进行整治，小区环境得到明显改善。

二是坚持整体推进，理顺一项运转机制。制订实施方案和工作细则，召开研讨会、培训会统一标准。指定“1+8+X”参与主体，明确人员职责，下发议事规范，赋予党组织和居务会决策合规性。让“七所八所”、房管办、社区民警等执法力量为治理职能提供坚实保障，在社区议事中，逐步打破条块壁垒，治理堵点。利用居务会制度发挥居民区党组织的“组织力”

和“引领力”，让八方治理力量真正由“参与”向“组织”转变，发挥好联络、协调、督促、保障作用，理顺一项运转机制。

三是坚持统筹资源，完善一套支持体系。在31个居民区建立工作推进小组，纳入全部执法力量和专业人员，配套建立5个居民区块区党建联席会议，研究推进解决跨居委疑难问题。以龙山菜场周边整治为例，天龙块各小区历来有“连成片”的特点，责权界限较为模糊，统筹任务时常会发生重复用功的情况。居务会制度在统一各方思想认识的基础上细化责任，天龙块5个居民区党总支共同通过块区治理，打破各居民区自然边界汇聚治理力量。通过居务会制度协调菜场管理方、辖区物业等召开工作推进会，针对菜场内部升级改造、周边环境整治等治理难点建言献策，先期发动运用好线上、线下宣传平台，针对摊位外扩、非机动车乱摆放、装卸货乱停靠等乱象逐一整治，一改原先居民眼中菜场“脏、乱、差”的印象，改善居民购物的环境。

四是坚持问题导向，聚焦一批基层顽症。规定居务会的6项职责：汇总居民区近期重要工作情况，联系服务群众过程中反映的突出问题，各成员单位的相关情况；居民区年度工作计划，居委会、业委会组建和换届选举方案等有关重要事项；涉及居民切身利益的公共环境、公共安全、公共秩序、家园建设等社区治理瓶颈问题；涉及居民反应强烈、迫切要求解决的“急、难、愁”问题和矛盾纠纷；对街道相关职能部门、企事业单位，以及居委会、业委会、物业服务企业开展民主评议等；各居委梳理问题清单，对居务会措施和决议形成任务流转单，明确有清晰解决途径的问题，原则上不再向街道一报了之。

五是坚持固本强基，锻炼一支基层队伍。推动和倒逼各级干部共同到居委研商、决策、落实和问效，通过下一线、历过程、长才干、深感情，提升队伍的整体治理能力。以居务会建设为契机，完善机关干部联系包干居民区制度，打造有责任心、有担当、有奉献精神的领导班子，担负起领导社区治理的重要职责，组织好社区居民和单位，统筹好各方资源，协调好“三驾马车”，持续深化党建引领下的基层社会治理创新，更好地激发社区活力，激活干部队伍建设“一池春水”，营造枫林风清气正的良好干事创业环境。

五、党建引领居务会推进社区治理的结果与成效

从2020年开始，枫林街道共下沉行政人员、法律顾问、挂职干部140人，召开居务会176次，通过用“合”的机制打造“共”的格局，在进一步落实医院周边区域精细化治理和小区精细化治理方面取得了良好成效与反响。

一是通过队伍整合，打造了组织共同体。将行政执法力量装进各居委“三定”表格中，落实“扁平化”“常态化”快速响应处置，高效处置医院周边小区长期以来群租扰民、违章搭建、乱占车位等问题。2020年，街道通过居务会常态化、灵活性联合执法，解决车棚整治问题32件，楼道整治问题35件，房屋整治问题75件，群租整治610户，拆除违章71处。

二是通过专业融合，打造了力量共同体。居务会不断拓展“X”的内涵，融合“两代表一委员”、政府法律顾问、专家学者、社会组织，打造专业的力量共同体。振兴居委广汇花苑短租房问题突出，有“肿瘤病房”之称，邻里怨声载道。居委从党建引领法治出发，聚焦“病房”清零目标，借助多次居务会协商决策，借助公安打击、律师宣教、城管执法、人脸识别、业主公约、志愿巡查等专业组合，使短租房数量减少了75%。

三是通过制度组合，打造了行动共同体。除街道安排块区联席会议、信息直报、干部督查考核等制度组合保障外，还以“地域相邻、事项相近”原则设置了联合居务会。天龙居住区有5个居委，共计8 000多户居民，有6个出入口。2021年初，肿瘤医院出现偶发疫情，相隔仅700米的天龙居住区5个居委立即联合高建物业召开联合居务会统一思想和行动，统一安排物业和志愿者共同值守，在确诊病例新闻发布会召开当晚就完成了4个出入口的封闭和严管。

四是通过理念契合，打造了价值共同体。动员驻区单位资源，倡导“建设健康品质社区”，将党建、行政、社会理念整合起来，实现良性互动。2020年底，由枫林街道党工委和中山医院党委联合建成了统筹街镇城运

管理和基层党建治理两大功能的“中山医院城区综合管理工作站”，设立街面巡查、小区巡查、交通保障、市容门责、安全管控、非机管控、业态管理、综合执法等8个工作小组，进一步深化了党建引领下的“三区（院区、街区、小区）联动”格局。

五是通过情感聚合，打造了治理共同体。居务会围绕“当地人”“当下事”，把各类人群引导到治理事务中，培育了社区共同归属、情感汇聚融合和志愿履责精神。黄家宅居委先后将老旧小区东安五村“僵尸车”整治和商品房小区临江豪园楼道堆物清理摆上居务会议程，居民自主自发，帮助居委解决“谁来认定”和“谁来实施”两大难题。在自治团队的基础上“扩容”组建出百人志愿者行动队，前后2次行动共清理废弃非机动车63辆，清理楼道堆物数百件，其间没有一起市民投诉，圆满解决了长期困扰小区的治理难题。

六、党建引领居务会推进社区治理的启示

居务会制度坚持践行“人民城市人民建，人民城市为人民”的理念，为健全和完善超大城市精细治理和有效治理，提供了有益的经验与启示。

一是必须牢牢把握改革突破这一实践导向。改善治理辖区人民群众的生活品质，是各级党组织开展工作的内在要求。面向新时代，我们必须勇于担当，敢为先锋，用扎实的行动去打破原有束缚，在改革突破、担当作为中拓展基层工作新天地。

二是必须牢牢把握党建引领这一重要核心。不触碰、不融合治理的党建都是“花架子”和“内循环”。基层党组织必须在基层治理中扮好主角，基层工作必须“面子”“里子”工程两手抓，把组织优势在治理单元中显在明处、落到实处[3]。

三是必须牢牢把握转变职能这一内在实质。社会治理的关键在“理”。居务会改革是一项理清基层党组织定位和转变政府职能的有益探索。其最大的转变是推动基层治理和服务群众由“向上”转为“向下”，通过把干部推到群众工作第一线来实现。

四是必须牢牢把握完善体系这一关键举措。在社会治理中，政治是引领，法治是保障，自治是基础，智治是支撑，德治是教化，必须用健全的治理体系来应对多元化的治理任务。只有打好充实力量与压实责任的制度“组合拳”，才能做到真赋能、真减负。

五是必须牢牢把握造福群众这一初心使命。任何治理实践都必须坚持群众需求到哪里，党建工作到哪里。要始终聚焦群众关心的急难愁问题来设置议题和推进实施，更要系统解决基层面临的权力资源少、问题职责多的现实矛盾，从而提升党员干部的个人形象，提升党组织的整体公信力。

参考文献

[1] 中央组织部组织二局.以城市基层党建引领社会治理创新：关于上海市委加强城市基层党建工作的调研报告[J].求是，2016（17）.
[2] 陈俊，张明.城市社区建设与街道体制创新[J].广西社会科学，2004（1）：152-154.
[3] 彭勃，邵春霞.组织嵌入与功能调适：执政党基层组织研究[J].上海行政学院学报，2012，13（2）：34-40.

画好党建“同心圆”　构筑社区“共同体”

——党建引领下的园区社区治理研究

徐汇区虹梅街道党工委

党的十九届五中全会提出改善人民生活品质，提高社会建设水平。坚持把实现好、维护好、发展好最广大人民根本利益作为发展的出发点和落脚点，尽力而为、量力而行，健全基本公共服务体系，完善共建共治共享的社会治理制度，扎实推动共同富裕，不断增强人民群众的获得感、幸福感、安全感，促进人的全面发展和社会的全面进步。为进一步贯彻落实会议精神，把治理触角延伸到离群众最近的地方，进一步做强街镇、做优社区、做实基础、做活治理，推进虹梅街道社会治理现代化，落实基层“三公一建”工作职责，发挥党建引领作用，加强体制机制建设，有效提高资源协同度，提升社区治理能力，找到最大公约数，画好同心圆，将虹梅建设成人人有责、人人尽责、人人享有的社会治理共同体。

一、工作现状

党建引领下的虹梅街道在园区社区融合发展、居民区治理、营商环境优化方面，都取得了一定的成效，但随着工作的推进，发展瓶颈也逐步显现。

（一）辖区概况

虹梅街道位于徐汇区西南部，辖区东起桂林路，西迄莲花路，南抵漕宝路，北以蒲汇塘为界，占地面积5.98平方公里，是国家级开发区漕河泾高新技术开发区核心区所在地，辖区内包括一个相对独立的产业区及围绕产业区的部分居民区。街道现有13个居委会、22个小区，户籍人口达26 224人，外来流动人口达14 454人。园区内产业经济发达、科技创新活跃，各类楼宇园区总建筑面积近500万平方米，有近4 000家企业，其中非公企业占比超过70%，外资500强企业有100余家，高新技术企业有350家，从业人数达到20万人，呈现高学历、年轻化的特征。辖区内有2所小学、5所幼儿园。辖区总体发展不均衡，在房屋建筑、辖区人员、资源条件等方面呈现出中间密集、边缘分散的特征。

（二）治理现状

在区委区政府的领导和支持下，虹梅街道党工委坚持“党建引领、企社协同、多元参与、融合发展”的共治理念，依托区域化党建，探索社区党建和园区治理有机融合的工作模式，培育党建社会化平台，建立党群一体化运行机制，构建园区治理网络，以需求为主导，充分调动、整合和转化各类各级党群资源和社会力量，通过“多元主体主导、共治项目先导、社会组织引导”的工作机制，建立园区服务体系，夯实基层党建和社区治理工作。

1. 建立了“一个中心、多个站点”

虹梅街道通过成立本地化的枢纽型社会组织——虹梅庭公益服务中心（简称虹梅庭），以其为枢纽，建立14个虹梅庭党建公共空间和13个居民区党建站点，搭建“园区+社区”500米党建公共空间网络，将党建渗透到园区社会治理中。虹梅庭扎根区域，服务于本地化需求，其实体化、开放式的运作模式，非行政化的社会组织身份，注重多元主体作用发挥的特征，有效地将多元主体、各种利益诉求统筹起来，打破了区域内不同性质的单位和组织之间的区隔，推动资源的优化配置。经过3年的发展，虹梅庭成为园区治理的中心和社会组织的孵化中心。

2. 制定了“两张清单、一套方法”

建立以居民区治理为导向的工作机制，积极落实“党委领导、政府负责、民主协商、社会协同、公众参与、法治保障、科技支撑”的工作体系，以“工作流程清单”“问题清单”为切入点，建立一套“五维”工作方法，完善“治理水平评估、系统干预、再评估、再干预”的长效工作机制，夯实居民区治理基础。在对各居民小区进行“五维”评估形成“一小区一方案”的基础上，建立“一居一策”。

3. 构建了“三级网络”

园区党建包括三级网络架构，成为园区党建工作和社会治理的有效组织保证。一是区域化党建网络，现有成员单位57家，有党员约8 000人。二是“两新”党建网络，下属“两新”组织党委2个、党总支6个、独立党支部121个、联合党支部35个，“两新”组织党员4 425人，并按漕河泾开发区地域分成“三区六块”工作网格。三是社会团体和群众组织网络，目前社区总工会所属工会组织有122个，覆盖单位963家，会员4.2万人；社区团工委所属“两新”团组织有114个，团员3 482人。此外，还有各类社会组织、志愿者队伍等。

4. 搭建了“四类平台”

街道党工委联合区域各级党组织和社会力量，搭建四类平台，充分调动和发挥不同平台在服务和发展上的作用。一是枢纽性平台。街道在推动园区社区融合发展、促进辖区资源共享方面搭建了社会组织联谊会、社区公益基金会、社会组织服务中心三类枢纽性平台。二是协商议事平台。街道将原先以党建联席会议为主的议事和会议制度，改为园区业主、国有企事业、外资、民营、政府服务、社会组织等8个议事小组，每月按需确定会议主题。三是共治平台。街道分层分类培育园区楼宇党建联合会、企业社会责任联盟、漕开发众创空间联盟等以共治项目为载体的治理平台，推动区域化党建资源向居民区、向园区延伸，健全“街道—园区—社区”工作网络，实现政府、企业、社会组织跨界合作。四是服务平台。依托虹梅庭，在园区内搭建了如“虹学院”、老书记工作室、园区行政服务中心、线上“虹梅漕创e点通”、企业微信服务等平台。

二、园区社区治理的难点

（一）企业党组织特别是非公企业党组织开展党员教育的系统性不强

企业尤其是非公企业的党员一般有着年纪轻、人数多、学历高、思想活跃，但流动性大、工作地点分散、工作时间有差异等特点。在完成企业日常工作之余，按照规定要求以支部为单位完成组织生活和党员教育等各项任务，特别是在开展党员教育的对象、学习内容和活动形式等方面往往受客观条件所限，非公企业往往难以系统组织、有效落实。

（二）企业党组织特别是非公企业党组织开展党员教育的专业性不够

一方面，非公企业党组织负责人本身承担了企业业务工作，作为兼职党务工作者，在开展有关党务工作和党员教育等方面的理论深度和综合素养有所欠缺；另一方面，社区党建服务中心仅有10名党建指导员，却承担了整个园区166个“两新”党组织的管理服务工作，仅靠岗位任职培训和实务工作训练，难以满足“两新”党组织和在职党员多元的现实需求。

三、构筑园区社区治理的基本框架

以“做强街道、做优社区、做深融合、做细服务、做活治理”为治理愿景，推动虹梅街道社区治理体系现代化，画好党建“同心圆”，构筑社区“共同体”，以“决策有方、组织有序、执行有力”的“三有”社区治理格局和“三化、三动、三合”的社区治理机制。一是决策层面的“三化”：决策科学化，决策要遵循科学程序，避免随意决策或决策不到位；决策公开化，决策要有公信力，邀请社区、高校专家、社会组织等多方人员共同参与；决策制度化，对于决策的结果要形成制度，要具体落实。二是组织层面的“三动”：党委驱动，街道党委发挥引领核心作用，承担驱动角色；上下联动，街道办事处和各个职能部门之间形成联动机制，协同配合；部门互动，政府和社会组织、社区之间密切配合，形成良性互动。三是执行层面的“三合”：三治融合，在执行层面发挥法治、德治、自治三治协同发力；三讲契合，在具体治理中要讲法、讲情、讲理；多元联合，政府部门、社区精英、社会力量互相协同，实现治理主体的多元化。

四、园区社区治理的路径

破解社区治理的困境，关键在于整合和联动，统筹整合各治理要素，运转“两区”治理的互动联动机制，坚持“一个中心、两区融合、三类平台、四重力量、五个机制”，建成园区社区治理共同体，实现治理的现代化。

（一）以党建引领为核心

园区社区治理的首要任务是强化党建引领，通过夯实党建机制，创新和完善组织设置，把党组织建到园区，把党建（群团）服务送进园区，完善党建网格责任片区制度，实行党建全岗通，提供专业化培训，提升工作能力等途径，夯实园区社区党建基础，助力治理体系现代化。

（二）以促进"两区"融合为抓手

打造园区社区治理"共同体"，促进"两区"融合发展，必须坚持激活枢纽性平台，凝聚园区公益力量，孵化园区公益组织，形成公益团队，培养公益骨干，建立公益活动平台，打造品牌活动；并建立双向对接机制，依托品牌公益活动，确立重点企业与品牌公益活动的双向对接机制，促进园区与居民区的双向互动，落实企业的社会责任，激发白领群体崇德向善，增强社区共同体意识。

（三）以"三类平台"为载体

整合园区社区治理中的"碎片化"资源，须推动党的工作体系向社会领域拓展，链接政府的条块以及辖区内企业和社会组织的多种资源，凝聚驻区单位、社会组织、群众团队等力量，通过加强枢纽共建平台、协商共治平台、服务共享平台的建设，盘活"两会一中心"，加强园区社区内以共治项目为载体的治理平台，完善线上线下服务平台，促进园区社区治理的共建共治共享。

（四）以"四重力量"为基础

促进园区社区治理现代化，必须增强园区社区治理引领力、统筹力、聚合力、驱动力，即要深刻把握虹梅街道治理的规律，寻找治理的有效途径，激发治理的联动效应、共生效应，凝聚治理的共识，打造治理智能化、精细化的新亮点，实现治理的最佳效果。要健全"党建带群建促社建"机制，理顺治理主体间的权责关系，完善治理架构。坚持把开放融合作为根本取向，在坚持党委领导、政府负责的同时，调动社会力量的积极性，形成治理共同体。要进一步完善统揽全局、协调各方的党委领导体制，联动融合、集约高效的政府负责体制，开放多元、互利共赢的社会协同体制，人人尽责、人人享有的公众参与机制，把分散的资源聚起来，把体制机制优势转化为治理效能。充分发挥“五治”作用，以政治强引领、法治强保障、德治强教化、自治强活力、智治强支撑，切实提升园区社区治理的系统性、整体性、协同性。

（五）以完善“五个机制”为保障

实现园区社区治理的现代化升级，需要秉持“党群合力、多点嵌入、融合发展、区域共享”的理念，完善包括党政联动机制、主体联动机制、协商共治机制、区域联动机制、议题联动机制在内的社区治理联动机制。加强党组织和行政组织资源的联动整合，完善主体联动机制，不搞单干，多点嵌入，齐抓共管，实现园区社区治理不同主体、区域之间的联动，发挥优势，贡献智慧，形成社会治理的最大合力，把共建共治共享的同心圆越画越大。

五、工作措施

促进园区社区治理体系和治理能力的现代化，须不断加强基层社会治理精细化程度，打造园区治理升级版的虹梅庭。

（一）提升园区社区治理效能，加强社会治理精细化程度

社会治理有如下五个层面的精细化。

一是制度设计精细化。完善顶层制度设计，要明确各治理主体之间的权责关系，实现无缝隙管理。细化职能部门之间的职责分工，形成“条块结合、以块为主”的属地管理运行机制。党建办全面负责社区党组织协调、自治队伍建设以及统战工作，联系工青妇，为员工提供工作、生活便利；党政办负责工作阵地租赁、硬件建设，协调统筹各类工作资源；服务办负责引导园区企业及党组织与居民区双向结对，组织开展帮困助学、为老服务等公益活动；自治办负责推进社区自治工作；平安办负责推进平安社区建设。文化服务中心、社区事务受理服务中心、网格化管理中心、综治中心、生活服务中心、房管办、绿化市容所等单位根据工作需要，将相应服务延伸至园区、社区。

二是政策执行精细化。社会治理的首要工作是摸清工作底数，找到治理的重点和痛点加以突破。不断优化“两清单、一方法”，制定标准化的工作流程和常态化的社区问题清单。借鉴“全岗通”和静安区“社区分析工具”的经验，细化“五维”工作法的评估内容，深化特征分析，形成更具全面性、准确性和针对性的预估报告。形成社区治理“课程包”，以丰富培训内容；通过信息化手段，打造辖区内各社区评估数据一网通。

三是协同机制精细化。坚持党建引领下的多元主体协商共治，一条主线贯穿治理网络，创建“1+2+5+7+X”治理体系。其中，街道党委核心引领一抓到底，统筹协调园区社区“两区”共建共治共融共享，充分利用“五治”织密治理网络，以政治强引领、法治强保障、德治强教化、自治强活力、智治强支撑，联动工、青、妇等7个群团组织共同发力。“X”首先是“党建+项目”机制，即借助“两清单、一方法”进行社区分析，按照“居民点单、社区下单、社会组织接单”的方式，使社区弱势群体得到精准帮扶，使社区问题得到精准解决；其次是“党建+社工”机制，即充分贯彻党建社会化的理念，引入专业社工机构入驻虹梅庭，并开展企业社会工作，为不同群体提供专业化、精细化服务，切实提升治理的系统性、整体性、协同性，破解党建与治理“两张皮”的难题。

四是服务对象精细化。社会治理系统运用专业人员和技术，实现科学高效治理。针对社区中的老年人、儿童、失独家庭、司法矫正等人员，街道引入专业社工组织，提供多样化、专业化、人性化、高效化服务。在园区亦如此，街道进一步深化“党建社会化”的理念，落实“党建+社工”的治理模式，探索社会化运作和专业方法的介入，在园区开展企业社会工作，将园区治理的对象从白领党员扩展至所有职业群体。

五是结果测量精细化。通过专业化的岗位职责体系，科学的目标管理体系，公正的绩效考核体系，公平的考评结果应用体系，激发各类主体参与社会治理的积极性。首先，改进目标管理方式、完善绩效评估体系，逐步实施精细化管理，将考核目标细化和指标化，同时加强过程管理，实现绩效考评动态化，促进政府效能的提升。在此过程中，尤其要重视政府自身履职的精细化程度，提高基层工作人员的素养和能力。其次，在“深严细实”上下功夫，即在加强系统治理、依法治理、源头治理、综合治理上求实效。最后，充分建立“考、评、议”相结合的绩效评估机制，更好地发挥绩效评估的纠偏功能，促进社会治理各要素均衡化、各部分各环节精细化。

（二）优化园区社会治理，打造升级版虹梅庭

一是优化社会化运作模式。随着专业社会工作理念和方法的引入，虹梅庭的运作日益专业化、社会化。随着工作规模的扩大，通过购买第三方服务，将有些活动交由专业社会组织承接，加强类别化、品牌化和规范化的管理，提高项目运作的水平和成效。

二是明确园区治理突破点。以辖区青年群体作为工作突破点，拟提出建设“青年友好型社区”的目标，根据“大调研、大走访”和“不忘初心、牢记使命”主题教育成果，对社区青年群体关切的问题进行梳理，明确解决路径和方法，激发该群体在治理过程中的能量，增强社区治理的造血功能。

三是健全园区信息化平台。进一步完善以微信公众号、微博为载体的信息化平台建设，建设升级版的虹梅·漕开发园区服务中心，对标区行政服务2.0，全面对接“一网通办”“一窗综办”，完善“指尖上、家门口、一体化”工作体系。引入人工智能技术，增设视频业务支持工作室，实现服务大厅前台服务与区园区服务中心中台、后台支持的信息化无缝衔接。开设自助服务工作台，优化全科式“零差别”服务。推出面向重点企业的定制化服务，实现园区内322项业务延伸事项的办理。

四是整合园区公共空间网络。深入拓展已建成的14个“园区+社区”500米党建公共空间网络，结合群团阵地的服务特色和职业群体的多样化需求进行主题的凝练提升，形成特色品牌服务项目，切实打造“带着时尚温度的空间”与“深植党建内涵的活动”的公共空间，强化虹梅庭品牌效能。

擦亮“风貌区党建”品牌　共绘基层治理同心圆

徐汇区天平街道党工委

历史风貌区是上海这座超大城市的精华，也是海派文化的集中体验区和重要传承载体。形成于20世纪二三十年代的衡复风貌区，是上海中心城区规模最大、格局最完整的历史文化风貌区。历经百年沧桑，曾经梧桐树下老马路的精致风雅，逐渐被弄堂的柴米油盐侵蚀，街区业态小店“烟火气”与“风貌感”违和、社区公共服务空间不足、资源配置不均等问题长期困扰着社区居民，也困扰着基层管理者。

“党的诞生地，党建更要走在前列。”为进一步贯彻习近平总书记对上海党建工作的要求，天平街道党工委坚持重心下移，做实基层，立足历史风貌区的鲜明特点，立足人民群众对实现美好生活的更高要求，立足社会力量参与基层治理的多元格局，将加强城市基层党建、巩固党的执政基础作为贯穿社会治理的一条红线，着力提升基层党组织的组织力、凝聚力和战斗力，全面谋划和推进党建引领下的社区治理创新，持续擦亮“风貌区党建”品牌，打造人民城市建设的“天平样本”。

一、主要做法

（一）强化基层党建政治引领功能

做好红色基因的传承与创新，是天平街道党工委在开展“四史”学习教育中的一项重大政治任务。随着学习教育不断向纵深推进，街道积极探索讲好家门口的红色故事，上好行走中的情景党课，让红色资源进一步活起来，走出一条天平特有的红色基因传承与创新之路，增强基层党建的政治引领功能。

1. 在寻访初心之路中讲好“家门口的党史”

2020年，天平街道党工委通过系列沉浸式党课，充分挖掘辖区内红色遗存故事，开展“天平红主播”“漫品天平初心路”等主题鲜明、形式多样、内容丰富的活动，讲好家门口的党史故事。

一是情景式党课——“奔跑吧，天平红主播”。通过“情景党课+红色线路+主播推介”等形式，由辖区党团青年、基层站所、区域单位和居民等组成宣讲团，结合健康跑的方式，当一回口述历史的“红主播”。

二是分享式党课——“小照片大时代”。通过身边人讲身边事，邀请与天平有着深厚缘分的演艺名家、空间主理、专家学者参与，透过照片讲述自己的故事、天平的故事乃至时代的故事。第一期党课视频入选市委组织部基层优秀党课库。

三是沉浸式党课——“漫品天平初心路”。通过城市文化研究者领读，漫步行走追寻红色足迹，漫品讲述分享红色故事，在辖区掀起重温革命历史、传承红色基因的热潮，让“四史”学习教育更加生动鲜活、入脑入心。

四是展演式党课——“党员雷经天”。通过挖掘革命先烈雷经天的故事，由社区学校组织党员群众自编自排展演10场，受到广泛好评。经过多次精心打磨，送剧进小区、进学校、进单位、进企业，让更多的党员群众了解天平红色人物的感人故事。

2021年，在庆祝建党百年系列活动中，天平街道党工委系统梳理红色点位，连点成线，形成以钱壮飞旧居、中共秘密电台旧址等为主的“无声颂英雄”主题路线；以宋庆龄故居、张澜寓所、马叙伦旧居等为主的“肝胆两相照”主题路线；以陈毅故居、夏衍旧居、瞿秋白旧居等为主的“戎马绘丹青”主题路线；以高安路“一路一弄”精细化治理、“都市之光”公共艺术空间等为主的“旧貌换新容”主题路线。邀请红色人物后代、专家学者、各领域关联人群，共同来讲述家门口的党史故事，以情叙事、直击心灵、触发共鸣。同时，每条路线摄制一条主题视频广泛宣传，并推出一场红色主题路线的线下故事展览，为庆祝建党百年献礼。

2. 在区域资源汇聚中丰富“艺术中的党课”

天平街道党工委早在2017年就开始探索“行走中的党课”这一全新党课形式，并在此基础上与区域单位联动，延伸出“艺术中的党课”“科学中的党课”，极大地丰富了传统党课的形式与内涵，激发党员群众的参与热情和学习兴趣。2021年，街道着力深化“艺术中的党课”展现形式，在社区党群服务中心和服务站点打造“初心小剧场”，深挖各类红色爱国人物历史，开启更加生动的党课体验，讲述他们在黑暗中寻找光明的信念故事。比如，在嘉澜庭党群服务站开展“初心回澜”快闪活动，采取“视频播放+演员讲述+音乐演绎”的形式，讲述宋庆龄、张澜、马叙伦和黄炎培的故事。又如，在社区党群服务中心举办“向光明”戏剧党课，采取“故事演绎+专家讲述”相结合的方式，讲述杜重远、黄炎培、钱壮飞、陈毅的故事。同时，街道与徐汇艺术馆合作，以红色歌曲唱响建党百年，打造“艺术中的党课”——“前进之歌”。以聂耳的音乐作品《卖报歌》《毕业歌》《义勇军进行曲》为线索，通过“展览+多媒体情景剧”衔接互动的方式，让观众在追索式观展体验中激发时代共鸣，回望奋斗路，眺望新征程。

（二）强化党建引领基层治理能级

习近平总书记强调，“‘十四五’时期，要在加强基层基础工作、提高基层治理能力上下更大功夫”。天平街道党工委坚持系统观念，牵引资源合力，通过党建引领贯穿始终，从“场地相加”“人员叠加”到“工作相通”“功能相融”，不断夯实党群服务中心“一站式综合服务”功能，在服务群众中解决问题、夯实治理根基，推动基层党建与基层治理相融互促、同频共振。

1. 统筹联动，坚持街道“一盘棋”、拧成“一股绳”

建在群众家门口的党群服务中心，既是社区提供服务的窗口，也是党组织联系群众最直接、引领社会治理最有效的基础平台。这个“神经末梢”越活跃，基层社会治理就越有活力；认同感、归属感越强，党建引领的向心力、凝聚力就越大。为此，街道党工委充分用好党群、行政、市场、社会各方力量，发挥各自优势，形成强大合力。

一是在功能拓展中实现集成融合。党群服务中心能级的提升，关键在于“把准脉”，把服务送到群众心坎上。这就需要建立群众需求采集和服务绩效评价制度，多听党员群众的意见和建议，形成项目准入和退出机制，不断进行动态优化调整。比如，社区事务受理中心在辖区中部偏东，那么在西侧的党群中心增设一台政务服务一体机，方便居民办理医保记录卡打印等自助事项，尽可能让居民少跑这“最后一公里”。又如，辖区人口老龄化程度高，居民们普遍对智能手机课堂有需求，党群分中心开设的老年人手机课程同步制作成视频，分送到居民区党群服务站播放，由志愿者现场开展“手机帮帮乐”服务，让更多的老年人接轨智能时代，增进互动交流。此外，依托党建引领把社会组织和社会服务企业的力量导入进来，形成服务项目推陈出新的“源头活水”，增强党群服务的吸附力，增强党员群众的认同感。

二是在人员融合中实现提效增能。在多中心融合的过程中，部门重新设置，人员重新调配，分工重新明确，制度重新修订，一系列刚柔并济的举措同步推进，目的是打造一支思想有共识、管理有标准、分工有配合、执行有合力的队伍。为此，由社区党建办公室、发展办公室牵头，开展各条线工作的全员“全岗通”培训，无论是综合岗还是专业岗，均掌握多中心、各条线应知应会内容，轮流担任“全岗通”接待，跨出全面融合第一步。风貌党群活动部将党群活动、文化活动统筹起来一起办，融合信息服务部将文明实践和志愿服务统筹起来一起抓，综合事务管理部将空间使用和综合安排统筹起来一起管，同时各部门之间所有资源统筹起来一起用，在不断磨合、相互配合中实现工作总量减负、工作效率增能，探索出天平多中心融合与体系功能提升的新路子。

2. 因地制宜，推动党群服务圈与社区生活圈融合发展

从现有的党群服务中心到邻里汇党群分中心，再到楼宇、园区、公共空间和居民区党群服务站，街道党工委因地制宜布局有效的党群服务阵地体系，合理定位功能，实施服务的供给侧结构性改革。尤其将党群中心作为链接区域单位、社会组织、社会企业、职能部门等各方面资源的“中央厨房”，与民生服务项目紧密结合，提升资源整合和配送效率，使党群服务的

阵地网络带动力更强、辐射力更广。

一是把政治引领作为功能之魂。党群中心是党的工作阵地，其首要职能是宣传党的主张、贯彻党的决定，成为团结引领党员群众的政治中心。依托天平的红色资源和风貌区党建载体，设计具有风貌区特色的主题党日活动菜单，为各类党组织提供参与感强、仪式感强的组织生活内容。同时，着力加强对“两新”组织党建的有效引领，设计“两新”必修党课，加强对“两新”党员的思想凝聚和服务凝聚。

二是把共建共享作为活力之源。深化拓展多层次、扁平化、融合式的党群服务站点，动员区域单位、在职党员发挥自身特长积极参与。比如，嘉园党群服务站立足于“党员嘉公益”，推出一系列社会公益项目，以党建带群建，动员楼上租客和周边单位、居民积极参与，利用“非遗纹饰助残”“花漾重生敬老”“无声中倾听绿色”等丰富活动，把社会的关爱和温暖传递给社区弱势人群。又如，尚街园区除了党群服务站，还有职工服务站、妇女之家等各类群团阵地，在党建引领下，各条线变“各做各”为“一起做”，发挥空间融合、力量融合、项目融合的最大公约数，凸显党群服务圈开放、集约、共享的枢纽功能。

（三）强化党建引领社区共同体建设

近年来，天平街道通过党建引领，加大优质资源引入力度，打造社区公共服务联动体系，织密织牢以66梧桐院·邻里汇为“服务+治理枢纽”、邻里小汇为“服务+治理延伸点”的综合网络，不断提升精准服务、邻里共融的功能。同时，把区域化共建的“蛋糕”做大，把资源的“红利”下沉，把服务的“手臂”延长，打造一个既有广度、又有深度的资源需求“蓄水池”。

1. 做实家门口党建，推动资源下沉，百姓烦心事家门口解决

一是运营好群众家门口的空间。在66梧桐院·邻里汇的文物保护建筑里，流淌着“家门口的四史”，容纳着“一老一小”服务，社区餐厅、便民理发、健康养老、品质文化等服务功能按需设置，民生需求在百姓家门口就能得到满足。在嘉澜庭口袋广场，小型旧改地块整体置换，在寸土寸金的风貌区开辟出一方供周边居民休憩的户外空间，在统战文化橱窗和网红

“口袋咖啡”的加持下，成为多元人群汇聚的热门社交地。

二是提升好群众家门口的品质。在党建引领下，街道统筹城市有机更新和历史风貌保护，综合考虑居住环境、出行漫步和商业业态品质，优化宜居宜业的社区格局。在居住环境品质方面，通过对消防“微基建”和“短租房”的动态治理，守护安全底线；通过既有多层住宅加装电梯，完善硬件功能。在出行漫步品质方面，推动美丽楼道、美丽庭院、美丽露台、美丽弄堂“四美”联动更新，高安路、汾阳路、康平路、东平路等“点、线、面”协同推进，保留街坊记忆，还原历史风貌。在商业业态品质方面，宛平路、永平里等“五路、三园区”同步加快业态调整，高品质业态契合风貌区定位，群众生活所需业态焕然一新。

三是组织好群众家门口的队伍。“自己的事情自己管”“大家的事情大家办”，通过民主协商的方式，共同解决社区内公共事务和公益事业方面的问题，是居民自治的主要内容。家门口的垃圾分类处理怎么便民、车位怎么合理规划、社区怎么更新等一系列烦琐事项，没有谁比生活于此的居民更有发言权。街道通过“家门口党建”，将党的组织体系与基层治理体系有机融合，党组织作为主心骨，引领各种力量“跟着干”，进而起到涵养自治氛围、培养自治能力、筛选自治骨干的效果，有效提升了社区自治效能。

2. 依托区域化党建，推动资源整合，社会化参与大家来共治

一是完善多元共治体系。街道辖区内区域化党建资源丰富，市、区级机关，大院大所大企，大中小幼学校和医院等单位众多。在区域化党建大格局下，各级党组织成为撬动资源的杠杆支点，本着资源共享、信息共通、发展共推、治理共抓、队伍共育的协作机制，打开围墙、放下身段、服务群众，形成了党建融合治理的新局面。比如，“天平德育圈”已覆盖20余所中小学校和幼儿园，创设了12个学生社会实践点，1万余名学生参与其中，把思政小课堂同社会大课堂结合起来，使整个社区成为没有围墙的德育建设高地。又如，永嘉新村居民区党总支的“周五共建日”已深入人心，驻区单位为辖区内的独居高龄老人送上美味可口的饭菜，并开展各类有趣有益的活动，让居民们感受到党建联建带来的实实在在的便利。

二是搭建社会参与平台。风貌区历经百年沧桑，从今天精细化管理的细节来衡量，历史遗留的过度消耗成为街区更新保护的难点。依托区域化党建，街道很早就引入社区规划师，在提升街区品质、塑造街区特色、提升街区魅力上形成专业牵引力。后又与上海市建筑学会合作成立衡复历史文化研究中心，为振兴历史街区引入更广泛的专业支撑。高安路上的“伊丽包子铺”，从影响道路风貌的“老旧占道”和“凌乱摆设”，到展现老上海独有建筑色彩和构筑手法的网红“民生小店”和“记忆承载”，在社区规划师、建筑设计师、经营户、周边商铺和居民等多元主体的参与下，成为还原历史风貌、保留民生业态、延续历史文脉、激发街区活力的缩影。

三是形成多方联动机制。街区治理和城市更新的过程，是城市空间中发现问题、分析问题、解决问题的系统过程。如何依托区域化党建，形成多方联动机制，对风貌区保护至关重要。在高安路精细化治理试点中，街区要素被细化为7大类41项，多方联动机制如何发挥作用？从“四态”融合的角度来看，关键是统筹兼顾、内外兼修、协同配合、系统有序。形态焕新方面，在风貌区特色上抠细节、造亮点，探索公共设施与街角绿地融合共生，并在电表箱等附属设施上减冗余、增美感。生态更新方面，由绿化市容部门提取国外历史名城的节点元素，在街角花坛、垂直绿化、景观灯光布局上，塑造大气、优雅、温馨的气质。业态引新方面，优先对不符合风貌区定位的业态进行合理置换和疏导，突出民生小店品质化、和美小店精致化，推动街区业态整体升级。文态塑新方面，依托文旅部门的资源优势以及各种社会力量，深挖老建筑的文化内涵，在动态展示和文创衍生上下功夫，扩大街区可漫步、可阅读的影响力。

二、主要成效

（一）基层党组织的引领能力进一步增强

天平街道党工委作为基层一线党委，肩负统揽全局、引领方向的责任，在“不忘初心、牢记使命”主题教育，“四史”学习教育中，街道以传承红色基因为价值引领，以辖区内众多红色阵地、道路建筑、名家资源、文化资源为切入点，有效激发基层党组织的政治领导力、组织覆盖力、群众凝聚力，以“名家坊+”公益文化联盟、“天平德育圈”社校德育联盟、“天平初心路”红色文化联盟、街区精细化治理的历史风貌联盟为载体，不断促进社区与区域单位、学校、社会力量之间的资源流动和开放，不断增进辖区单位和居民对社区的文化认同、价值认同和情感认同。

（二）党建引领下的社会协同能力进一步提升

近年来，街道依托区域党建促进会天平分会平台，与辖区内的大院大所、医院学校、社会组织、社会力量携手，开展了一系列内涵丰富、形式创新的活动。各居民区也通过区域党建促进会居民区支会平台，以党建联建链接资源，耕耘自己的“一方水土”。在2021年居民区党组织换届选举中，出于防疫要求，在选举日党员大会召开前，绝大部分居民区争取到了区域单位、学校的场地支持。部分区域单位不仅提供场地，还提供志愿者帮助做好会务保障和防疫工作。同时，街道也主动为区域单位职工的疫苗接种提供周到服务，包括政策宣传、集体预约、车辆接送、上门接种、疑难解答等个性化服务，增强区域单位的获得感。在双方资源的互动共享中，社会协同的力度进一步得到提升。

（三）人人参与的社区共同体意识进一步增强

社会治理创新，从“管理”变为“治理”，一字之变寓意完全不同。我们发现，以往政府大包大揽的项目最终的效果并不一定好，把居民从家里请出来，共同参与身边的社区治理，听民意、集民智，往往有较好的效果。如在高安路“一路一弄”精细化治理中，通过街道搭台，邀请社区规划师、居民区代表、相关职能部门、专家学者共同研讨方案，让很少能参与社区规划的居民有了发表意见和建议的平台，大家为了同一个目标共同努力，社区共同体意识明显增强。

三、经验启示

立足当下，面向未来。通过加强党建引领超大城市基层治理，天平街道有以下经验启示。

（一）党建引领是建设“人民城市”的重要政治保证

“城，所以盛民也。”城市要成为人民群众高品质生活的空间，而党建引领则是激发社会活力、促进社会参与、实现社会共治的核心内涵，也是把最好的资源留给人民的核心主导。要不断完善党在基层的组织体系，构筑党建对风貌区治理的组织嵌入，不断强化基层党组织战斗堡垒的“轴心”作用，在与关键社会资源形成互动的过程中，提升政治功能和组织力。要在群众关心的问题上、惠及民生的工作上下功夫，街道近两年在规范互联网短租房管理的瓶颈问题上，努力打通部门之间的职责壁垒和条块沟壑，实现线上登记备案、线下房屋核查、租客信息比对等破题举措，是党建引领回应群众期盼的生动实践。

（二）党建联建是提升社会协同能力的重要实现路径

区域化党建联建增强了区域内各单位、部门之间的融合意识。各级党组织结合工作实际，整合优势资源，聚焦合作项目，力求工作成效体现出“乘数效应”；各基层站所发挥条线职能优势，将本职工作与管理要求、居民需求进一步融合；区域单位利用自身资源优势，为居民、为社区提供专业服务。通过将社区治理“单打独斗”转变为“社会协同”，坚持依靠广大党员，发挥他们的模范带头作用，积极探索和建立各方牵手的党建联建动力机制，有助于更好更快地创新治理理念和治理方式，使党建不再只停留于纸质文件，而成为具有无限可能性和延展性的社会活动。

（三）共治共享是提升治理能力现代化的重要目标任务

党的十九届四中全会提出要完善“党委领导、政府负责、民主协商、社会协同、公众参与、法治保障、科技支撑”的社会治理体系。这是实现共建共治共享社会治理格局的方向和路径。要坚持打造人人都能有序参与治理的社区，最广泛最充分地调动一切积极因素，发挥群众主人翁精神，引导群众通过各种方式参与社区治理，把蕴藏在群众中的公共责任感有序激发出来，让社区成为荣辱与共的家园，让社区中的人们成为积极的参与者、评价者，打造人人有责、人人尽责、人人享有的社区治理共同体，从而有效提升社会治理的科学化、智能化、信息化、专业化、精细化水平，形成党建赋能社区治理新局面。

历史风貌区治理需要下足“绣花功夫”。擦亮风貌区党建品牌，天平街道在建设“人民城市”的行针走线中，绣出了街区更新的章法，绣出了美好生活的品质，也绣出了天平共同体的精气神。相信在不远的未来，这里将会率先实现“建筑是可以阅读的，街区是适合漫步的，城市始终是有温度的”美好愿景。

以有温度的党建推动基层善治

张敬芬　中共上海市嘉定区委党校

2019年，习近平总书记考察上海时指出，“城市治理是推进国家治理体系和治理能力现代化的重要内容”，并明确提出了“人民城市人民建，人民城市为人民”的重要理念，强调“无论是城市规划还是城市建设，无论是新城区建设还是老城区改造，都要坚持以人民为中心，聚焦人民群众的需求，合理安排生产、生活、生态空间，走内涵式、集约型、绿色化的高质量发展路子，努力创造宜业、宜居、宜乐、宜游的良好环境，让人民有更多获得感，为人民创造更加幸福的美好生活”[1]。上海市嘉定区嘉定镇街道党工委基于嘉定“邻里相亲、守望相助”的深厚文化土壤，以党建引领基层社会治理，紧盯广大人民群众最关心最直接最现实的利益问题，创新睦邻点，逐步打破了社区治理中的情感、资源和管理壁垒，以有温度的党建和最接地气的举措推动基层善治，有效地解决了群众的操心事、烦心事、揪心事，增强了群众的获得感、幸福感、安全感，巩固了党在基层的执政基础。2012年，嘉定区睦邻点建设荣获上海市首届十大创新社会建设项目奖的殊荣。2019年，嘉定区睦邻党建荣获第四届全国基层党建创新案例优秀奖，为超大城市基层治理提供了新模式，书写了人民城市的新篇章。

一、问题与挑战

基层治理是国家治理的基石，基层治理现代化是国家治理现代化的重要组成部分。改革开放以来，随着工业化、信息化、城镇化、农业现代化的快速发展，我国经济结构深刻变革、利益格局深刻调整、思想观念深刻变化、社会结构深刻变动，整个社会呈现出情感陌生化、主体多元化、利益多样化、资源分散化、管理碎片化的状态。因情感缺失、利益难以有效协调而导致的社会矛盾多发、频发，这就给城市党建与社区治理创新带来了严峻挑战。嘉定镇街道地处上海市嘉定区中心城区，辖区面积4.02平方公里，现有17个社区，常住人口7.7万人，户籍人口5.65万人。作为嘉定区唯一无农村建制的纯城镇化地区，呈现出老年人口多、老旧小区多、小微个体商业多、政府机构多的地域特点。随着经济社会快速发展，社会治理难题日趋复杂，面临的各种挑战日益增多，主要体现在以下三个方面。

（一）邻里之间存“情感壁垒”

随着经济的高速发展，人们的“私域性”在增强，高楼大厦多起来了，人情却淡薄了；生活条件改善了，邻里关系却有了隔阂，邻里之间心与心的交流、情与情的沟通被阻隔了。嘉定镇街道是一个老城区，历史欠债多，老旧小区多，人口老龄化严重，特别是老年人群体呈现出高龄化程度高、高龄独居老人比例高等特点。60岁以上的老龄人口达1.58万人，约占户籍总人数的28%，地区养老服务需求显得更为迫切，民生压力大。社区内的居民向往群体生活，尤其是老年人，大多希望通过群体活动来分享心情、消除寂寞、找到自我。社区建设必须搭建新的平台，促进邻里互动，建立新型邻里关系，在情感交融中重建熟悉社会，实现社区和谐。

（二）共建单位存“资源壁垒”

伴随着单位制的逐步解体和弱化，社会群体结构和社会组织架构发生深刻变化，大量“单位人”成为“社会人”，人员的流动加剧，整个社会呈现出管理碎片化、资源分散化，基层治理体系和治理能力与人民群众对美好生活需要之间的矛盾相互交织。嘉定镇街道驻区单位多、外来人口多，街道辖区内有3 000多家单位，外来人口达1.15万人，老城区内乱设摊、乱搭建、停车难等现象比较突出。城市基础建设滞后，资源瓶颈日益突出，难以满足多元主体不断增长的多元刚性需求。各类机关事业单位、金融企业、社会组织集中，资源分散。辖区内党组织类型多、分布散，社区治理难度大。

（三）服务民生存“管理壁垒”

进入新时代，我国社会主要矛盾发生关系全局的历史性变化，经济社会发展呈现出一系列新特点、新趋势，人民群众对美好生活提出了“六个更加”的新要求，对基层社会治理提出了新的更高要求。嘉定镇街道作为老城区，既有本地居民，又有外来人员，随着“单位人”向“社会人”的转变，社区居民的异质性在不断变强，人群结构日趋复杂。社区居民在生活环境、职业背景、价值观念、教育程度等方面有较大的差异，导致其生活方式和生活习惯的差异也较大，在多元利益格局下，群众诉求更加多元化。随着经济社会发展和人民生活水平的提升，人民群众在民主、法治、公平、正义、安全、环境等方面的需求日益增长，对基层社会治理水平的要求也随之提高，更加强调从单纯行政管理转向全方位服务，从提供大众化服务转向个性化服务，从保障治安稳定转向提升幸福指数。但传统的社区党建有效服务群众的载体不多，组织覆盖难以延伸到社区居民居住区的“神经末梢”，社区党建面临体制瓶颈，难以满足党员群众的多元需求。

这些问题集中体现为三对矛盾：一是城市社会建设任务繁重与街道资源有限的矛盾；二是辖区单位众多但条块分割、各自为政的矛盾；三是基层治理形势复杂与党工委自身力不从心的矛盾。

二、举措与成效

为了解决这些问题，嘉定镇街道党工委受“远亲不如近邻”的睦邻文化启发，依托社区“睦邻点”建设的基础和品牌，催生出“睦邻党建”这一区域化党建的有效形式。出实招、落举措，全力打通服务群众“最后一公里”，有效地破解了基层治理的难题，促进了居民自治和社区共治，走出了一条超大城市基层治理的新路。

（一）社区自治消除“情感壁垒”

2007年，嘉定镇街道银杏社区一对空巢老人找到社区党组织，主动提出能否在自己家中设点开展邻里活动。街道党工委顺势而为，创造性地搭建起了源于群众又高于群众的“睦邻点”这一城市基层治理的创新模式。经过12年的培育发展，睦邻点从最初志趣相投、类型单一的42个，发展到今天涵盖地缘、志缘、趣缘和业缘等类型的343个，平均每个社区有近20个睦邻点；参与群体从最初的老年人扩展到了包括中小学生在内的多个年龄段人群；活动的内容也由原先“看书、读报、聊家常”扩展到了“协助居委参与社区治理”，有效地破解了邻里之间的“情感壁垒”。

1. 加强党建引领

为满足社区居民对美好生活的需求，街道党工委在社区内推动建立“睦邻点”，以社区党员为核心骨干并担任“睦邻点”负责人，向“睦邻点”派驻政治指导员在有3人以上党员的睦邻点建立“睦邻党小组”，不断延伸党建触角，充分发挥居民区党组织的政治引领、平台搭建、资源整合作用，建立起在党的领导下的草根性群团组织。

2. 强化组织保障

为确保睦邻点自治健康发展，社区党（总）支部在推进睦邻点建设的过程中，突出党组织凝心聚力的领导核心作用，坚持“三引导”，当好“领航员”：一是引导睦邻点选好负责人。引导志趣相同的居民推举具有“三心”，即乐于奉献的“爱心”、善于团结的“公心”、勤于组织的“恒心”的居民担任睦邻点的负责人。二是建立相对固定的活动场所。引导乐于参与睦邻点建设的热心居民自愿提供活动场所，为睦邻点活动的正常开展提供基础保障。三是引导睦邻点开展健康向上的公益活动。社区党（总）支部深入社区和群众之中，广泛了解社区居民的生活情况，及时掌握社区最新动态和居民关注的焦点问题，积极为睦邻点活动献计献策，丰富和充实睦邻点的活动内容。

3. 促进居民自治

在睦邻点建设中，嘉定镇街道探索了网络化的组织架构。目前，街道形成了以睦邻点为细胞的自组织、以睦邻沙龙为形式的睦邻议事制度、以睦邻家园为基地的管理组织、以睦邻党建为纽带的区域化党建模式。通过由小到大、由点到面的社区睦邻网络体系建设，在推动社区自治共治中发挥了积极作用，成为社区治理多元参与的有效载体和组织保障，促进了社区居民自治。如在抗击新型冠状肺炎疫情工作中，街道党工委凝聚体制内“硬核”力量，在街道各基层党组织开展了“红色练祁·战‘疫’有我”党员志愿先锋行动，以支部为单位，组建突击队38支，拥有党员突击队员364名，组织动员广大党员在关键时刻佩党徽、亮身份、树党旗，主动投身于抗疫一线，将“党旗插到群众最需要的地方”。

（二）辖区共治消除“资源壁垒”

在睦邻点发展过程中，为进一步整合社会资源，打破共建单位之间的“资源壁垒”，2013年5月，街道成立了上海市首家参与区域化党建工作并实体运作的专业社会组织——嘉定镇街道睦邻党建服务中心，突破传统党建行政化倾向严重、区域化党建长效动力不足的瓶颈，形成了以区域化党建各个主体之间的平等合作关系为基础的区域化党建新模式。多年来，街道睦邻党建服务中心因势利导，精准发力，发挥政治引领作用，融入区域化党建格局，激发社会组织活力，改进社会治理方式，取得了“一子落而满盘活”的连锁效应，有效地破解了辖区单位之间的“资源壁垒”。

1. 健全组织架构

街道党工委将17个社区党总支、105家有基层党组织的单位划分为“一站八部”，具体包括：17个社区睦邻党建服务站和8个睦邻党建服务部（机关团体国企、城市管理、金融行业、非公企业、教育卫生、物业管理、社会组织、文化体育）。由各服务部牵头单位领导、街道领导共同组建嘉定镇街道睦邻合作指导委员会，作为睦邻党建的最高议事和决策机构，逐步完善“合作指导委员会会商决策、睦邻党建服务中心贯彻执行、党建联络组联系指导、顾问委员会资政建言、监事工作组履行监督”的运作格局。由街道各条线分管领导担任服务部联络员，在加强区域党建的同时加强行业党建。

2. 完善项目运作

为搭建社会力量参与社区治理的沟通协调平台，街道党工委通过设计开发公益项目来寻找各级党组织和党员为群众办好事的“发力点”，推进街道的各项服务民生工程切实落到实处。依托专业社会组织，形成了一整套公益项目议题形成、社会认领、专业运作、激励反哺的运作机制。在议题形成上突出以群众需求为导向、自下而上的形成机制；在项目认领上突出基层党组织和党员自愿认领，不限形式和内容的服务模式；在项目运作上突出自主设计和委托运作相结合的模式；在激励机制上突出公益传承，以公益服务反哺公益服务。如嘉定镇街道社会组织服务中心设计的“资源雷达站”公益项目，以枢纽型社会组织为落脚点，服务于睦邻党建各板块，尤其是社会组织服务部成员单位，让非社会服务性单位了解并加入公益服务队列中，推进公益服务资源从原来的“分割占有”走向“开放共享”。再如，上海嘉宝公益基金会多年来一直出资认领公益项目，其服务对象从社区青少年、离退休干部发展到社区归侨、侨眷，进一步弘扬了“睦邻友爱、守望相助”的社区精神。

3. 形成共治合力

睦邻党建各板块成员单位平等相待，各单位之间不分级别、不论隶属关系、不谈行业界别，在协商、议事中地位平等，努力实现“发展共商、资源共享、辖区共治”。如区域单位中医院和李园二村社区达成错峰停车协议，既解决了小区停车难问题，也解决了医院员工停车难题。在特大寒潮来临期间，千余户社区居民断水、断电，多家区域单位紧急调回已回家过年的维修工助力抢修工程，在最短的时间内恢复了居民用水、用电。在新冠肺炎疫情防控中，街道党工委充分发挥睦邻党建的枢纽作用，通过街道睦邻党建“一站八部”平台，由板块牵头单位层层发动，成员单位积极响应，建立了由43家成员单位共计357名党员群众组成的“红色练祁”睦邻党建志愿服务队，参与一线志愿服务工作。

（三）精细化服务消除“管理壁垒”

服务功能是基层党组织最基本的功能，它是党的政治功能在实践中的具体体现和延伸拓展。在基层，党建工作如不能给群众带去温暖，是没有生命力的。嘉定镇街道党工委在创新社会治理的实践中，以提升组织力为重点，突出政治功能，始终坚持把服务群众、方便群众、造福群众作为睦邻党建工作的出发点和落脚点，以需求为导向，以项目为支撑，以专业化为特色，不断丰富服务项目、规范服务方式、提高服务质量，精细化服务有实效，破解了服务民生的“管理壁垒”，让群众时时触摸党建脉搏、感受党建温度，使睦邻党建工作有温度、有活力。

1. 丰富服务项目

在街道党工委的倡导下，各社区党组织和睦邻点党小组，从社区居民的需求出发，精心设计服务内容，不断延伸服务项目，灵活性更强，服务更有温度。侯黄桥社区党总支针对社区中的癌症患者建立了“开心屋”睦邻点；桃园社区针对居民的兴趣爱好建立了“才艺苑”等睦邻点；老旧小区进行了垃圾厢房改造、加装电梯等。

2. 规范服务方式

为了使服务更加务实高效，街道党工委整合社区内各类社会资源，以专业的社会组织来服务发展、服务社会、服务群众，通过打造“自组织”、强化“自管理”、推动“自发展”、加强“自监督”的“四自服务模式”，积极推进政府职能转变，推进各项服务工作社会化，构建起“党委领导、政府推动、民间运作”的社会服务工作体系，取得了良好的效果。

3. 提高服务质量

街道党工委在日常走访、动态收集问题、“365”议政点等联系服务群众工作的基础上，进一步探索建立了“三问一评价”群众满意工程，即坚持问题导向，通过“谁来问”“问什么”“问了怎么办”的常态化“三问”工作机制，以及“自下而上”的科学化评估机制，不断深化新形势下加强和改进群众工作的新举措，真正做到了组织有活力、干部做表率、党员起作用、群众得实惠。

三、启示与思考

党的十九届四中全会决定指出：“必须加强和创新社会治理，完善党委领导、政府负责、民主协商、社会协同、公众参与、法治保障、科技支撑的社会治理体系。”[2]这不仅为加强和创新社会治理指明了方向，更对新时代党的建设和以党的建设贯穿基层治理、保障基层治理、引领基层治理提出了更高要求。嘉定镇街道的睦邻点建设已培育出类型多样、功能齐全、运作灵活的睦邻点体系，理顺了街道政府和基层社会的关系，丰富和拓展了党组织领导的基层群众自治的层次和形式，增强了社区居民的文化认同，结成了邻里相约、守望相助的社区共同体，凸显了基层治理效能，切实增强了社区居民的获得感、满意度，为构建富有活力和效率的新型基层社会治理体系提供了一个范例。新时代要进一步加强睦邻点建设，必须致力于构建基层社会治理新格局，积极有效地回应人民群众对美好生活的需求。

（一）完善嵌入性制度支持

社会治理在本质上是一种结构性的制度安排，制度功能的强大与否、先进与否直接关系到社会治理的成效。嘉定镇街道在睦邻点发展过程中，注重建立服务群众的各项工作制度，充分发挥了党组织的政治引领、平台搭建、资源整合作用。在未来的睦邻点建设中，要进一步凝聚居民共识、整合社会资源，自上而下的嵌入性制度支持不可或缺。

1. 发挥党建引领作用

基层党组织要进一步发挥好党建引领作用，完善社区党总支及党员嵌入社区的体制机制，健全组织网络，积极探索创新融合型党建，推动跨领域、跨层级、跨组织的统筹融合，将党建工作的组织力、融合力转化为社区治理的推动力。

2. 打造资源共享平台

基层党组织要通过对驻区内所有党建资源的排摸和梳理，完成睦邻点和驻区单位之间需求菜单和资源菜单的匹配，经过比对和研判，推出对应的项目菜单。积极引导驻区单位社会性、公益性、服务性资源逐步向社区开放，形成共驻共建、资源共享、优势互补的工作制度。

3. 完善引导激励制度

睦邻点建设中区域化党建主体参与的内生动力不足，原因之一就在于制度保障不到位，缺乏有效的指导和激励制度。因此，在未来的区域化党建制度设计中，必须针对参与主体的特点，完善引导与激励制度，对症下药，注重政策制度的导向性，必须寻找居民区与驻区单位的利益联结点，满足各自的服务需求，实现共赢。

（二）激发社会自治组织作用

人民群众是基层社会治理的主体力量。加强睦邻点建设，推动基层治理现代化，必须走好新时代的群众路线，完善群众自治组织，建设人人有责、人人尽责的社会治理共同体。在既往的建设中，嘉定镇街道的睦邻点建设之所以取得诸多成绩，正是因为注重了社会力量在社区治理中的突出作用，广泛调动了政府、社区自治组织、居民、社会组织的主动性。街道把党建项目的具体服务操作部分打包给由政府出资、街道具体管理的社会组织来运作，实现了党的服务工作日常化、专业化；区域内各单位主体之间形成了平等合作关系，以理事会横向民主协商替代纵向的行政命令体制，一定程度上推动了街道、社区工作的去行政化进程。在深化睦邻点建设过程中，还应进一步激发社会自治组织作用，建立志愿性服务组织，培育社区服务企业组织，积极引进公益性社会组织，强化社会化、项目化运作。

1. 创新群众参与社会治理的组织形式

坚持“党建带群建促社建”，建设以基层党组织为核心、群团组织为纽带、各类社会组织为依托的基层群众工作体系，按照协商于民、协商为民的要求，健全公众参与的体制机制，最大限度地把群众组织起来，使群众实现从社会人向组织人的转变，围绕基层党组织构建“公共服务圈”“群众自治圈”“社会共治圈”。

2. 强化社会组织社会化项目化运作机制

引入、培育市场力量和社会力量，发展专业化的社会服务组织，建立志愿性服务组织，培育社区服务企业组织，积极引进公益性社会组织，强化社会组织社会化、项目化的运作机制，搭建起多层次、多元化服务结构，提高社会自我协调、自我供给的能力。

3. 完善群众参与社会治理的制度化渠道

要把民主协商作为构建基层社会治理格局的重要内涵，摆上重要位置，进一步创新社区协商议事机制，丰富协商民主形式，发挥基层党建联合体的作用，激发共建单位的参与热情，凝聚“最大公约数”，力争做到城市联建、文化联手、路段联管、公益联推、活动联办，不断营造区域内共建共治共享的良好局面。

（三）打造智能化运行体系

党的十九届四中全会第一次把“科技支撑”作为完善社会治理体系的重要内容，体现了提升国家治理体系和治理能力现代化水平的新要求。社区治理智能化是大数据时代背景下，将现代化信息技术与传统治理方式相融合，推动社区治理体制机制创新的重要方式。嘉定镇街道的睦邻点建设，已着手开展智能化建设，但面临着信息资源共享不充分、智能化手段运用不充分、大数据分析解读人员欠缺等问题。在未来的睦邻点建设中，还要紧密追踪现代技术变化所带来的治理方式乃至治理模式改进的机会与空间，不断地创新优化，打造智能化运行体系，提高基层治理效率。

一是强化科技支撑。要进一步体现信息化手段、精细化管理、智能化运用，完善网格化综合管理，强化科技赋能，抓紧建好一站式“互联网+”公共服务平台，构建全流程一体化在线服务，让信息多跑路、群众少跑腿。

二是运用现代科技。充分运用大数据、云计算、区块链、人工智能等前沿技术推动城市管理手段、管理模式、管理理念的创新，提升社会风险预测预警和防控能力，加快智慧社会、智慧城市和数字政府建设，推进政府决策科学化、社会治理精细化、公共服务高效化，以“智治”促“善治”。

三是提升信息化能力。党建工作者在加强自身党性的同时，也要提升自身信息化工作能力，树立与时俱进的工作理念，不断学习掌握现代信息技术，不断适应互联网时代的新变化、新发展。

参考文献

[1] 习近平在上海考察[EB/OL]. (2019-11-03) [2021-10-20]. http://www.xinhuanet.com/2019-11/03/c_1125187413.htm.

[2] 中共中央关于坚持和完善中国特色社会主义制度　推进国家治理体系和治理能力现代化若干重大问题的决定[M]. 北京：人民出版社，2019：28.

党建引领下的基层社会治理创新

——以徐汇区的实践为例

张旭东　中共上海市徐汇区委党校

党的十九届五中全会提出，加强和创新社会治理，要完善社会治理体系，健全党组织领导的自治、法治、德治相结合的城乡基层治理体系，完善基层民主协商制度，实现政府治理同社会调节、居民自治良性互动，建设人人有责、人人尽责、人人享有的社会治理共同体。要推动社会治理重心向基层下移，向基层放权赋能，加强城乡社区治理和服务体系建设，减轻基层特别是村级组织负担，加强基层社会治理队伍建设，构建网格化管理、精细化服务、信息化支撑、开放共享的基层管理服务平台。加强和创新市域社会治理，推进市域社会治理现代化。本研究旨在分析党建引领社会治理创新的优势，总结徐汇区近年来相关的实践探索，剖析问题，提炼经验，在此基础上，提出进一步推进党建引领社会治理创新的对策建议。

一、党建引领是社会治理创新的必然要求

随着经济的快速发展，社会成员的主体意识、维权意识不断增强，社会领域出现了思想多元化、诉求多样化、表达方式复杂化的趋势，影响社会治理的各种因素相互交织，社会治理越来越呈现出综合性和复杂性，必须有一个领导核心和一套新机制、新模式，来调动各类社会单位的积极性，统筹整合更多的社会资源，有效开展社会治理和服务。

（一）党建工作为社会治理提供必要的组织保障

随着社会主体的不断丰富和社会发展的不断深入，依靠政府单打独斗的行政管理模式，面临着力量资源不够用、方法手段不管用的问题。行政

资源有边界，党建资源无边界。在社会治理创新过程中，只有通过党建手段，把区域内隶属不同系统，掌握不同资源，比较松散的企业、机关、学校等单位组建为紧密型的党建工作联合体，才能从体制上突破传统单位组织之间的壁垒，使党组织在与各类治理结构要素的广泛联系中，实现积极有效的组织整合，从而有利于社会治理创新中的多元参与治理和资源整合。

（二）党建工作为社会治理提供必要的平台机制

一方面，在社会发展进程中，各个社会主体都有一定的参与社会治理的责任和诉求，但往往缺乏有效的沟通合作平台。另一方面，一些社会治理的重难点问题往往涉及多个社会主体，也需要搭建平台来推动社会治理难点问题的解决。党建平台可以让企业、机关、学校等单位建立共建共享的长效机制，协同面对和处理社会治理过程中所遇到的问题。

（三）党建工作为社会治理提供必要的人才保障

习近平总书记指出，加强和创新社会治理，关键在体制创新，核心是人[1]。广大党员干部要充分发挥先锋模范作用，带头参与社会治理创新工作。要发挥“党管人才”的优势，加强对党的各类基层社会治理人才的凝聚，带动更多志愿者和社会公众参与社会治理创新，不断充实社会治理创新的人才力量。

（四）党建工作为社会治理提供必要的思想引领

党对社会治理的引领最终体现在文化和价值引领上。面对当前社会出现的思想多元、诉求多样、表达方式复杂的情况，必须发挥各级党组织的战斗堡垒和党员的先锋模范作用，扬正气、树新风，广泛弘扬社会正能量，在各类社会群众中形成理想信念坚定、价值观念崇高、道德修养高尚的文化号召力，以保证社会治理创新活动方向的正确性。

二、徐汇区党建引领社会治理创新的实践探索

近年来，徐汇区明确党的领导是创新社会治理加强基层建设的基本原则和根本保证，在社会治理中充分发挥各级党组织的领导核心作用，充分发挥基层党组织的战斗堡垒作用，充分发挥广大党员的先锋模范作用，将

党的建设贯穿于基层社会治理的各方面和全过程，提高基层队伍的社会治理能力，确保基层社会治理的正确方向。在《徐汇区社会治理“十四五”规划》中，强调要完善党建引领整体治理新格局。为此，进一步加强党对基层治理的全面领导，即健全党的基层组织体系，完善城市基层党建工作格局，提高党建引领破解难题的能力；树立党建统筹治理发展整体理念，即统筹社会治理与区域发展，统筹社会治理与社区治理，统筹社会治理与全周期管理。

（一）主要做法

1. 围绕服务基层整合资源，构建区域化党建新格局

区域化党建以区域性党组织为纽带，突破了传统的以纵向延伸为特征的“单位建党”模式，有利于把隶属不同系统、掌握不同资源、比较松散的党组织组建为紧密型的党建共同体，实现各类资源的整合。徐汇区近年来根据地域特点、行业分布和需求意愿，大力推进区域化党建的工作体系建设，不断完善组织网络，依托区域党建促进会，建立健全区、街镇、居民区三级组织架构，推动区域化党建向居民区、园区楼宇、功能区和互联网等空间形态延伸。在原有城区建设、医疗卫生、科技等8个专业委员会的基础上，创新设立社会治理专委会，精准聚焦社会治理难题，回应人民美好生活关切。充分发挥区域化党建平台作用，完善供需对接机制，形成需求清单、资源清单、项目清单，“十三五”期间年均落实各类区域合作项目200余个，党的组织资源切实转化为社会治理效能。在街镇层面，设立促进会分会，通过扩大会员单位规模，探索实行轮值会长、“双会长”制，协同区域单位实施服务项目；在居民区层面，通过探索成立居民区支会、将驻区单位划入居民区网格、设置居民区党组织兼职委员等做法，搭建起居民区党组织与驻区单位党组织之间互联互通的工作平台。通过区域党建促进会在区内形成了纵横交错的党建网络，促进了社会治理资源的整合。

一是推动党建的共建共享，以区域党建促进会、专委会和分会为平台，促进党建成员单位之间实现信息联享、工作联动、活动联办。例如枫林街道以“机制共建、义务共担、资源共享、实事共办”的实际行动，融入区域化

党建工作，将行政、行业优势与社区的地域优势、组织优势相结合，形成齐抓共管的整合优势。

二是推动基层社会治理的人才交流，全面推行“社区党委+兼职委员”的“大工委”制，让党组织隶属关系不在基层社区，但有影响力的驻区单位党组织负责人，以“兼职委员”的身份参与基层社区治理。推进社会治理人才向基层流动，选派机关事业单位年轻科级干部到居民区任党组书记或副书记，充实基层力量。

三是推动党建资源向下延伸。在居民区层面探索建立区域党建促进会居民区支会，使居民区党组织真正成为小区治理的领导核心，统筹居委会、物业、业委会、驻区单位、共建单位等各方资源，积极探索社区治理小联勤，更加有效地解决居民生活中的矛盾和问题。同时，发挥街道机构改革后新成立的社区党委的作用，探索推进居民区党建与“两新”组织党建的联动。围绕精细化管理、优化营商环境、创新基层治理等中心工作，聚焦徐家汇、滨江、漕开发等重点区域，推动园区楼宇、居民区等党群服务阵地建设，加强功能区党建工作，推进“500米党建服务圈”均衡发展。依托区域化党建平台优势，践行党建引领下的居民自治，形成党组织、党员、群众层层发动的自治体系，党组织统筹社区治理的能力进一步加强。扎实推动工青妇等群团组织改革，稳步推进各项改革举措，不断增强群团组织的政治性、先进性、群众性，切实发挥群团组织联系群众的纽带作用，持续激发治理活力。

2. 围绕基层群众需求，探索群众工作方法创新

联系服务群众是社会治理创新的出发点和落脚点。徐汇区注重围绕更好地满足群众需求，注重发挥党建作用，积极探索群众工作方法创新。

一方面，将工作视角向基层群众聚焦，准确对接民生需求。如徐汇区近年来大力开展的“满意在徐汇”活动，在推进党的群众工作制度化建设方面做出了不少探索，特别是调查研究制度、基层联系点制度、征集群众意见建议制度、定期接待群众来访制度、基层会商制度、组团式联系服务群众走访行动工作制度等，进一步有力推动资源向基层集聚、政策向基层倾斜、

服务向基层延伸、队伍向基层流动。另一方面，完善工作方法，提升党建工作成效，具体体现在四个转变上。

第一，从封闭型向开放型转变，由过去单纯依靠党组织、党员等党建资源来推动党建发展，转变为通过党建引领，搭建平台，推动多元主体参与社会治理。例如，虹梅街道的虹梅庭公益服务中心作为区域化党建的平台，将功能定位为区域资源的整合与配置、社会组织的引入与孵化、创新和公益文化的培植与传播、企业和社区融合的推动与展示，充分体现枢纽、孵化和动员平台的作用[2]，极大地调动了社会化、市场化资源，促进了社会治理创新的多元参与。

第二，从自上而下向自下而上转变，由过去过多依靠自上而下的管理力量逐步向依靠自下而上的自治力量转变，创新自治内容和形式，激发自治活力。在居民区层面，通过建立两个“自下而上”的机制，提高自治水平：一个是健全自下而上的自治议题和自治项目形成机制，有序引导居民全程参与自治事务；一个是建立健全自下而上的居委会工作评价体系，以居民的知晓度、参与度和满意度为重点，评估居民自治项目开展情况，评价居委会及其成员的工作情况。

第三，从单一型向合作型转变，由过去参加社会治理创新的人员和资源比较单一的情况转向多元参与的局面。例如，凌云街道加快构建以公共、公益、社会共同体为主要内涵的“凌云益公社”，着力打造社区参与的新平台，在建立社区公益发展专项基金时，按照政府出一点、社会单位出一点、群众自愿捐赠一点的“三个一点”原则，妥善解决了资金保障问题。

第四，从行政式向协商式转变，由过去行政命令式管理思维转向平等协商式治理思维。例如，在区域化党建框架下，让区域单位的负责人作为兼职委员，参与社区重大事务的讨论与协商。在小区成立了“绿主妇议事会”，充分发挥“邻里汇”和“邻里小汇”的作用，给居民提供了平等协商的议事平台。

3. 围绕骨干力量建设，加强社会工作人才培育

加强社会治理创新，核心是人，特别要发挥骨干人才的领导和带动作

用。徐汇区近年来在围绕骨干力量建设，加强社会工作人才培育方面做出了三点有益的尝试。

一是让能人流向基层，通过党员干部“双报到”制度、机关党员下基层制度，充实基层社会治理的骨干力量。近年来，徐汇区分两批选派年轻党员干部，到居民区党组织任职书记、副书记，提高年轻干部做群众工作的能力，为加强基层党建输送新鲜“血液”。

二是让基层出产能人。首先，选优配强基层带头人队伍。深入实施居民区书记“领头雁计划”，坚持内部选拔和外部调任相结合，稳步推进书记“进编享编”工作，通过区域党建促进会引入区域单位干部到居民区挂职兼职副书记，积极发挥街镇优秀书记工作室的平台作用，书记后备人才队伍建设进一步加强。其次，全面培育社区工作者队伍。实施社区工作者“全面成长计划”，加大政策激励保障力度。加强全区资源统筹，形成共享资源清单和服务项目菜单，做实“线上+线下”学习交流平台，进一步激发队伍活力。

三是让社会人变成组织人，将参加社会工作人才从传统的“原子化单兵作战”形式向“组织化协同作战”形式转变。徐汇区将社会工作人才纳入全区人才范围，制定社工人才队伍培训三年规划、社区工作者管理办法、社区工作者职业化薪酬体系实施意见等制度，加强人才梯队建设，促进社区基层队伍的专业化、职业化发展，发挥社会工作人才在社会治理创新中的力量。

4. 围绕社会力量激发，发挥党的群团组织作用

社会治理创新的基础在于社会力量的广泛动员，在于社会治理氛围的营造。徐汇区近年来在充分发挥党的群团组织作用、激发社会力量参与社会治理方面做出了一些探索。

一是坚持党对群团工作的统一领导，坚持围绕服务群众的工作生命线，发挥群团组织的桥梁和纽带作用，依法依章程独立自主开展工作。

二是发挥群团组织的枢纽作用，积极培育和引导社会组织发展，促使社会组织自觉主动履行社会建设“润滑剂”和“缓冲器”的责任，成为社会治理的中坚力量。如区妇联积极与社会组织合作开展“白玉兰知心妈妈”

项目；区总工会在全市率先成立了首个社会组织工会联合会，让在徐汇各类社会组织中工作的职工有了“娘家”。

三是创新群团组织的工作机制，群团组织工作方式由领导变为指导，通过为群团组织搭建平台，提供方向引领。例如徐汇团区委抓住新青年、新思维的特点，开发建立“徐汇青年云平台”，让广大青年有了更加便捷的网络交流互动平台。

（二）主要经验

总结梳理徐汇区的以上实践探索，我们可以得出以下四点经验：

一是党建引领社会治理创新要以整合资源为抓手。党建引领社会治理创新需要有物质资源、组织资源、文化资源和社会资源等要素为支撑。党组织应当在提升资源整合能力、创新资源整合机制、改进资源整合方式和提高资源共享水平等方面做出扎实努力，积极推进党建资源的合理利用与有效整合。

二是党建引领社会治理创新要以服务民生为目的。服务民生是基层党建的根本。党建要引领社会治理创新，必须对民生问题有所回应，准确对接群众的民生需求，从群众最关心、最直接、最现实的利益问题入手，全面提升基层党组织在群众中的感召力和动员力。

三是党建引领社会治理创新要以转变方式为路径。面对社会治理创新的全新形势，党建要想充分发挥引领作用，就必须转变传统方式，由封闭式向开放式转变，广泛吸纳和整合资源；由自上而下向自下而上转变，充分激发基层自治与共治力量；由单一型向合作型转变，有效动员社会力量参与；由行政命令式向协商民主式转变，促进决策科学化、规范化。

四是党建引领社会治理创新要以人才培育为核心。让社会治理的优秀人才、骨干人才流向基层，在基层培养一批“草根领袖式”的社会治理人才，凝聚和发动多元社会力量参与社会治理创新，充实社会治理创新的队伍。

三、当前党建引领社会治理创新的主要问题

当前，在看到党建引领社会治理创新所取得的成绩的同时，也应当清

醒地认识到存在的问题。

（一）机制平台有待从实体向实效深化

当前，党建引领社会治理创新已经逐步形成了纵横交错的各类机制平台，不少地区将“横向到边、纵向到底”作为党组织全覆盖的目标。但是，通过调研发现，有的地区虽然搭建了组织架构，但党建引领作用的发挥还很有限，缺乏有效的机制支撑、工作抓手和目标管理。

（二）从行政化向社会化的转变有待深化

党建工作“去行政化”是目前的一大重要任务。随着改革开放以来“单位人”逐步向“社会人”转变，传统的依赖于“单位人”的行政化党建模式，也逐步走向了“社会人”的社区党建。社区党建作为党在城市最基层的组织体系，直接面对的是多元化、“碎片化”的利益群体，这种社会结构要求党组织必须具备引领社会、凝聚社会、整合社会的功能。

（三）党员骨干作用的发挥有待强化

目前在社会治理创新过程中，党员骨干作用的发挥还有待进一步加强。一方面，虽然目前已经建立了党员干部“双报到”制度、机关党员下基层制度等一系列发挥党员骨干作用的制度，但对于党员干部到基层报到的后续情况跟踪和考核力度不够，同时也缺乏引导党员积极投身社会治理创新的渠道和平台，使得部分党员没有施展社会治理能力的平台。另一方面，有的党员在从事社会治理创新工作的过程中，亮出党员身份的主动性不够，缺少以身作则宣传党员先锋模范作用的意识。

（四）党建在价值引领上的软实力有待加强

目前，党建作用的发挥还是较多停留在硬件建设、改善群众需求上，在价值引领、文化宣传方面的探索还不多，随着社会价值的日趋多元，这方面的工作有待进一步加强。

四、进一步推进党建引领社会治理创新的建议

在新的形势下推进党建引领社会治理创新，在坚持好的做法的同时，还要在以下五个方面进一步努力。

（一）深化平台建设，进一步有效整合社会资源

深化平台建设是有效整合社会资源、提高社会治理创新资源利用效率的有效途径。

一是要利用好区域化党建平台机制，大力发挥区域党建促进会的平台作用，进一步将区属资源转变为区域资源，探索区域单位发挥主体作用的途径，真正让区域单位从“陌生人”变成“熟人”，从“熟人”变成“主人”。

二是要发挥党的群团组织的枢纽平台作用。以群团组织改革为契机，支持群团组织在党组织领导下发挥作用，加强对有关社会组织的政治引领、示范带动、联系服务。支持群团组织按领域建立社会组织联合会，引导同领域、同类社会组织实行会员制，加强与会员单位在项目建设、人才培养等方面的合作。着重构建横向合作组织网络，形成以工青妇等枢纽组织为核心，与其他各类社会组织平等合作的组织网络体系，努力把群团组织打造成在政治上发挥桥梁纽带作用、在管理上承担业务主管职能的枢纽型社会组织。

三是要积极推进网络媒体平台建设，运用好网站、微博、微信等新兴载体，做好“指尖上”的社会治理创新工作。要善于运用“互联网+”的思维，探索互联网党建工作的可能性，充分利用新型社交媒体，打造党建引领、服务民生的“朋友圈”。

（二）始终围绕民生，解决服务基层群众“最后一公里”

党建的引领作用，只有真正在服务民生，解决“最后一公里”问题后，才能得到群众的认可与拥护。

一是要着力构建群众需求收集机制。要利用党建优势，整合“满意在徐汇”大走访、“基层会商”、网格化管理等平台，定期走访基层一线，广泛听取群众意见，增进与群众的交流，加强政策宣传，找准群众需求，切实把工作做到群众心坎里去。

二是要着力构建解决民生问题的参与机制。服务民生不只是党和政府的事情，要始终注重引导和培育群众的主体意识，善于运用民主协商的手段，引导群众自我管理、自我教育、自我服务，让群众参与解决问题的全

过程。

三是要着力构建服务民生的考核机制。要发挥考核的“指挥棒”作用，坚持“自下而上”和“自上而下”相结合，加大群众满意度测评在各级党组织工作考核中的比重，真正将民生工程做成群众的“满意工程”。

（三）坚持政社互动，探索社会化运作

政社互动是社会治理创新格局下的城市治理新模式，有助于推动城市治理向多元共治、规范治理和合理共识转变。

一是要完善和创新社会力量参与机制，充分发挥社会力量的优势，参与社会治理创新，形成社区、社会组织和社会工作人才“三社联动”。要重点扶持与社会治理和群众日常生活密切相关，能够提供专业化、社会化、差异化服务的社区生活服务类、社区公益慈善类、社区文化活动类、社区专业调处类等四类社区社会组织。

二是要推进服务型政府建设。政社互动是社会治理创新的有效方向，社会力量的发展需要政府的悉心“照料”，尤其是公益性社会组织，由于先天没有商业利益驱动，其发展更离不开政府的扶持。因此，必须加强服务型政府建设，在实践中不断完善政府购买社会组织服务机制，制定社会组织孵化、培育发展的政策和法律保障机制等，建成服务政府和高效政府。

（四）坚持先锋模范引领，加强人才队伍建设

坚持先锋模范的引领作用。一是要发挥党员干部在参与社会治理创新中的先锋模范作用，特别要重视加强居民区书记“班长工程”建设，让熟悉基层社会治理的人才向基层流动，让基层能产生并留住社会治理能人。二是通过宣传、教育等手段，扩大基层社会治理能人的知晓度与影响力，提升基层社会治理人员的能力和水平。三是建设一支专业化、职业化的社区工作者队伍，加强对社区工作者队伍的管理、培训。四是在基层发现和培育一定数量的草根领袖或志愿者，积极推进居民区自治与社区共治。

（五）加强价值引领，提升党建文化影响力

党建文化是在党的建设中培育形成的价值观念、理想信念、行为规范的总和，是党的建设灵魂与活力之源。提升党建对社会治理创新的引领，应当充分发挥党建文化和党建品牌的影响力、感召力，让社会治理创新在党建文化和党建品牌的引领下，在全社会形成规范、有序、广泛参与的社会治理创新氛围。一是党建文化对社会治理的影响力要体现在思想引领上。越是表达高度自由，越是需要正确的价值引领，要在社会思想多元、阶层分化的情况下，积极培育和践行社会主义核心价值观，用老百姓听得懂、能接受的方式宣传社会主义核心价值观，夯实“中国梦”的价值观建设基础工程。二是党建文化对社会治理的影响力要体现在行为引领上，要通过党员先锋模范作用的发挥，引导社会各方共建共享社会发展成果，让党员真正成为社区治理的骨干。要通过党建资源整合机制，动员全社会共同参与文明城区创建工作，使创建工作真正成为“为民、靠民、利民”的民心工程。三是党建文化对社会治理的影响力要体现在文化引领上，要善于发掘群众身边的典型人物、典型事迹，在全社会积极传播、弘扬正能量，不断提高群众的文明素质和文化素养，积极打造文明有序、安全和谐的城区发展环境。

参考文献

[1] 陈高宏，吴建南，张录法.像绣花一样精细：城市治理的徐汇实践[M].上海：上海交通大学出版社，2018.
[2] 金桥，金理明.社会治理创新背景下的上海区域化党建[J].上海党史与党建，2017(2)：34-36.

社会治理共同体视域下楼宇党建的模式创新

——以上海市陆家嘴金融城为例

丁　倩　中共上海市浦东新区党校

随着市场经济和城市化的快速发展，楼宇经济成为现代都市极具生命力的一种经济形态。楼宇经济的高度发展，催生出大量游离于党组织体系之外的新社会空间，如何对商务楼宇这一新社会空间进行组织、整合与引领成为城市基层党建的一项重要议题。党的十九届五中全会指出，要建设人人有责、人人尽责、人人享有的社会治理共同体。这一提法标志着党对于加强和创新社会治理有了更高标准的战略目标，同时也对党建引领楼宇空间治理提供了新的视角和路径。

一、构建楼宇社区治理共同体

从20世纪90年代开始，楼宇党建经历了以“建组织”为主突出“党务”，到以“强功能”为主注重“服务”的升级蜕变。1999年，浦东新区的嘉兴大厦建立了全国第一个楼宇联合党支部，开创了“支部建在楼上”的党建工作新形式，突破了党的组织必须建立在基层单位的传统模式，推动了“单位建党”向“区域建党”的转变。但在楼宇中建立党组织的初衷是为了实现党对楼宇空间的组织覆盖和有效管理，因此在发展初期，楼宇党建主要侧重于党务工作，包括组织关系的转接、流动党员的教育和管理等。然而，由于楼宇空间的“体制外”特性，“约束型”和“管理式”的传统党建工作方式很难发挥作用。在此背景下，提升党组织的服务功能，以服务来吸引和凝聚楼宇企业及从业人员逐渐成为楼宇党建的工作重点。从“党务”转向“服务”，为无行政依托条件下执政党在商务楼宇中获得合法性提供了可能性，但仍无法改变楼宇空间“弱政治、强经济”以及“低度整合、高度离散”的场域特质。在此背景下，将“治理”理念和“共同体”概念引入楼宇党建，构建楼宇社区治理共同体，成为破解楼宇党建发展困境的有效路径。

构建社会治理共同体是党的十九届四中和五中全会就创新社会治理提出的新理念，为党建引领城市基层治理提供了新方向。社会治理共同体是指政府、社会组织、公众等基于互动协商、权责对等的原则，以解决社会问题、回应治理需求为共同目标，自觉形成的相互关联、相互促进且关系稳定的群体[1]。社会治理共同体是在社会的组织方式和秩序建构模式发生变化的情况下，对社会治理认识的深入和具体化，强调治理主体的多元化、治理过程的协同化、治理手段的多样化和治理结果的共享化[2]。具体而言，社会治理共同体有以下特点。

（一）“以人民为中心”的价值导向

社会治理共同体的构建是一种人为有意识的实践活动，蕴含了治理主体的价值认知、价值选择、价值诉求与价值判断。这意味着构建社会治理共同体必须坚持“以人民为中心”的价值理念。坚持人民至上的价值导向，既要考虑“人”的社会性规定，满足人民对美好生活向往的各类需求；又要注重“民”的本质性规定，强调人民在社会治理中的主体地位；同时还要注重“人民”的实践性规定，从实际需求出发调动人民的参与积极性，把主体性、获得感和参与感紧密融合，形成“人人有责、人人尽责、人人享有”的责任共担意识和社会治理、社会参与的“最大公约数”，这是构建社会治理共同体的根基所在。

（二）“一核多元”的治理结构

社会治理共同体是通过集体行动来解决人们日常社会生活中的公共议题、满足人民对美好生活的需求。人民的美好生活需求与公共服务的有效供给之间要实现精准匹配，不可能由单一主体来实现，必须由多元主体协同合作来共同促成。多元主体的协同合作不是无差别的平等并列结构，而是“党委领导、政府负责、民主协商、社会协同、公众参与”的“一核多元”治理结构。党委作为社会治理的核心力量，起到统领全局、把控方向和协调关系的作用，政府负责对公共服务设施和公共活动空间提供制度性和经济性保障，市场可以针对不同社会阶层提供个性化的服务，社会组织主要对社区内弱势群体提供适宜的公共服务，以克服“政府失灵”和“市场失灵”问题。不同的社会治理主体在责任划分的基础上互有助益、进退有舍，进而形成治理的有机合力而非简单的机械组合，是构建社会治理共同体的内在要求。

（三）“共建共治共享”的治理机制

多元主体在参与社会治理时，要形成功能有序、比较稳定的关系模式，就要构建共同解决社会问题的体制机制和规则规范，完善共建共治共享的社会治理制度[3]。一是要建立多元主体的协商机制，给予各个治理主体平等发言、表达偏好的权利，建立让各方主体充分对话、交流沟通的平台，通过民主协商来调和客观资源的有效性与个体需求的无限性之间的张力，使治理结果为更广泛的群体所接受。二是要建立供需匹配的对接机制，通过建立社会需求的识别机制、整合机制、传递机制和吸纳机制[4]以及项目化的运作方式，促进“自上而下”的供给服务与“自下而上”的多元需求之间的精准匹配。三是要建立合理有效的共享机制，在制定法律规范进行约束、防止个人利益侵占集体利益的基础上，可以引入第三方评估机构或运用大数据对集体成果的分配进行检测和监管，以最大限度地保障治理成果的共同享有。

（四）“科技支撑”的治理方式

技术平台既是一种塑造共同体的重要力量，某种程度上甚至已经成为共同体的重要承载体和表现场域[5]。信息技术和大数据计算使社会治理主体之间的互动模式和互动关系发生显著改变。一方面，通过信息技术的广泛运用，可以打破治理主体之间在空间和时间上的交流限制，丰富公众参与社会治理的渠道，降低交流互动成本，同时有助于实现不同主体之间的信息共享和协同。另一方面，借助互联网和大数据技术可以让数据驱动的需求识别成为可能，通过充分探测和挖掘不同主体的个体特征、集体偏好，从而提升决策的科学性。此外，数字技术的引入，还可以在一定程度上解决社会治理责任权属划分的难题，当社会治理的内容和行为被最大限度数字化之后，许多原本不可切割的社会治理责任或将变得可以被细分[6]，从而使治理主体与治理责任的对应成为可能。

总之，面对当前社会治理所凸显的目标公共化、主体多元化、结构网络化、资源共享化、机制协同化、手段智能化等特点，构建社会治理共同体是加强党对社会整合功能、增强社会黏性的一种理性选择。同时，社会治理共同体是具体而非抽象的，要以一定治理空间为载体。商务楼宇治理共同体，是以楼宇社区为空间载体，以区域化的组织架构为支撑，以对话与合作为规范框架，以楼内楼外的有机联动为运行特征，以党对楼宇社区的有效引领与楼宇社区的良性发展为目标，在利益、责任方面形成的有机统一体。从本质上来讲，构建楼宇社区治理共同体是超越楼宇的固有功能定位和利益原则，从巩固党在城市的执政基础、创新城市基层治理的角度，实现商务楼宇空间再造的过程。

二、构建楼宇社区治理共同体的路径探索

上海陆家嘴地区是上海建设国际经济中心和金融中心的核心承载区，也是上海楼宇经济发展的高地，其区域特点主要包括三个方面：一是资本的高密度性。楼宇经济是一种集约型的经济形态，在寸土寸金的中心城区，商务楼宇以其有限的占地空间创造着巨额财富。以陆家嘴金融城为例，在31.78平方公里范围内，集中了285幢商务楼宇和43 211家企业，2020年陆家嘴金融城经济总量突破5 200亿元，税收超过2 000亿元，税收超亿元的楼宇达110幢。楼宇经济所释放的巨大能量使其成为城市生产力发展最活跃的地方。二是人员结构的高端性。楼宇经济往往与知识经济紧密结合，其从业者往往具备较高的文化素养和知识水平。以陆家嘴金融城为例，楼宇从业人员平均年龄为29岁，具有硕士以上学历的人员占从业人员总数的70%以上，具有海外学习工作经历人员占从业人员总数的32%。人员结构的高端性使商务楼宇成为文化多元、联结松散的“低度政

治化”空间。三是组织的“体制外”特性。在工业、制造业领域，国有企业与外资企业、民营企业相比，占据一定优势，但在以商业、服务业为主的楼宇经济中，私营企业和外资企业占有较高比例。以陆家嘴金融城为例，截至2019年底，注册企业数量为42 142家，其中民营企业23 734家，外资企业6 865家，所有制结构上的差异导致楼宇经济具有较强的“体制外”特性。

基于经济发展活跃、文化价值多元、社会联结松散的特点，陆家嘴金融城创新楼宇党建模式，通过构建楼宇社区治理共同体，将党建工作与社会治理相融合，在治理主体上从一元主导转为多方参与，在治理空间上从楼内循环转向区域联动，在治理路径上从单体推进变为共建共享，将价值引领的政治需求、安商稳商的经济需求和公共服务的社会需求有机结合，形成了一种更具开放性和整合性的楼宇党建新模式。

（一）构建区域化的组织架构，实现网格化的精细管理

陆家嘴金融城针对区域内社会主体多元的特征，以区域化党建为引领构建了“1+5+X”的组织架构：“1”是陆家嘴金融贸易区综合党委，“5”是5个街道党工委，X是各类驻区单位党组织，实现“两新”党建、社区党建和区域党建“三建融合”。在“1+5+X”的组织架构下，金融城综合党委通过“布点划片”的网格化管理方式，把所辖的商务楼宇划分为10个片区和40个楼宇党群服务中心站点，覆盖382个“两新”组织党组织、9 500名党员，每个片区成立一个党群工作站，工作站配有党总支书记、工会联合会主席、团总支书记，分管4～12幢楼宇的党群工作，以此对所辖楼宇内的企业进行组织覆盖。

综合党委对楼宇企业实现组织覆盖的方式主要有三种：一是隶属于陆家嘴综合党委的党组织，全部按照组织条线管理模式实现组织活动全覆盖；二是总部在陆家嘴，但其他分支机构分散在全国各地的，采用备案制，即总部党组织纳入陆家嘴综合党委管理，而分散在全国各地的支部由总部党委或总支参照陆家嘴综合党委的模式来管理，实施属地化管理，党费收缴、“三会一课”、发展党员不列入陆家嘴综合党委工作的范围；三是企业在陆家嘴金融贸易区范围内，但党组织是属于上级党组织条线管理的，采

用兼容制，即把这些党组织的活动纳入综合党委的工作范围，但“三会一课”、重点任务、岗位立功、爱心公益等，交纳党费、发展党员等，不列入综合党委的工作范围[7]。通过区域化的组织架构和多样化的覆盖方式，实现对所辖楼宇企业党组织的精细化管理。

（二）突出整体性的功能定位，实现服务与引领的有机结合

陆家嘴金融城综合党委以“交流、服务、凝聚、引领”作为楼宇党建工作的功能定位，以优化服务功能为基础，以增强政治功能为核心，实现党对楼宇空间的有机整合与有效引领。

一是以优化服务为抓手，团结凝聚党员群众，促进企业健康发展。在服务党员群众方面，建立了双向认领机制和“三张清单”，汇集企业、党员、群众的需求形成需求清单，整合企业、政府和社会的资源形成资源清单，将资源与需求精准对接形成项目清单，以项目运作来落实企业和职工群众的需求。近年来，陆家嘴金融城综合党委共解决金融城巴士、白领食堂、人才公寓、楼宇医疗站、亲子暑托班等500多项职工需求，有效解决了金融城员工的急难愁问题。在服务楼宇企业方面，成立了楼宇促进会作为共商共治平台，充分整合工商、商务、国资、经信、住建、民政等相关职能部门的资源，让党的工作同企业注册、入驻楼宇、日常运营、企业服务紧密联系起来，拓宽企业诉求反映渠道，解决企业的难点问题，增强企业对楼宇党建工作的接受度以及党建工作对企业的服务效能。

二是以政治引领为目标，严格党员教育管理，加强人才政治吸纳。在党员教育管理方面，陆家嘴金融城综合党委充分利用互联网和大数据，探索了党员政治生活管理与积分激励系统，通过党费收缴、“三会一课”、重点任务、政治学习、思想汇报、岗位立功、爱心公益等七个维度对楼宇内党员参与政治生活的情况采用积分制的方式加以管理，极大地提升了楼宇内党员参与政治生活的主动性和有效性。在人才引领和政治吸纳方面，陆家嘴金融城综合党委实施了“双培工程”，积极发挥组织育人功能，把骨干培养为党员，把党员培养成骨干。截至2021年4月，已有323名骨干加入党组织，有149名党员成长为企业骨干甚至高管，通过“双培工程”，有效实现了党对精英人才的政治引领。

（三）探索共建共享的运行机制，实现楼内楼外的区域联动

楼宇空间既是需求集聚之地，也是资源集聚之地，将楼宇内外的企业、政府、社会资源整合起来形成共治格局是激发楼宇党建活力的关键。陆家嘴金融城积极探索“楼事会”和“楼长”制度，由楼宇联合党组织书记、党群服务站负责人、物业管理方负责人、入驻企业党组织书记、企业行政负责人及党员职工代表等组成楼事会。楼事会作为楼宇共商共治平台，是对上打通与各政府职能部门联系，对下畅通企业、员工联系服务，对外联通社会有效资源的主要环节。在此基础上，由楼事会推选出一名政治意识强、综合素质高、熟悉楼宇情况并有志愿精神的成员担任楼长。楼长是楼宇内党建引领的“主心骨”、企业服务的“店小二”、群众工作的“贴心人”、楼宇发展的“驱动者”、社会治理的“领航员”，主要负责对内、对外牵头商议与楼宇建设、管理、发展、服务相关的各种事项，推动楼宇资源、需求、项目“三张清单”的运作。楼事会和楼长制有力地促进了楼宇治理主体之间，楼宇与开发区、街镇及各职能部门之间的联动，成为构建楼宇社区治理共同体的重要枢纽。

除了盘活楼宇内的资源之外，陆家嘴金融城综合党委还把社会效益和社会责任纳入楼宇治理的价值准则当中，将楼宇和社区进行全方位打通：一方面通过“爱心牛奶”计划、帮困助学、垃圾分类志愿活动、金融知识进社区等社会公益活动为楼宇企业及员工参与社区治理提供平台；另一方面将社区事务受理事项通过“现场办理”“现场代办”“现场咨询”的形式引进楼宇，解决服务楼宇企业职工的“最后一公里”问题，通过共建共享的运作方式，形成了党建引领下的楼宇社区共治格局。

（四）创建虚实结合的工作平台，实现线上线下的智能联通

陆家嘴金融城通过有机整合各类资源和力量，充分利用现代网络信息技术，打造了线上与线下、实体与虚拟相结合的楼宇党群服务平台。就线下平台而言，金融城综合党委通过与楼宇物业企业合作共建，在场地兼用、人员兼职、资金众筹的基础上打造了40个集约化、开放式、共享性的楼宇党群服务阵地——陆家嘴金融城党群服务站。每个党群服务站都包含咨询服务台、信息发布屏、政治生活厅、风采展示墙、学习充电区、白领微医院、爱心公益站、员工健身点和妈咪小屋9项基本配置,解决了在没有政府投入情况下楼宇服务阵地的来源问题。目前,40个楼宇党群服务站已经成为陆家嘴商务楼宇党群服务的窗口、政务服务的端口、社会服务的入口、志愿者服务的门口、治理服务的要口。

就线上平台而言,陆家嘴金融城充分考虑楼宇中“两新”组织的产业特征和互联网时代的需要,通过“线上线下”联动的方式突破时间和空间限制,使楼宇党建工作得到较大拓展。一方面,推出了陆家嘴“金领驿站”微信公众号,将政策解读、人才服务、活动发布、需求征集、场地预约、党员积分、党务管理等多项功能收入其中,使党建工作内容更丰富、互动更充分、运行更高效、服务更精准。另一方面,在每个商务楼宇设立了“金领微驿站”,运用现代网络信息技术,在2.5平方米的空间中开通了政策咨询、远程问诊、电子图书、微心愿、法律咨询等服务功能,充分运用“互联网+”和“智能+”方式,扩大楼宇空间治理的辐射范围。

(五)采取党群协同的活动方式,实现党建带群建同步发展

以党建带群建、以群建促党建是陆家嘴金融城楼宇党建的显著特色。在组织架构上,陆家嘴综合党委书记同时兼任总工会主席,党工团活动一起开展,活动经费由上级党委划拨、党费返还、工会会费和企业赞助共同支撑;同时,金融城综合党委还以业缘、趣缘为纽带,在摄影、阅读、瑜伽、足球、乐器、舞蹈等各类沙龙社团的基础上建立功能型党支部,增强党组织对活动团队的政治引领。在运作平台上,陆家嘴金融城建立了党群组织联盟,把楼宇内不同隶属关系的党群组织通过联建联动的方式组织起来,探索楼宇党群组织联盟领导下的组织联动、活动联办、党员联学、干部联用、人才联引等方式,实现各类资源与活动在楼宇空间的集聚。在活动内容上,陆家嘴金融城很多活动都是党工团一起组织、策划、实施的,根据楼宇职工的需求把文化艺术节、楼宇登高赛、时尚创新大赛、电竞大赛、名家讲座、人才培训等2 000多场活动引入楼宇,通过各类活动促进了楼宇从业人员之间的沟通交流，增加了楼宇空间的社会资本。

三、构建楼宇社区治理共同体的实践逻辑

上海陆家嘴金融城通过构建楼宇社区治理共同体，实现了从单体循环到区域联动、从单一功能到复合功能、从物理嵌入到人本治理的转变。以商务楼宇为依托构建社会治理共同体，体现了新形势下党在新社会空间的治理理念、组织结构、领导方式、行动策略等方面的变革，这种变革有力推动了商务楼宇的公共空间再造、政治空间再造和发展空间再造。

（一）治理理念：从“单向供给”到“总体规划”

商务楼宇是一个有着自身运作逻辑的经济实体。大卫·哈维（David Harvey）将这种城市形态称为建构出来的空间环境，“它是由聚集产生出来的集中，有利于共同维持某种类型的经济活动，在这个区域内，因为交错的经济流动生产出足够的‘机构一致性’，赋予了它某种特色”[8]。上海陆家嘴金融城这一特色表现得非常明显，金融城主要以金融业为代表的第三产业为主，在区域范围内有持牌类金融机构842家，新兴金融机构近6 000家，是人流、物流、资金流和信息流的汇集地，主体活动基本以营利和消费为主要目的，楼宇内部的需求主要围绕经济利益展开。

在这种情况下，如果楼宇党建只从楼宇内部需求出发采取“供给”思路，必然会导致党建工作只能在楼宇既有运作逻辑中打转。因此，构建楼宇社区治理共同体不应仅局限于满足楼宇空间的内部需求，而应从社会总体发展出发采取“规划”思路，这就要求从经济效益与社会效益、企业责任与社会责任相结合的角度对商务楼宇党建工作进行“顶层设计”。事实上，陆家嘴金融城楼宇党建从“党务”到“服务”再到“构建楼宇社区治理共同体”，从服务一幢楼，到辐射一片区，再到融入整个城市基层党建大格局的发展历程，充分体现了商务楼宇党建工作从“供给”到“规划”的理念转变。在“规划”思路的指导下，楼宇党建工作应推动商务楼宇从单一的“经济体”转变为综合的“社会体”，在保障楼宇经济健康发展的同时，保证党对社会的有效协调以及对经济社会发展的引领作用。

（二）组织结构：从“稳定固化”到“灵活多变”

组织结构是由规范结构和行动结构构成的统一体。规范结构侧重于组织的正式制度和规范，行动结构侧重于组织的行动策略和效果，规范结构强调“稳定固化”，而行动结构强调“灵活多变”。中国共产党在建党之初，就按照民主集中制原则建立了全国性的基层组织网络，无论是革命战争年代的“支部建在连上”，还是计划经济时代“支部建在单位上”，都是组织规范结构的典型体现，通过相对固定的组织设置、秩序化的价值理念和行动的高度一致，在一定时期内巩固了党的执政基础，维护了国家政权的长期稳定。但是改革开放之后，经济和社会结构发生深刻变化，“新的经济社会结构不再依靠行政线条串联起来，而是依靠市场的利益交换、社会的功能依赖关系进行自发的分化和组合”[9]，传统的垂直型组织建构模式在实际操作中出现困难，这就要求基层党组织的设置方式必须适应环境的变化，从侧重规范结构向侧重行动结构转变。作为楼宇社区治理共同体的引领者，楼宇党组织的设置必须足够“灵活”，才能防止游离于楼宇空间之外的尴尬处境。“支部建在楼上”“支部建在活动团队上”以及在楼宇集中区域“布点划片”的组织设置方式是组织行动结构的典型体现，它以区域化、功能型、网状式的富有弹性的组织建构方式激发了基层组织的“行动活性”和“决策活性”，为楼宇党组织更为灵活地开展活动、更为科学地进行决策提供了必要基础。

（三）领导方式：从“控制动员”到“有机整合”

党的领导是指“政党率领、引导人民群众和各类社会组织实现特定目标的形式、方法、途径的总称”[10]。党的领导方式一般来说可以分为两种：一种是利用“权力”，一种是利用“威望”。在传统单位制社会中，党对行政资源、社会资源是高度垄断的，因此党的领导作用的发挥往往是通过“权力”实现的，属于“控制动员”的领导方式。随着市场经济的发展，基层党组织直接掌握权力的功能日益弱化，特别是在以新经济组织和新社会组织为主的商务楼宇中，因其产权关系带来的劳资关系、治理结构的变化，对党建工作的接纳空间缩小，致使党组织无法通过权力实现对楼宇空间的领导。此时，党的领导更多的是通过反映特定群体的利益和意志的政策、行动，并由此赢得一定的威望来实现，核心在于得到被领导者的认可。这就要求党组织要“放下身段”，从单一楼宇空间的政治引领者转变为楼宇经济发展、楼宇社区治理的促进者，从单一的楼宇秩序维护者转变为“楼宇多元力量、多方资源的协调人和楼宇社区协同治理的塑造者”[11]。事实上，陆家嘴金融城楼宇党建所采取的“共建共享”“众筹”“不唯所有但为所用”的理念和方式，正是党组织扮演楼宇协同治理塑造者的生动体现，对于形成良性互动的楼宇治理共同体、增强党的社会整合功能具有重要意义。

（四）行动策略：从“服务保障”到“政治引领”

从政治社会学角度看，党组织是嵌入社会的政治性组织，政治性是其首要属性，政治功能是其要发挥的首要功能。党章规定：“非公有制经济组织中党的基层组织，贯彻党的方针政策，引导和监督企业遵守国家的法律法规，领导工会、共青团等群团组织，团结凝聚职工群众，维护各方的合法权益，促进企业健康发展。”但在具体执行中，如果机械运用这些条文，很可能会面临实践上的难题。比如，对企业的监督问题，当党组织在企业法人治理结构中的地位没有制度化支撑的情况下，如果没有执行上的策略，不仅难以实现对企业的监督，党组织本身都可能在企业中被边缘化。事实上，政党组织的政治性从来就不是抽象的，政治生活的动力源从来都是利益，而普通群众判断一个政党是否代表其利益，主要看政党的活动是增进其利益还是侵犯其利益。因此，在构建楼宇社区治理共同体的过程中，作为治理核心的楼宇党组织，要实现其政治功能就必须采取策略性行为，即选择服务作为切入口。陆家嘴金融城党群服务中心所坚持的“交流、服务、凝聚、引领”党建工作理念，就是通过服务保障来实现政治引领的直观体现。当然，楼宇党组织的服务，是指服务党的工作大局，既包括满足楼宇企业职工的合理利益需求，也包含服务楼宇经济发展以及对楼宇中复杂社会关系进行协调，在提供服务的过程中增强党执政的合法性，实现党对新社会空间的动员和引领。

参考文献

[1] 郁建兴.社会治理共同体及其建设路径[J].公共管理评论,2019(1):59-65.

[2] 李青.社会变迁背景下中国社会治理共同体的构建理路[J].山东社会科学,2020(6):77-82.

[3] 李友梅,相凤.我国社会治理共同体建设的实践意义与理论思考[J].江苏行政学院学报,2020(3):51-60.

[4] 李永娜,袁校卫.新时代城市社区治理共同体的构建逻辑与实现路径[J].云南社会科学,2020(1):18-23.

[5] 李友梅,相凤.我国社会治理共同体建设的实践意义与理论思考[J].江苏行政学院学报,2020(3):51-60.

[6] 郁建兴.社会治理共同体及其建设路径[J].公共管理评论,2019(1):59-65.

[7] 薛英平.上海市陆家嘴金融贸易区综合党委:开创金融城楼宇党建新格局[J].党建,2019(3):46-47.

[8] 李锦峰."楼宇社区":商务楼宇党建的观念重塑与空间再造——基于上海市淮海中路街道楼宇党建的经验分析[J].探索,2019(1):101-107.

[9] 上海市浦东新区党建研究会课题组."支部建在楼上"的理性思考[J].中国党政干部论坛,2006(10):21-23.

[10] 李友梅,等.静静的变革:上海浦东嘉兴大厦楼宇党建实证研究[M].上海:上海人民出版社,2005:187.

[11] 周俊,徐久娟.从嵌入到整合:商务楼宇党建新发展——基于上海市H镇的实证分析[J].东北大学学报(社会科学版),2020(1):58-64.

开放式组织生活新探索
——以“研习汇”为例

王晓芸　中共上海市徐汇区委党校
夏　瑞　徐汇区滨江党群服务中心

党的组织生活是党内政治生活的重要内容和载体，是党组织对党员进行教育管理的重要形式。历史经验表明，党的组织生活质量高，党的政治生活就健康，我们党就能发展壮大。党章规定：“每个党员，不论职务高低，都必须编入党的一个支部、小组或其他特定组织，参加党的组织生活……”提高党的组织生活质量是严肃党内政治生活、加强党的政治建设的重要举措。近年来，一些基层党组织积极探索开放式组织生活，有力展现出组织力和凝聚力，激发出党员参与组织生活的积极性。

一、开放式组织生活的内涵与主要特征

开放式组织生活有别于传统的党员只能参加所在党组织开展的组织生活，是在坚持党员主体地位的前提下，运用开放的理念和思维，借助现代信息技术手段，最大限度地整合共享组织资源，构建契合党员需求的、开放自主的组织生活。

近年来，开放式组织生活深受基层党员的普遍认可，展现了开放优势，注重科学设计，聚焦现实问题，体现了开放式、时代性等特点，主要表现为突破党组织界限，增进党组织与党组织、党组织与党员、党员与党员之间交流的组织生活新形式，提升党的组织生活质量，激发党员参与组织生活的内生动力，增强党组织的政治功能。

（一）开放式

开放式组织生活强调开放性，跳出自我封闭的状态，从活动的组织到活动内容、形式、参加人员都相对开放。

一是组织的开放。组织部门有机整合区域党建资源、组织资源、文化资源等，举办的组织生活打破了组织生活“体内自我循环”的局限性，利用党建资源的规模优势、组织优势、传播优势，实现不同党组织之间的优势互补，实现党员之间的横向交流、党员与群众之间的广泛互动。

二是内容的开放。采取组织生活“+”，努力将党的组织生活与基层党组织发展、基层治理、社会热点难点问题相结合，以新思路实现基层党组织的党建工作和业务的双提升。如“+理论学习”，将学习习近平新时代中国特色社会主义思想、学习“四史”等作为必修课，引导党员读原著、学原文、悟原理。如“+项目攻坚”，将组织生活同区域中心工作、单位的阶段性重难点工作等紧密结合，将党的组织资源和优势转化为单位的发展资源和优势。如“+志愿服务”，将党员的专业背景和特长，融入抗击新冠肺炎疫情、社区治理等志愿服务中。此外，还采取“+榜样学习”“+政治生日”等形式，“+”的内容丰富多彩，既调动了党员参加组织生活的积极性，也使党员在潜移默化中达到政治上“补钙健体”的效果。

三是形式的开放。组织生活一般采取线上线下同步运作的方式，线上主要通过手机移动客户端、微信公众号、广播电台、电视台App等新媒体技术，现场直播和融合传播，党员根据实际自行选择参加时间。这一传播形式实现了时间和空间两个维度的延展，展现出持续效应。受众可以在线上反复回看，时间安排更加灵活，活动资源可以重复使用，活动效果持续体现。

（二）时代性

开放式组织生活的主题和内容要紧跟时代步伐，准确把握时代特点和党的建设要求、党组织发展要求，紧紧围绕经济社会发展和基层党组织建设的重点任务，制订活动方案。开放式组织生活主题类型多样，有学习类、服务类、纪念类、文体类等，如结合党的重要理论和重要会议精神，结合党的主题学习教育，结合区域发展和民生问题，结合基层党组织建设问题，结合党员实际需求等，开展专业化设计，统筹活动内容和流程。

（三）问题性

开放式组织生活的设计要聚焦问题，结合党员工作和生活实际，将区域单位发展面临的现实问题、基层党组织建设以及党员发展存在的不足或者思想上的困惑、工作上的难点、普遍关注的社会热点等作为主要内容，增强针对性和代入感。同时，要善于发现党组织建设中的薄弱环节以及党员教育管理中的新问题、剖析解决问题，激发党员想干事、能干事、干成事的担当和热情。

（四）服务性

开放式组织生活的目标定位是服务党员群众、区域单位和社会，即在认真研究经济社会发展新矛盾和新问题、城市建设治理难题、民生实事和急难愁盼问题的基础上，确定活动主题和活动方式，不断适应党员生活工作等需求，适应单位发展需求，引导党员夯实“为人民服务”的宗旨意识，把联系群众、关心群众、为群众办实事等工作做实做好做细。

（五）互动性

互动交流符合年轻人的特点，可以增强开放式组织生活的参与性、趣味性、融入性。在现场研讨中，嘉宾和党员的交流以及图片、音视频片段的适时切换、运用，不仅实现了组织生活的立体化沉浸式开展，更能激发党员的情感共鸣。线上参与学习的党员通过新媒体平台的评论区功能，可以即时发表自己的观点，实现不同观点的精彩碰撞，让现场“小讲台”变成线上“大课堂”。开放式组织生活的“直播+回看”、灵活多元的音视频的二次传播等方式，满足了不同党员的需求，形成了线上线下同频共振，提升了党组织生活传播的有效性、便捷性、精准性。

（六）品牌化

品牌化旨在通过宣传，彰显基层党组织特色，激发党员参与热情，提升组织生活的品质。一是塑造理论学习品牌，坚持“内容为王”，用“身边人”讲“身边事”，通过交流互动，“听得懂、记得住”新思想、新理论，推动党的组织生活往心里走、往实里走、往深里走。二是塑造特色活动品牌，利用社区党群服务中心的平台优势和区域单位的专业优势，借助互联网的便捷传播和线下展示，开展“为群众办实事”等活动，提升开放式组织生活的知晓度、参与度、美誉度。

二、开放式组织生活的实践与探索

2019年，上海市徐汇区委组织部为认真学习贯彻习近平总书记考察上海重要讲话精神和党的十九届四中全会精神，为了回应党员干部的学习需求，探索党员教育管理新方式，根据党的“不忘初心、牢记使命”主题教育的精神和要求，结合实际，开展研习汇开放式组织生活（以下简称研习汇）的实践探索。随着2020年“四史”学习和2021年“党史”学习教育的开展，研习汇这一组织生活也不断与时俱进。自2019年9月17日至2021年10月，研习汇已成功举办13期，其影响力、辐射力也拓展到上海市其他区域，甚至辐射到外省市。

（一）功能定位：研讨学习汇聚的平台

研习汇就是研讨学习汇聚的平台。“汇”取自徐汇的“汇”，包含“汇集党员、汇聚资源、汇通思想、汇聚力量”之义。研习汇按照“把学习教育贯穿始终”的要求，聚焦基层组织、基层党员、基层治理等共同话题，通过“现场对话+线上直播”形式，打造“身边人讲身边事”的系列示范党课，推动党的创新理论走进基层，覆盖更多党员群体。党员在研讨交流中，筑牢思想根基，增强开拓前进的勇气，把学习成效转化为推进工作的能力本领和实际行动，使“不忘初心、牢记使命”这个党的永恒课题、党员干部的终身课题常抓常新。

（二）学习主题：凸显“四个聚焦”

每期研习汇的主题和研讨侧重点都有所不同，突出了时代性和政治性，主要聚焦徐汇高质量发展、疫情防控、城市治理、党史学习教育等。

一是聚焦徐汇高质量发展。徐汇区立足现代化国际大都市一流中心城区的定位，持续提升城区能级和核心竞争力，加快打造高质量发展与高品质相融合的典范城区。

表1　2019年9月—2021年10月研习汇活动概览

期　号	时　间	地　　点	主　　题
1	2019年9月	钟书阁绿地缤纷城店	“新时代　话初心”
2	2019年10月	龙南佳苑党群服务站	“新时代　担使命”
3	2019年11月	AI人工智能党群服务站	“新时代　新赋能”
4	2019年12月	徐汇区行政服务中心	“新时代　新发展”
5	2020年3月	徐汇区党建服务中心	“致敬挺身而出的你”
6	2020年5月	AI人工智能党群服务站	“新时代　汇助力”
7	2020年6月	龙华烈士陵园	“学四史　作表率　促发展”
8	2020年8月	滨江建设者之家	“建设人民城市　打造卓越水岸”
9	2020年10月	天平街道66梧桐院	“建设人民城市　共享美好生活”
10	2021年3月	长桥街道生态邻里汇	“我为群众办实事——居民区书记‘开门一件事’”
11	2021年4月	天平街道66梧桐院	“百年寻路中国梦”
12	2021年7月	徐汇滨江党群服务中心	“百年大党再奋进”
13	2021年9月	徐汇滨江党群服务中心	“新力量　汇初心　促发展”

高质量发展需要广大党员干部坚守初心、担当使命、比学赶超。为此，第1期、第2期研习汇主题分别是“新时代　话初心”和“新时代　担使命”，分享立足岗位坚守初心、勇于担当的故事。如科技公司创业团队自主研发、自创品牌，成长为国内科学服务领域的领先者，为科学家提供专注工作的环境。滨江开发设计者秉持“一张蓝图画到底”“打造滨水美好生活”的初心，使徐汇滨江正一步步从“铁锈地带”向“全球城市中央活动区”转变。医疗专家加强基础医疗技术创新，发明专利。区域管理者认为使命就是集合区域资源，打出人才服务“组合拳”，让人才感受温暖和幸福等。

高质量发展离不开营商环境的优化。徐汇区作为上海的中心城区之一，总部经济、新兴产业、龙头企业集聚，研习汇把优化营商环境作为重点，着力探讨“服务产业、服务企业、服务党员、服务白领”等难点问题，探讨如何开展人工智能党建，如何为“两新”组织发展聚力赋能、保驾护航等。如第3期研习汇围绕“新时代 新赋能”，通过介绍人工智能党建工作理念和服务功能，使党员了解“双向赋能、协同创新”的人工智能党建模式、“四个服务”机制。第6期研习汇围绕“新时代 汇助力”，聚焦人工智能、生命健康、科技金融等重点产业研讨，党员干部意识到，要争当“金牌店小二”，为优化营商环境提供坚强组织保证。第13期研习汇围绕“新力量 汇初心 促发展”，“两新”党组织书记结合企业发展，畅谈上级党委和政府如何营造良好营商环境，加大对“两新”组织发展和“两新”党建工作的支持力度。

二是聚焦疫情防控。2020年3月31日的线上研习汇“致敬挺身而出的你”，是一场没有现场观众的开放式组织活动。活动现场视频连线奋战在武汉的上海援鄂医疗队队员、徐汇区派驻上海浦东国际机场的一线志愿者和社区工作者，以及国内首批新冠肺炎病毒核酸检测试剂盒研发生产企业负责人等，从不同角度聚焦身边人的战“疫”故事，引导广大党员对照初心使命，凝聚共抗疫情的强大力量。援鄂医疗队“把党组织建在病区”，引领全体医务人员坚定信心、坚守岗位，诠释“敬佑生命、救死扶伤、甘于奉献、大爱无疆”的精神；援鄂医疗队的小马感受到“中国力量”“中国速度”，在一线再次递交入党申请书。一线的“徐汇大白”们构筑起严密的工作防线，让入境者和城市流动者感受城市温度。上海的国企和民企第一时间承担重大责任担当。如上海捷诺生物科技公司工作人员研制出的新冠肺炎病毒核酸检测试剂盒，第一批写入国家卫健委工作指南。社区工作者形成“精准精细、联防联控、群防群治”防疫工作法，让居民感受到组织就在身边，更放心、更安心。

开放式组织生活让广大党员群众意识到，疫情防控中，你的心、我的心，连起来就是万众一心；你的力、我的力，聚起来就是千钧之力，抗疫情、促发展，需要所有人持续不断发力。

三是聚焦城市治理。2019年，习近平总书记考察上海时提出“人民城市人民建，人民城市为人民”。上海市委深入贯彻习近平总书记重要指示精神，对人民城市建设进行全面部署[1]。研习汇聚焦城市治理，汲取党员群众智慧，汇聚人民力量，助力城市建设和治理。第4期研习汇围绕“新时代　新发展”主题，就“城市运行一网统管”，讨论如何助力超大城市治理，运用智能化、信息化手段，赋能传统管理方式，变“被动发现”为“主动发现”，再到“自动发现”。第8期研习汇围绕“建设人民城市　打造卓越水岸”开展交流。为了解决滨江治理难题，徐汇区委在成立滨江建设者之家的基础上，遵循“城市共建、人民共享”的路径，全力推进“水岸汇”公共服务站点建设，努力构建“徐汇滨江党群服务带”，探索将党群服务、志愿服务、便民服务融合。第9期研习汇围绕“建设人民城市　共享美好生活”，聚焦“人人都能享有品质生活”“人人都能有序参与治理”“人人都能切实感受城市温度”，用绣花般的细心、耐心和卓越心，推进城区精细化治理。

四是聚焦党史学习教育。第7期研习汇聚焦“学四史　作表率　促发展”，从历史中汲取精神力量，学习经验智慧，坚守人民立场，“星火汇聚　点亮初心”徐汇区“四史”学习教育百个实践点正式发布，并在腾讯地图同步上线。第11期研习汇聚焦“百年寻路中国梦”，充分显现上海作为党的诞生地和初心始发地的历史荣光，以及城市建设治理、打响疫情防控阻击战、攀登科技高峰的生动实践。第12期研习汇聚焦“百年大党再奋进”，引导党员群众深入学习贯彻习近平总书记在庆祝中国共产党成立100周年大会上的重要讲话精神，激发广大党员投身徐汇建设的热情。

党史学习教育最终要做到学史力行，研习汇注重把党史学习与解决人民群众急难愁盼的民生实事结合。社区是城市治理“最后一公里”。第10期研习汇邀请街道党工委书记，换届后的居民区新任“小巷总理”、专家学者等，围绕“我为群众办实事”，聚焦“办好民生实事就是真正以人民为中心”“有幸福感的美好生活就应该充满烟火气、人情味”“党建跟人走，人在哪里，覆盖就推进到哪里”等，广大党员意识到，为人民办实事就是始终坚持人民至上，凝聚人心、汇聚力量，推动经济社会高质量发展，“实”字当头，答好“民生答卷”。

（三）**活动方案：翔实科学**

研习汇活动方案包括活动主题、时间、地点、拟邀请的主持人、嘉宾和点评老师、活动脚本、可能遇到的问题，包括嘉宾缺席的预案等。主持人不仅要有丰富的社会阅历，较强的语言驾驭、控场、引导等专业能力，而且主持风格要活泼大方，思路要敏捷流畅，同时还要具备较强的政治意识、政治站位。每次活动邀请的嘉宾来自方方面面，覆盖各行各业，但都与主题相关，一般每期邀请嘉宾3～6人。第6期研习汇邀请3组嘉宾，聚焦科技、商业、医药等重点产业对应的区科委、发展改革委、商务委负责人以及区龙头企业负责人、辖区街道党工委书记等嘉宾，力邀政府代表与企业代表展开对话，现场解决优化营商环境中的问题，落实党建引领助推优化营商环境的具体措施。

（四）**选择地点：构建场景化空间**

活动地点的选择要与研讨主题相关，借助音视频、图文、AI、AR等多媒体技术，以研讨、以问促思等方式呈现出内容丰富、形式活泼的组织生活，构建一个能让受众沉浸于其中的场景化空间。如第3期研习汇把活动办到了重点企业集聚、创新创业能量活跃的AI党群服务站，全天候开放共享的新空间、人工智能助手“徐小初”等，既为活动增添了智能元素，也创建了浸润式学习方式。第7期研习汇放在龙华烈士陵园举办，党员们在嘉宾讲述的党史故事中，走近“碧血丹心为人民，镂骨铭心不敢忘”的龙华英烈，走进科学家钱学森的航天岁月中，沉浸于“听得懂”“看得见”的党史课，深入思考现实问题和未来工作。

（五）**研讨交流：现场对话＋线上直播**

互动式研讨交流充分利用新媒介、新的传播手段，不仅蕴含更多的现代科技元素，覆盖更多党员群体，增强组织生活吸引力、影响力，推动党的创新理论走进基层，而且让党员从接地气的本土教材、从身边事中，看到了徐汇区、上海市、新中国70多年来的经济社会发展成就，尤其是改革开放以来城市换新颜、生活大变样的中国特色社会主义的现实。第12期研习汇聚焦“百年大党再奋进”主题，近10万名党员群众线上观看了直播节目。

三、研习汇开放式组织生活的路径分析

研习汇开放式组织生活是开展党的主题学习教育的创新举措，最大化汇集党员、汇聚资源、汇通思想、汇聚力量。

（一）汇集党员，突出党员主体性

研习汇重视党员的实际需求，线上线下同步开放党建资源。内容上结合党员的思想困惑和需求，突破时空界限；活动过程由灌输注入式改为互动参与式，注重营造轻松活泼的活动氛围，突破基层党组织边界，实现不同党组织之间的同频展示，党员之间、党群之间的互动交流。研习汇平均每期在线人数有近9万人次，并通过“党建汇”App的“党课天天学”小程序，在线循环播放。如研习汇的“新时代　担使命”主题活动吸引了5 000多名网友线上留言，有网友说“这种形式非常新颖，非常活跃，受益面广”，也有网友说“自己是个党员，做任何事、说任何话都要以党员的标准来衡量自己”。

（二）汇聚资源，突出活动开放性

研习汇是由徐汇区委组织部有机整合党建资源开展的开放式组织生活，平台高、规模大、内容实、质量优、影响广。

一是汇聚组织资源。研习汇打破了党组织隶属和管理上的条块分割困境，参与的党员既有体制内党员，也有“两新”组织党员，既有政府职能部门条线负责人，也有街道党工委负责人、社区党组织负责人及区域单位负责人和党员。活动地点一般选择街道党群服务中心、楼宇党建服务站等，有效促进区域内党组织之间、党员之间的互联互动、资源整合、功能互补，发挥党的影响力和领导力。

二是汇聚社会资源。从宏观层面合理规划党的组织生活，聚焦基层党组织、基层治理以及人民群众关心的热点难点问题，进一步明确基层党建的方向和具体措施。如徐汇区建立了徐汇区滨江党群服务中心、天平街道

66梧桐院、AI人工智能党群服务站、滨江建设者之家、邻里汇党建服务站等，从区级、街道到区域单位、“两新”组织、居民区等，实现党群服务活动场地、各类党员全覆盖。研习汇从主题设计到内容选择，从活动流程到邀请嘉宾等，涵盖方方面面，汇聚社会人力资源，为区域经济社会发展出谋划策，群策群力。

三是汇聚文化资源和科技资源。有效汇聚文化名家、志愿者、科技从业者和专家等，让党员群众感受区域文化资源优势和科技元素，学习党的理论、重温党史、锤炼党性，让党员教育更有力度、更具温度。第3期研习汇吸引了“两新”组织党员的参与，大家围绕人工智能赋能基层治理等主题踊跃互动交流，有人认为“AI党群服务站可以让更多党员感受AI前沿技术”，有人认为“将物理世界与数字世界连接，形成融合共享的平台”，有人认为“AI党群服务站是一个公共空间，需要运营者有更加开放的思维，主动链接各类党员群众，哪怕让他们在这里停留3分钟，公共空间的价值就会不断发生化学反应……”

（三）汇通思想，突出理念共鸣性

研习汇紧紧抓住基层党组织建设、城市建设治理、社区治理、为群众办实事等问题开展研讨，党员在这里就相关问题深入讨论交流，在理念上形成共鸣，在思想上达成共识。

如关于初心使命，就是要“立足徐汇、服务徐汇、贡献徐汇”，为建设“典范城区、卓越徐汇”做贡献。初心使命是秉持创业初心，继续奋斗拼搏，是开展政务服务改革，为市民和企业解决操心事、烦心事、揪心事，是关键时刻站出来，见诸工作点滴。

关于城市建设和治理，就是遵循“城市共建、人民共享”路径，践行“人民城市”重要理念，让城市不仅成为市民的家，也成为城市建设者的家，“人民城市，共建是根本动力，共治是重要方式，共享是最终目的，城市建设是一场永不停歇的接力赛”。

关于社区治理，大家认为“幸福感体现在居民微小生活愿望的达成中，坚持党建引领，强化多元参与，才能不断完善社区治理格局”。

关于疫情防控，是践行初心使命的试金石。哪里有党旗，哪里就有战斗的堡垒；哪里有需要，哪里就有党员的身影；抗疫情、促发展，需要徐汇人持续不断发力。

关于党史学习，百年来，中国共产党带领中国人民，创造了一个又一个人间奇迹。我们学习党史，学习习近平总书记在庆祝中国共产党成立100周年大会上的重要讲话，就是要总结历史经验，汲取中国共产党伟大建党精神，汲取新征程再出发的智慧和奋进力量，实现中华民族第二个百年奋斗目标。

（四）汇聚力量，突出多元参与性

研习汇是汇聚各方力量的学习研讨平台，多元力量在这里互学互鉴，致力于把学习成效转化为推进工作的能力本领和实际行动。

多元力量聚焦城市精细化治理，为用好政府服务“一网通办”、城市运行“一网统管”两张网各自出招。城市管理者认为要运用智能化、信息化手段“治未病”。市场管理者认为“网”的意义在于通过线索发现、任务派发、事项处理、结果反馈等，引导一般企业加强自律。民政工作者认为“一网统管”在于实现双向互动，整合部门资源、强化大数据智能分析应用，回应千差万别的民生需求，保障基本民生，落实品质民生。政法工作者认为要围绕智能社区建设提升小区安全感、场景深度应用，用好“两张网”，保障城区安全，提升居民安全感。多元力量为“两张网”出招，徐汇“一云汇数据”“一屏观天下”“一网治全城”“一人通全岗”的新格局逐步成为现实。

多元力量聚焦城市建设、民生难题等，共同探讨如何用绣花般的细心、耐心和卓越心，推动城市美好愿景变为现实，使人民共享美好生活。参与徐汇滨江建设的各条线、各部门、不同企业的党员代表，围绕人民城市美好愿景，共同展望卓越水岸新生活。大家认为城市管理要精准对接人民群众的生活需求。基层党组织要发挥战斗堡垒作用，牵手各方资源，通过党建引领、群团参与、民主协商、自治共治、社会参与等举措，探索治理新路径，敢啃硬骨头。

多元力量聚焦凝聚营商合力、优化营商环境等难题，围绕“人工智能产业营商服务与园区党建”“生命健康产业营商服务与楼宇党建”“科技金融产业营商服务与商圈党建”等交流研讨。在活动中，人工智能党建联盟推出22个工作项目，如“科创e空间”提供信息分享、专业对接等平台服务，“企业直通车”为企业发展提供专业服务，“人才汇聚厅”为人工智能领域内专业人才、特殊人才提供跟踪服务，“共享服务站”提供党群服务，“智慧增能器”探索人工智能应用场景等。区司法局、律师行业代表为党员解读就业形势和相关政策，将政策转化为企业和区域经济发展的动力。区人社局现场开展“稳就业补贴服务咨询”活动，打通政府政策的传递壁垒。

总之，研习汇汇聚政府职能部门、区域单位、社会组织、非公企业等管理者力量，汇聚专家学者、各行各业先进典型和代表，汇聚各层级党支部书记、党员代表等，研讨交流、各尽所能出谋划策。

参考文献

[1] 中共上海市委理论学习中心组.奋力创造新时代上海发展新成就[N].光明日报，2021-05-21.

党建引领城市基层治理视阈下“组际交流”的现实困境与路径思考

章　慧　中共上海市徐汇区委党校

城市基层党组织间的交流互动是深化党建引领城市基层治理的必然要求。习近平总书记指出：“基层党组织是贯彻落实党中央决策部署的‘最后一公里’，不能出现‘断头路’，要坚持大抓基层的鲜明导向，持续整顿软弱涣散基层党组织，有效实现党的组织和党的工作全覆盖，抓紧补齐基层党组织领导基层治理的各种短板，把各领域基层党组织建设成为实现党的领导的坚强战斗堡垒。”当前，愈加复杂的城市治理形势、加速转型的城市化进程，对基层党组织提出了更大挑战和更高要求，必须要进一步提高基层党组织在引领和治理方面的能力和水平。加强基层党组织间的交流、对话，在良性互动中整合资源、共享智慧、查缺补漏、补齐短板，形成强有力的城市基层党建，是深化党建引领城市基层治理的一项重要课题。

一、“组际交流”的基本内涵与特征

组际交流，顾名思义是指组织之间的交流与对话。党建引领城市基层治理视阈下的组际交流，主要是指在一定区域范围内，基层党组织聚焦党建引领城市基层治理，开展的一系列交流、对话的总和。换言之，组际交流即党建引领城市基层治理视阈下，基层党组织间交流、对话的简称。

“基层党组织是城市基层党建的有机载体，更是基层治理的亮点和特色。”[1]加强基层党建，是提升基层党组织治理能力和水平的基本内容。基层党建的内容包括政治建设、思想建设、组织建设、作风建设、纪律建设和制度建设等。目前，学术界和实务部门通常更多地强调要通过健全基层组织、优化组织设置、理顺隶属关系、扩大党的组织覆盖和工作覆盖等方面来深化党建引领城市基层治理，而忽略了基层党组织间具有针对性、实践性、操作性的交流、对话的重要性。

作为城市基层治理过程中基层党建的重要内容，组际交流具有四大基本属性：一是主体特征。组际交流是指基层党组织间的联系和互动。二是范围特征。组际交流的行为双方可以是同一个区域、同一个行业、同一个单位、同一级别的，也可以属于不同区域、不同行业、不同单位、不同级别的。总体而言，可以从内部、外部两个维度来理解组际交流，判断标准为是否跨区域、跨行业、跨单位、跨级别。三是目的特征。组际交流是提升基层党组织治理能力和水平的一种渠道、手段，其本身并非目的。因此，组际交流的内容是明确的，即聚焦城市基层治理过程中的现象、问题、举措和经验等进行探讨、对话和分享。四是过程特征。组际交流是一种动态的行为现象，既包括交流活动本身，也包括交流过程、交流结果。本文所涉的“组际交流”，是指不同区域的基层党组织间的交流互动。

二、“组际交流”是党建引领城市基层治理的题中应有之义

城市高质量发展，离不开高质量的城市基层党建。作为贯彻落实党中央决策部署的“最后一公里”，基层党建直接关系到城市基层治理效能。实际上，加强基层党组织间的交流互动，形成强有力的城市基层党建，是推动城市基层治理精细化的重要手段。

一是组际交流推动基层党建提质增效。党的力量来自组织，组织能使党的力量倍增。党组织是否有力量关键在于组织体系是否有力量。早在2007年，时任上海市委书记的习近平同志对上海市的基层党建工作提出要求时就前瞻性地指出：“要通过构建单位党建、区域党建、行业党建互联、互补、互动的基层党建工作新格局，使党的工作覆盖经济社会发展的所有领域。”[2]作为区域化党建的基本内容，加强基层党组织间的交流互动，能够有效促进基层党建的高质量发展。

二是组际交流提升城市治理的效能。在强调基层党组织参与城市基层治理的过程中，除了要处理好基层党组织与各基层治理主体之间的关系外，还必须处理好城市基层党组织间的关系，推动基层组织间的良性互动。实际上，城市基层党组织间的交流、对话，有助于打通组织交流边界，促进资源整合、经验交流、互学互鉴。

三是加强党际交流有效深化党建引领城市基层治理。习近平总书记指出，"要把加强基层党的建设、巩固党的执政基础作为贯穿社会治理和基层建设的一条红线"，"必须把抓基层打基础作为长远之计和固本之策，丝毫不能放松"[3]。在将基层党建、基层治理两个理念相互融合的过程中，提升基层党组织自身的专业化程度，固然是实现党建引领城市基层治理的重要条件，但多元开放的、流动的社会中存在着很多不确定性因素。因此，基层党组织还需要通过加强交流互动，查缺补漏，取长补短，互学互鉴。总之，加强基层党组织间的交流互动，不仅是发展基层党建的重要内容，还是深化党建引领城市基层治理的内在要求。

三、党建引领城市基层治理视阈下"组际交流"的现实困境

在党建引领城市基层治理中，基层党组织间的交流互动十分必要。但辩证地看，在党建引领城市基层治理的视阈下，基层党组织间进行交流互动，在交流诉求、交流结构、交流平台、交流机制等方面还面临着一些亟待破解的现实困境，具体表现如下：

一是在交流诉求上存在认识偏差的问题。组际交流的直接目的在于，通过交流、对话与分享，找差距、查问题、补短板，提升基层党组织自身的治理能力；同时，通过集思广益、互学互鉴，为党建引领城市基层治理提供集体智慧。但传统的基层党组织间的交流，更多地属于单位内部的常规活动。其结果是，基层党组织往往只专注于本区域、本行业、本单位、本层级的治理问题和现象。这在一定程度上形成了党建浮于治理表面，党建与治理"两张皮"现象[4]。

二是在交流结构上存在"纵向重、横向轻"的问题。从交流结构上看，

基层党组织交流,有同一单位内的党组织交流,也有非同一单位党组织间的交流;有纵向的上下级党组织间的交流,也有横向的同级党组织交流。在区域化党建的视阈下,党建要实现街道社区党建、单位党建、行业党建和各领域党建工作的互联互动,形成纵横交错的参与格局,即"从纵向看,参与单位有区委、街道党工委、居民区党委;从横向看,参与单位也同时包括了地方党委、驻区单位和'两新'组织等"[5]。然而,在实践工作中,一方面,纵向的党组织间的交流较多。组际交流往往蕴含着"上级与下级"之间的"领导与被领导""安排与被安排",交流结果则成了布置工作、安排任务。另一方面,横向的党组织交流较少,尤其是同级基层党组织间的交流互动不够。在"纵向重、横向轻"的交流结构下,组际交流不能很好地整合基层党组织间的资源,不能充分发挥出为基层党组织参与城市基层治理铺桥搭路的功能和作用。

三是在交流平台上存在平台欠缺的问题。组际交流离不开交流平台的载体支撑。在城市治理过程中,不断提高基层党组织在组织和工作上的覆盖,是基层党组织建设的重要内容。目前,各地区在线上、线下搭建了各种形式的党建平台。尽管党建引领的作用越来越突出,但是同类型组织、同级别党组织间交流互动的平台较少,尤其是具有针对性的组际交流平台较为欠缺。交流平台的欠缺直接导致交流便利性较低,从而降低了基层党组织开展交流互动的可操作性。

四是在交流制度上存在机制缺失的问题。交流机制是保障基层党组织间开展常态化、稳定性交流互动的重要保障,也是衡量党建引领与城市基层治理规范化、可持续的重要标准。当前,为深化党建引领城市基层治理而创设的制度较少,这导致各个基层党组织多聚焦在各自领域内"摸着石头过河",而摸索出来的成功做法、有益经验又没有被及时推广。总体而言,交流机制的缺失,降低了治理效率,增加了基层治理成本。另外,在基层党组织的交流互动过程中,前瞻性的治理理念、治理举措在被交流、分享之后,出现"被抢先一步"取得治理成效和宣传报道的利益问题,也需要靠合理的利益协调机制来规范。

四、党建引领城市基层治理视阈下“组际交流”的路径思考

针对党建引领城市基层治理视阈下组际交流在交流诉求、交流结构、交流平台和交流制度上的现实困境，为打通基层党组织交流互动的现实梗阻，要建立一个宗旨明确、结构合理、载体丰富、机制完善的组际交流体系。

一是明确宗旨，达成交流诉求共识，营造良性的互动氛围。明确的交流诉求，能够为组际交流实践提供思想指导。针对当前对交流诉求的认知偏差，必须要纠正将开展组际交流视为完成行政工作的错误定位，明确组际交流的价值诉求，从而提高相关党组织开展交流互动的积极性和参与度。具体来说，在交流诉求上，基层党组织要明确组际交流的直接目的在于，将各基层党组织的“摸着石头过河”转化为基层党组织间的查缺补漏、取长补短、集思广益、互学互鉴；深层目的在于不断提升基层党建、基层治理的能力和水平，在引领基层党建高质量发展进程中不断满足人民对美好生活的向往。

二是完善结构，打造“纵向重、横向重”的均衡型交流结构。全方位加强沟通交流，是区域化党建的重要建设目标之一。相较于同一区域、同一行业、同一单位内部的上下级党组织间的交流互动，横向的同级基层党组织之间的交流、对话，更具有针对性、现实性、可操作性。因此，要在重纵向交流的基础上，强化基层党组织间的横向交流，构建一个上下联动、左右互动的全方位交流格局。

三是搭建平台，建立和完善基层党组织各种表达性、互动性渠道。促进基层党组织间的交流互动，不能停留于表面的口号，而要搭建平台来提供有效的载体和真正的便利。首先，充分利用现有区域化党建中的交流渠道、平台与机会，将基层党组织尤其是同级基层党组织的交流互动内化为区域化党建的基本内容。其次，搭建专业化的交流平台。针对交流议题，如治理问题的具体内容，抑或思想、举措和经验等方面，搭建具有针对性的交流平台。最后，搭建差别化的交流平台。针对交流主体的差异，涉及区

域、行业、单位、层级，抑或治理水平和治理能力，搭建匹配性更高的交流平台。值得注意的是，考虑城市基层治理的复杂性、多变性，应充分利用互联网技术，搭建线上交流平台，形成线上、线下互为补充的交流平台。同时，在搭建平台的基础上，探索功能明确、主体清晰、运行畅通的交流渠道，不断提高组际交流的效率。

四是创设机制，推动组际交流的制度化、规范化运行。理想层面的交流机制应该是全方位、多层次的，涉及多个层面，如动员机制、保障机制、运行机制等。首先，建立动员机制。通过开展宣传教育、实践指导，动员广大基层党组织积极开展交流互动，主动探索组际交流渠道。其次，建立保障机制。通过制度建设，为组际交流工作的常态化开展提供基本的场地保障、资金保障和服务保障等。最后，建立运行机制。运行机制形式多样，包括正式的运行机制、非正式的运行机制以及常规性的交流机制、专题性的交流机制。其中，正式的运行机制保证组际交流的常态化和稳定性，非正式的运行机制保证适应治理问题的复杂性和多变性；常规性的交流机制，确保组际交流的常态化和规范化，专题性的交流机制对应的是组际交流的针对性和具体性。

不可忽略的是，由于党建引领城市基层治理视阈下组际交流具有较强的现实性，也容易在交流结果上出现“搭便车”的集体行动困境。因此，加强组际交流需要处理好几对关系：“理论”与“实践”的关系，“交流”与“输出”的关系，“对话”与“指示”的关系，“互学互鉴”与“照搬照抄”的关系，等等。

参考文献

[1] 沈建波.基层党建引领城市治理现代化的探索与实践[J].新视野，2021(1)：80-85.

[2] 中国共产党新闻网.实现党建引领城市基层治理[EB/OL].(2019-03-18)[2021-09-18]. http://dangjian.people.com.cn/n1/2019/0318/c117092-30980226.html.

[3] 中共中央文献研究室.习近平关于社会主义社会建设论述摘编[M].北京：中央文献出版社，2017.
[4] 邹东升.党建引领基层社会治理：探索、短板与完善[J].国家治理，2019（38）：31-37.
[5] 刘笑言.党治社会：区域化党建过程中的内卷化倾向研究[J].社会科学，2020（6）：46-57.

党建引擎激活老旧小区治理改造的三种力量

——以徐汇乐山为例

刘　娜　中共上海市徐汇区委党校

乐山片区位于经济和人文环境共繁荣的上海中心城区徐汇，长期积累形成的问题以及现实的客观环境，使其成为“一边是高楼大厦，一边是脏乱差的棚户区”的典型治理代表，同时乐山片区最为突出的治理切口是公共资源投入问题。

通过对乐山治理实践的梳理总结，形成以党建为引擎、激活乐山治理的“汇党力”“汇民力”“汇治力”三种力量的有效治理思路和治理方法，建议应将理论实质和实践经验整合并推广，使其得到更全面、更深程度的实践，为更好地解决基层治理难题贡献徐汇的力量。

一、治理力量关键——汇党力，以新时代党建思想为指导

提高党的领导水平，突出强国必先强党的意识，坚定办好中国的事情，关键在党的理念深入治理实践。以党建为引擎，激活各部门的系统协调机制和热情，如区域单位协同联手等，凸显其汇聚党的力量的重要性。

其一，处理好治理规划和治理落实的关系。在治理实践中形成“久久为功，功臣不必在我”的党领导下的干实一切工作的精神和力量。习近平总书记指出：“要真正做到一张好的蓝图一干到底，切实干出成效来。我们要有钉钉子的精神，钉钉子往往不是一锤子就能钉好的，而是要一锤一锤接着敲，直到把钉子钉实钉牢，钉牢一颗再钉下一颗，不断钉下去，必然大有成效。”[1]乐山地区党建引领一体化治理是协调一切资源的坚实力量，在此基础上要在实践中将力量落实到一切群众待解决的问题中，分层次、

分阶段地解决问题。

其二，处理好治理理念与科学方法的关系。将破除治理难题的“滴水穿石”精神与科学的实际方法结合，完成好人民群众盼望的事。“一张好的蓝图，只要是科学的、切合实际的、符合人民愿望的，大家就要一茬一茬接着干，干出来的都是实绩，广大干部群众都会看在眼里、记在心里。”[2]

二、治理力量核心——汇民力，以新时代人民为中心的发展思想为指导

党的力量来源于人民。在推进基层治理的过程中更要把握好、用好、珍惜好人民的力量，注重“汇党力”和“汇民力”的统一作用关系。梳理时长5分24秒关于乐山治理的央视新闻以及987字的央视新闻稿，“民”“百姓”“群众”等词语被提及19次，凸显乐山在治理实践中以人民为中心的“先服务、后治理”的理念。

其一，遵循人民是共产党坚实根基的价值主线。不管治理中遇到多大难题，要有为了人民越是艰险越向前的担当态度。习近平总书记指出：“人民是我们力量的源泉。只要与人民同甘共苦，与人民团结奋斗，就没有克服不了的困难，就没有完成不了的任务。”[3]在乐山地区，居委会变“邻里小汇”，增加了群众的公共生活空间，让居委会首先成为“为民让位”的代表；推行“服务型居委”，让居委干部真正沉下去走家串户，当好“楼层大管家”，联系群众、了解民生，起到了“连心桥”“贴心人”的作用。

其二，遵循群众路线的根本工作方法。治理中要大力弘扬密切联系群众的优良作风。“密切联系群众的一个重要方面，就是大兴调查研究之风。”“领导干部要深入基层一线，增强同人民群众的感情，学会做群众工作的方法，从基层实践找到解决问题的金钥匙。”[4]在乐山治理的实践中，从动员街道全体干部深入群众开展大调研活动，到与群众进行深入的情感交流，都凸显了问计于民的重要性，实现了干部与群众心心相连、情感共鸣的目标。同时，党的干部用脚步丈量和感知基层困苦冷暖，既教育了街道干部，又增进了党群关系，更寻到了解决基层治理难题的“金钥匙”。

三、治理力量根本——汇治力，以新时代国家治理思想为指导

坚持“服务在前、治理在后”的治理原则。首先，把握人民和城市之间的关系，将人民性与城市性融合，汇聚民心、民意，践行并提升人民所期待的社会治理能力。其次，理顺“党力”“民力”“治力”之间的关系，明确治理力量的形成必以党的领导为核心，结合为人民服务的初心与重心，才可达成城市治理的顺心。最后，秉承“人民城市人民建，人民城市为人民”的理念，回应城市治理的目的是更好地为人民服务，开展一切治理工作，汇聚各方治理智慧与力量进行综合治理。治理中的“管治并重”“群治”“自治”“硬治理”等关键性方法，凸显乐山在治理实践中“服务在前、治理在后”的理念。

其一，衔接好聚焦“三感”的治理工作重点与做好群众工作的方法。秉承从群众中来、到群众中去的治理理念，坚持公共资源的投放要向棚户区倾斜的原则；完成好城市治理中的旧区改造。习近平总书记指出：“我们的城市不能一边是高楼大厦，一边是脏乱差的棚户区。目前我国棚户区改造任务还很艰巨。只要是有利于老百姓的事，我们就要努力去办，而且要千方百计办好。”“要始终把人民利益摆在至高无上的地位。尽力而为、量力而行。推动公共资源向基层延伸、向农村覆盖、向困难群体倾斜，着力解决人民群众关心的现实利益问题。”[5]以人民的获得感、幸福感、满足感作为检验群众工作的试金石，城市治理应牢牢把握住“三感”这个牛鼻子。

其二，统筹好从被动治理向主动参与“自治”“共治”的转化。联合各方力量压实推动在乐山地区拆违建的进度，改变居住环境，帮助符合条件的群众申请经济适用房，改善居住条件，并让群众自发成为社区志愿者，使小区变为城市品质提升的范本；从民需入手，以解决停车问题、加装电梯、扩展空间、修缮菜场、“物业沙龙”等为民办实事项目为突破口，从人们生活中的细微事入手，推进治理状况的改变。

四、形成可借鉴、可推广的经验建议

“汇党力”“汇民力”“汇治力”形成的治理力量，彰显出根本治理效能

的内核条件是“三力”的完整统一，进而形成了乐山治理的范本，因此在实践推广中建议从以下三方面入手。

第一，将党的思想力量、组织力量以及个人力量融合统一。以党建引擎激活治理系统，整合、联动一切可为民众服务的资源。坚持党对一切工作的领导，服务于人民，依靠于人民，在治理实践中回应党建引领以民为本的价值原则。特别是解决困难问题的工作，通过党建为引领，推进基层党建工作，党的各级干部应以责任、担当、创新的行动理念为抓手层层深入抓落实，解决人民群众的实际困难。改革开放推进城市治理的实践表明，党要服务于人民，同时党的自身建设以及党的自身能力的提高，都要依靠人民，因此在这个过程中，党既要引导人民，更要做人民群众的主心骨。

第二，干部走下去问计于民与人民自治力参与的融合统一。打通交流与实践的自上而下与自下而上的双向互通渠道，把握党和人民的关系、人民和城市之间的关系。乐山地区的治理成效体现了党和人民间“以心换心，换取真心”理念的重要性。从解决问题到联系情感的实践，表明了党的工作做到位，人民群众的心态、思维转换到位，从服务到治理的工作就能开展到位的治理推进关系。党来自人民，服务人民，在人民城市治理中，应对标人民对美好生活的愿景，为人民生活品质的进一步提升，让出更多的公共空间。同时，把握能使治理问题发生根本转变的内因与外因、顶层到基层的关系，从人民向往到改造落地、从人力服务到智能便捷，做到网格服务的精准管理，实现以小网格倾力大民生的作用。

第三，旧城改造治理的“硬骨头”，要靠服务的“温度”与“硬治理”有机融合，形成一体化治理格局。民生是服务的基础，即服务是啃下治理“硬骨头”的关键，实现在服务中引导群众，在发展中治理城市。以增强人民“获得感、幸福感、满足感”为解决治理难题的突破口，坚持人民是城市的主体，治理过程要“刚硬”与“温度”相结合。首先，城市治理的“硬骨头”“硬治理”都是硬力的表现，面对硬力，利用硬力，把握人民是城市主体，也是城市治理主体的关系，使人民的力量与党的力量一起形成攻坚克难的坚实力量；同时“硬”治理实践中应含有温度的一面，因为党为人民服务的初心是温暖的，人民群众的火热情怀是温暖的，而党与人民群众团结形成的力量又是坚硬的，因此在治理推进中要运用好软硬结合的力量，构建从“他治”“自治”“群治”到“一体化治理”的综合系统治理格局。

参考文献

[1] 习近平.习近平谈治国理政[M].北京：外文出版社，2014：400.
[2] 习近平.习近平谈治国理政[M].北京：外文出版社，2014：400.
[3] 习近平.习近平谈治国理政[M].北京：外文出版社，2014：410.
[4] 习近平.在中央和国家机关党的建设工作会议上的讲话[J].求是，2019(21)：4-13.
[5] 习近平.习近平谈治国理政：第三卷[M].北京：外文出版社，2020：343.

城市区域化党建的新探索

——以上海市黄浦滨江党建服务线为例

曹　晶　中共上海市黄浦区委党校

城市基层党建从来都是一项系统工程，既是厚植党的执政基础的重大部署，也是创新社会治理方式的战略抉择。相比于农村基层党建，相比于以往的街道社区党建，城市基层党建面广量大、点多线长，涉及区域、系统、条条、块块等多个方面，因此城市基层党建的内涵和外延也更加多元、更加丰富。

一、黄浦滨江党建的现实要求

2017年召开的上海市第十一次党代会，对加强上海城市基层党建工作做出了新的部署，强调要深入拓展区域化党建，推动驻区单位、辖区党员积极参与社区治理；深入推进城乡基层党的工作体制机制创新、组织设置创新、方式方法创新；完善全区域统筹、多方面联动、各领域融合的城市基层党建新格局。同年召开的全国城市基层党建工作经验交流会上，中央肯定了上海的一条重要经验，就是始终坚持党建与基层治理紧密结合，以党建贯穿基层治理、保障基层治理、引领基层治理。多年来，上海主动适应城市发展新形势、新要求，城市基层党的建设与这座快速发展的城市一样，朝着“组织有活力、党员起作用、群众得实惠”这个目标一路探索、接续向前。

黄浦滨江贯通后，原来不太突出的问题凸显出来了。例如，8.3公里的黄浦滨江沿线横跨4个街道的管辖范围，如何协调不同街道之间的关系，使它们共同为滨江建设做贡献，成为黄浦区委思考的重要课题。同时，黄浦滨江沿线有许多不同性质的驻区单位，人员流动性较大，群众的需求也多种多样。为了凝聚各方力量，优化服务功能，更好地满足当地群众、游客、驻区单位职工的不同需求，使黄浦滨江沿线成为环境优美、秩序井然、服务多元的区域，经过一段时间的实践，黄浦区在滨江物理空间贯通的基础上，以党建引领实现滨江沿线基层社会治理机制的联通，逐步探索出一种“党委领导、群团助力、地区统筹、社会参与”的滨江党建新模式。

二、黄浦滨江党建的主要做法

2017年10月，黄浦区召开滨江党建工作推进会，对深入推进黄浦滨江党建工作提出四点意见：一是突出共建共享的核心理念，形成联动效应；二是加快“三建”融合，打造特色亮点；三是发挥配套制度的保障作用，形成长效机制；四是聚焦基层社会治理创新，体现实际效果。此后，在驻区单位、区职能部门、街道社区、群众团体等多方力量的共同努力下，黄浦区积极推动滨江管理服务水平的提升，具体有以下几个方面的主要做法。

（一）理顺组织架构

1. 区级层面总揽全局，各职能部门密切配合

黄浦滨江党建在不增加机构和编制的前提下，由区委组织部牵头协调，区党建服务中心具体执行，依托黄浦区区域化党建联席会议各专委会承接不同项目。联席会议秘书处作为中枢信息交换处理平台，在各联席会议专委会和区滨江办、滨江沿线街道党工委之间建立信息通道，并做好滨江党建制度完善、项目设计等工作的联系、协调、服务和督办。黄浦区党建服务中心、滨江沿线各街道党建服务中心、各党群服务站点作为神经传导系统，承接秘书处相关工作要求，管理各类党员志愿者队伍，承办日常工作。区域化党建联席会议各支委会充分发挥各街道党工委党建龙头作用，实现党建资源“相邻互补、共同参与、集中配送”，将滨江党建由点到带及面覆盖至整个黄浦区。

2. 以属地管理为主，街道分片区各司其职

街道层面实行滨江区域各街道分片包干，发挥街道党建服务中心和滨江沿线党群服务站点的凝聚辐射作用，做好站点常态力量配备，整合区域党建资源，充实党员志愿者队伍，广泛发动社会力量共同参与滨江管理和

服务。滨江沿线党群服务站具体运作由沿江街道分别负责。与此同时，各街道还推出有自己特色的党建服务活动。如外滩街道党工委通过设立滨江党建议事厅，促进了滨江党建的民主协商和服务资源的共治共享；小东门街道党工委对接区域共建单位，在工程建设者和白领集中的园区设立滨江健康小屋，为党员群众提供健康检查和咨询服务；半淞园路街道党工委通过自治项目微创投对接会、滨江文化修身行等形式，推动滨江沿线居民区和驻区单位党组织资源整合、项目共建；五里桥街道党工委协调整合驻区单位党建资源在滨江沿线建立12个党性教育现场教学点，形成滨江党性教育彩带，使滨江成为社区党校又一教育培训阵地。经过半年多的探索，逐步形成滨江沿线党建引领，驻区单位、辖区党员、群团社会组织积极参与的自治共治、共建共享的社会治理新格局。

（二）完善服务布局

1. 以党建服务站为主要服务载体

科学规划沿江党群服务阵地，4个沿江街道结合现有滨江配套设施，灵活采取独立式、嵌入式、融合式等形态，科学规划设置8个滨江党建（群团）服务站点。按照每个站点0.5公里的服务半径形成相互衔接的总体布局，因地制宜地打造珠链式分布、属地化管理、标准化设置的滨江党建服务体系，推动服务力量、服务资源向滨江岸线拓展。各党群服务站点坚持问题导向和需求导向，充分依托外滩旅游服务中心、世博会博物馆、世博集团、江南造船集团、老码头创意产业园区等单位现有场地资源，突出党建工作展示、社会主义核心价值观宣传和便民服务功能，在标志、要求、功能统一的基础上，根据区域特点采取个性化、差异化方案，努力提升滨江党建工作服务与需求的匹配度，充分体现了区域资源整合的特点。

2. 整合各方资源进行党建联建

坚持属地管理为主，统筹协调全区10个街道两两结对，具体分别是外滩街道与南京东路街道、小东门街道与豫园街道、半淞园路街道与老西门街道、五里桥街道与打浦桥街道、瑞金二路街道与淮海中路街道结对，形成世界之窗、创意水岸、文博滨水、生活港湾、红色之源5个片区，实现5个片区党建资源“相邻互补、共同参与、集中配送”，进一步拓展服务内涵、丰富服务内容、提升服务质量。

（三）实施项目化推进

1. 以打造“三个滨江”为总体目标

一是组织专业力量调研，打造滨江区域公共交通微循环2.0版，打造安全滨江。二是发挥区域化党建城市建设专委会的作用，打造文明滨江。三是与符合资质、愿意开展公益服务的非公组织合作，打造温暖滨江。

2. 坚持开展“1+4+X”系列项目

围绕助推滨江共治和优化滨江服务，滨江党建工作坚持“1+4+X”项目化推进，即每年有区层面整体共治项目，每季度有片区轮值主题项目，平时有街道特色服务项目，积极推动滨江党员志愿者服务常态化、制度化。同时，对各片区街道党建资源和活动项目进行系统排摸和梳理，细化形成了28张任务清单，明确了牵头单位、责任单位和完成时间。通过开展滨江贯通工程系列主题党课，积极宣传滨江贯通重大工程建设和管理中党组织、党员的先进事迹，弘扬社会主义核心价值观。以组织联通、工作联手、上下联动、项目联合、党建联建为特色，坚持项目化推进，协调街道社区党组织与驻区单位党组织、辖区党员进行项目对接、双向认领。

（四）健全配套制度

为了保障黄浦滨江党建工作的良好运作，以及“1+4+X”系列项目的有效实施，黄浦区委组织部制定了下列相关配套措施。

1. 滨江党建定期会商制度

滨江党建工作会商制度，即区委组织部、相关部门和各街道建立常态化沟通机制，以项目化运作实现资源与需求的有效对接，并做好项目落地的督促指导。借助会商制度，还便于定期研究解决工作中出现的难点问题。区委组织部每年初结合滨江治理实际和服务需求，研究制订年度滨江党建工作计划；每季度召开滨江党建工作例会，通报和交流滨江党建工作情况，研究解决每个阶段工作中出现的难点问题，确定下阶段的工作目标和重点任务。

2. 滨江党群服务站点标准化、规范化制度

建立滨江党群服务站点标准化、规范化制度，突出党建工作展示、社会主义核心价值观宣传和便民服务功能，实现标志、要求、功能上的统一。滨江党群服务站点成为党的工作向滨江覆盖和拓展的重要场所，将观光旅游、休闲锻炼、服务群众作为重点。在功能上，突出党建工作展示、社会主义核心价值观宣传和便民服务功能，设置多媒体电子显示屏，设立便民服务箱，提供防暑用品、急救设施、饮水设备、便民工具等应急便捷服务，同时发挥社情民意收集功能，为相关部门改进管理服务提供可靠信息和有效建议。

3. 滨江党建活动安排轮值制度

根据区委组织部的统筹安排，各片区根据年度党建工作计划和自身工作实际采用轮值负责制共同安排滨江党建活动。方案制订前，每季度由轮值片区街道党工委共同会商提出活动初步方案，在广泛征求其他街道、驻区单位意见的基础上，形成最终方案。方案制订后，由轮值片区街道党工委负责具体落实，区委组织部协调全区党建资源做好配合工作，区党建服务中心对活动进行具体指导。

4. 滨江党员志愿者管理制度

建立滨江党员志愿者管理制度，区党建服务中心牵头成立滨江党员志愿者服务队，统筹协调驻区单位、“两新”组织、居民区、机关等机构的志愿者资源，指导滨江沿线各街道党建服务中心对志愿者实施分类管理，合理安排服务内容和人员，统一配发志愿者服装，在滨江地区积极开展平安守护、文明劝导、便民咨询、应急服务等志愿活动，助力滨江管理。

5. 滨江党建活动群团、社会组织参与制度

建立滨江党建活动群团、社会组织参与制度。以党建带群建促社建，在党建引领下充分发挥区总工会、团区委、区妇联等群团组织和各类社会组织在滨江基层治理中的积极作用，定期提供文化体育、法律援助、医疗咨询、消防宣传、科普和职工、妇女、青少年维权等服务。

6. 区域化党建单位门前责任制

建立区域化党建单位门前责任制，发挥区域化党建城市建设专委会工

作职能，结合黄浦区文明城区创建工作，根据专业管理和自治管理相结合的原则，由滨江沿线各街道牵头联系动员辖区内区域化党建成员单位，包干维护单位门前环境卫生、绿化保养、社会秩序，基本实现零设摊、零跨门、零堆物。

三、黄浦滨江党建的主要成效

黄浦滨江党建工作的有力推进，带动了基层党组织党建水平的整体提升，带动了滨江文脉传承，带动了社区管理水平的提高，带动了社区文明程度的提升。这种探索在加强基层党建的同时，以党建引领社会治理及其他各项工作的顺利开展，对于上海建设卓越的全球城市意义重大。

（一）充分体现了城市基层党建发展规律的基本要求

将党建工作的触角延伸到新贯通的黄浦滨江沿线，通过区域化党建平台汇聚动员滨江驻区单位、辖区党员积极参与滨江治理，建立全区域统筹、项目化推进的运作机制，实现了该区域组织优势、服务资源、服务功能的最大化。以滨江岸线党建联建为切入口，构筑滨江区域社会治理新格局，充分体现了上海市第十一次党代会提出的“全区域统筹、多方面联动、各领域融合”的理念。

（二）积极回应了当地群众的需求期盼

滨江地区既聚集着众多的商务楼宇、各类园区，又密布着大片的居住小区、里弄住宅，企业白领与社区居民、本地市民与外来游客相互交织，多样化、多元化的需求特征较为明显。黄浦滨江以党建为引领，顺应群众个性化、多样化的需求，统筹全区资源，进一步提高服务群众的针对性、精准性和实效性，不断增强人民群众的获得感。

（三）有力促进了滨江管理服务水平的提升

滨江党建通过打造“三建融合”重要平台，形成了自身的特色和亮点。其中，充分发挥区域化党建联席会议的作用，引导各领域党组织打破行政壁垒，通过分类整合、专业运作、项目推进，促进区域资源在滨江地区的精准有效配置。以党建引领、服务先行、优化管理、服务群众为目标，大力推进滨江党建工作，既拓展了党建引领社会治理的视域，又增强了党建引领社会治理的内涵和生命力。

四、黄浦滨江党建的重要经验

黄浦滨江党建通过区域化党建引领区域党组织、辖区党员积极参与，使区内沿江单位、各类党组织共同关注公共问题，主动参与滨江管理，汇聚各类群团组织、志愿者服务和社会化、专业化团队，提升黄浦滨江整体管理水平，让群众有更强的获得感。

（一）加强区域统筹，凝聚驻区单位党建合力

黄浦滨江党建突出共建共享的核心理念，形成联动效应。积极整合驻区单位各类资源和区域内各类服务力量，共同担负起加强滨江党的建设、创新滨江区域治理、优化滨江管理服务的责任，构建起党建引领下，职能部门、街道社区、驻区单位、群团和社会组织等主体共同参与的互联互动、共建共享的滨江治理新格局。

（二）吸纳社会组织，共同参与基层社会治理

当前，在城市基层治理中，面临许多难题，仅靠地方政府很难解决，因此适当地引入社会组织是一种比较不错的选择。黄浦滨江党建聚焦基层社会治理创新，积极探索党建引领滨江区域基层治理的有效途径，引入社会组织参与治理，也有了实际效果。

（三）引领自治共治，注重发挥当地群众力量

形势在变化，事业在发展，面对新情况、新任务、新要求，抓城市基层党建，一定要顺势而为，树立城市大党建理念，强化系统思维、开放意识和整体效应，坚持各领域统筹、多方面联动、全区域推进，努力走出一条新形势下做好基层党建工作的好路子。要始终以党建为引领，同时注重发挥当地群众的力量，增强驻区单位职工和社区群众的参与意识，只有这样才能不断加强他们建设好黄浦滨江的主人翁意识。黄浦区滨江党建突出问题导向和需求导向，以党建引领自治、共治、德治、法治，在解决问题中提升党组织的凝聚力和战斗力，增强市民群众的获得感和幸福感。

总之，黄浦滨江党建以区域化党建工作联席会议为依托，以深化街道党建服务中心规范化建设为契机，以滨江沿线党群服务站点建设为着力点，通过资源再整合、区域再联动、各类服务功能再拓展、党组织作用发挥再深化，将党的建设作为引领社会治理的强有力抓手。同时，把党员和各方面力量充分调动起来，依托区域化党建平台，积极推动滨江沿线社区党建、单位党建、行业党建互联互动、互利共赢，逐步形成滨江党建引领，驻区单位、辖区党员、群团社会组织积极参与的自治共治、共建共享的社会治理新格局，为把黄浦滨江打造成为世界级滨水公共开放空间的核心区凝聚智慧、贡献一定的力量。

党建引领共建共治共享的基层社会治理新探索

唐　珂　中共上海市金山区委党校

党的十九大报告明确提出“打造共建共治共享的社会治理格局。加强社会治理制度建设，提高社会治理社会化、法治化、智能化、专业化水平”[1]。2018年4月，上海市“创新社会治理加强基层建设”推进大会提出：“要在智能化上加快步伐，更好激发社会参与活力，不断增强基层队伍本领，全面构建既井然有序又充满活力的社会治理新格局。”社会治理社会化、法治化、智能化、专业化是社会治理水平现代化的基本内涵，也是社会治理水平的发展趋势。社会治理“四化”标准的提出，可以有效地提高社会治理“四化”水平，切实提升社会治理效能。

一、以多元主体为立足点，“以民为本”理念推动治理社会化

社会治理既要依靠党委和政府，又要坚持社会化的发展方向，有效整合政府部门、社会组织、基层党组织等治理主体参与社会治理的整体合力[2]。从基层实践看，充分发挥社区居民、社会组织在社会服务、社会治理中的参与、协同作用，社会治理会具有更广泛的社会基础。

1. 从党建到社建，延展区域化党组织触角

朱泾镇党委按照“便于资源共享、便于活动开展、便于管理服务”和“行业相近、地域相邻”的原则，实现党建组织架构扁平化，推动党建组织结构开放、重心下移、动力内化和过程互动，探索实行了“1+3+N”区域化党建组织架构。

一是抓方向，“我爱我家”共建目标强基石。钟楼居民区与区域共建

单位开展一系列“我爱我家”主题实践活动，把建设“美丽钟楼、活力钟楼”作为共同目标，发动所有共建单位党组织和党员，共同努力，促进和谐。

二是聚人心，“心联鑫”共建机制促引领。建立经常性联系沟通机制，成立了“心联鑫”区域党建机制，沟通协商确定开展联建共建的具体目标，推动区域党组织联建共建工作从临时性、随机性工作转变为经常性、长效性工作。

三是强发展，“线上线下”共建网络全覆盖。钟楼居民区党总支开拓了“互联网+区域党建+在职党员”的工作新思路，通过“线上线下”双向联动，开辟党建App——“爱的∞”（爱的无穷大）。“爱心送餐”公益活动自2014年实施以来，截至2021年3月，全镇274名党员志愿者共计送餐达84 250次。

2. 从工业化到品牌化，激发社会组织联动参与

一是组建“三社联动”，加强协同治理。这一举措旨在实现多元主体之间的横向联系，构建以社区、社会组织、专业社工为载体，推动多方共同参与的联动机制[3]。朱泾镇在创建文明城区宣传项目、“让爱回家”家庭暴力干预项目、运作路演评估讲座等社会治理方面发挥中心的枢纽性作用。2016年3月，朱泾镇社区生活服务中心获得了由上海市社团局颁发的规范化评估3A级社会公益组织荣誉称号，进一步促进规范化建设，构建完善的服务支持体系。

二是带动“公益联盟”，增强治理合力。朱泾镇把原本“单打独斗”的社会组织聚合成为有序发展的社区公益服务专业联盟，定期举行“公益心·公益行”，举办各类文艺演出、手工制作等活动。近两年，共开展各类公益活动96场次，服务约5 000人次。

三是引导“资本归巢”，提高治理能级。2015—2018年，朱泾镇生活服务中心由原来的3家社会组织增加到9家，主要在生活服务、慈善公益、文化活动方面提供服务。通过资源的开发与共享，引导机构注册成为社会组织，对有意向登记注册民非组织的团体，引导、协助其顺利通过注册，如小袋鼠、易卡迪等。

3. 从“为民”到“惠民”，压实政府体制改革

根据区委区政府的工作部署和具体要求，朱泾镇政府制定《朱泾镇分级分责化解信访矛盾解决群众合理诉求的工作制度》，进一步明确责任主体和工作方法。

一是“一岗双责”，压实领导责任。抓主体、抓化解、抓实效，真正落实“一岗双责”。2018年，朱泾镇党政主要领导两次牵头召开信访维稳专题会议，对三峡移民、五福广场等12项突出矛盾逐一进行分析梳理，敲定了解决方案，有效化解了一批重大疑难社会治理积案。

二是“分级分则”，压实主体责任。朱泾镇政府以“镇管社区”试点为契机，提出强化首办责任，结合电子走访与电子巡查系统，按照“三个一定”原则，在第一时间、第一地点把急难问题妥善处理好。其中，“六诊工作法”被中组部评为党的群众路线教育百佳案例之一。

三是“两个自下而上”，压实考核责任。“两个自下而上”机制，朱泾镇办公室每月对分级分责工作的进展情况进行内部通报，对工作推进不力的单位予以点名，对因推诿扯皮、工作落实不力的单位，追究相关单位主要领导责任。借助朱泾镇“美丽朱泾〇频道”的群众满意度评价，扩大群众满意度评价范围，推动政府工作改进。

二、以社会公正为出发点，多措并举推进治理法治化

“法治作为治国理政的基本方式，在推进国家治理体系和治理能力现代化中具有基础性地位和作用。”[4]法治是实现国家治理体系和治理能力现代化的重要依托，是社会治理的基础性保障。近年来，朱泾镇积极推进法治政府建设，修订完善政府议事规则，法治宣传深入推进，镇、村、埭三级公共法律服务网络不断完善。依法接受人大监督，积极接受舆论和社会监督，办理镇人大代表书面意见33件，与代表沟通率、书面答复率、办理态度满意率均达到100%。

1. 广泛开展宣传教育，营造依法治理的良好氛围

社会治理能力现代化的关键在于治理主体的能力和行为符合现代化

标准，必须强化治理主体的能力建设[5]。朱泾镇深入开展以新宪法学习宣传为重点的“七五”法治宣传教育。推进国防动员和后备力量建设，朱泾镇被区武装部评为2017年度征兵工作、军事训练工作先进单位。

一是围绕“四个一”，做到全民参与。社区开展一次面向基层群众的集中学法活动；悬挂至少一幅依法治理标语或法治名言警句；组建一支宣传队，进村入户开展宣讲；开展一次知识竞赛，提高法治建设知晓率，营造全民参与依法治理的良好氛围。

二是面向“三个主体”，做到全民测评。各单位结合实际开展工作，镇政府利用LED屏滚动展示依法治理标语、法治名言警句；中小学校通过书写黑板报宣传法律法规；社区通过组织普法宣传活动，动员居民参与依法治理。

三是落实“四张清单”，做到全民认可。进一步丰富“美丽朱泾〇频道”应用内容，实现使用零障碍、互动零距离、服务零缝隙、监督零负担。

2. 设立法治专项工作，提升平安治理的管理水平

一是专项侦查，摸排扫黑除恶势力。共摸排上报涉黑恶线索32条，先后确定对6条线索进行立案侦查，处理团伙成员11人，移送起诉3人、逮捕3人、刑拘1人、取保候审1人、行政拘留3人，形成对涉恶犯罪的强大震慑效应，打击了涉恶犯罪分子的嚣张气焰。

二是专项防控，减少电信诈骗发生率。2018年1—8月，在专项防控小组的排查下，朱泾镇成功处理电信诈骗55起，案件处理率同比增加41%；处理网络诈骗案件60起，案件处理率同比增加20%，涉案金额总计200余万元。

三是专项整治，强化“五违四必”环境治理。聚焦城中村区域，挂图作战、销项管理，深入实施“五违四必”环境综合整治，落实“按日计罚”“双罚制”等措施，对各类环境违法违规行为实行零容忍。压实各级河长制，强化水生态修复，全面消除劣五类河道。

3. 推进城市精细化管理，优化网格管理的治理效果

一是全面启用“一网一平台”。朱泾镇严格按照三年行动计划，深化

网格化管理，完善违法建筑早发现、早认定、早处置机制，加大联勤联动，确保新增违法建筑零增长，成功创建无违建先进镇。

二是全面落实“两网”进村入户、法律政策宣传网进村入户。按照“工作在‘网’上提速，服务在‘格’中提效”这一要求，组织各服务小组进村入户进行网上政策和法律宣传，引导农民合理上网，合法表达诉求。充分发挥各级网格员的作用，健全预防处置突发性的工作机制，对排查出的矛盾纠纷，登记造册，确保“小事不出网格，大事不出村，难事不出镇”。

三、以科技创新为驱动点，“互联网+”思维促进治理智能化

智能化是社会治理现代化的趋势，采用科学技术手段提升治理实践能力，扩大治理覆盖面，提高效率与质量，让社会治理过程更为科学、更加智慧[6]。近年来，朱泾镇运用“互联网+”智能化社会治理方式，探索建立扁平化管理体系，陆续推出“朱泾365热线”，开通“今日朱泾”微信公众号，上线“美丽朱泾”手机App、居委干部“电子走访”等应用，给居民带来了便捷，并且制定了“三张清单”，有效落实了“六诊工作法”，大大提高了智能化社会治理的针对性和实效性，受到广大群众的普遍欢迎。

1. 理念先行，在“互联网+”大数据中探路径

社区不仅是地域性共同体，更应是精神共同体[7]。

一是以电子登记方式更新社会治理机制。探索形成“两个自下而上”工作机制，实行在职党员“双报到、双报告”电子登记。成立社区发展“公益众筹”基金，通过多渠道筹资200多万元，有效动员社会力量参与，以项目化形式推进社区治理和服务。

二是“最后一公里”深化区域化党建新格局。截至2020年12月，有329名在职党员，12家共建单位，认领公益项目7个，智能化、信息化党建模式打通了党组织联系党员、服务群众的“最后一公里”，提升了基层党组织的凝聚力和战斗力。

三是“网格联动”助推社区治理网格化。进一步解决“看得见的无权管”与“有权管的看不见”的条块矛盾，逐步将社会治理的资源下沉至街

道、社区，以网格化和联动中心为载体探索形成了横向、纵向无缝治理的新格局。

2. 平台跟进，在移动智能化终端求便捷

一是电话网络平台让治理“零缝隙”。建立镇领导参与“12345”市民服务热线工单派发机制，有效提升案件实际解决率。据统计，2020年全年，“98365”热线和“12345”热线共派单1 130件，办结1 130件，解决率达100%，架起了干群沟通和交流的桥梁。

二是移动网络平台让信息覆盖“零空白”。开通“上海朱泾传播”微博，上线“美丽朱泾”手机App，包括答疑咨询、介绍政策、宣传朱泾动态等各类信息。自开播以来，已为居民解决实际问题900余件，答疑各类咨询540次，介绍朱泾各类政策、招聘信息1 000余条。

三是走访网络平台让沟通“零距离”。居委干部实行“电子走访”、村干部实行“宅基走访”、职能部门实行“电子巡查”。从2016年1月到2021年3月，已累计走访约6.6万户次，解决问题1 500多件，解决率超98%，做到对网格内“人、地、事、物”的全面了解。

3. 功能优化，在提升智慧能级上寻突破

一是社区“大喇叭”实现党建引领。“美丽朱泾〇频道”就像一个社区“大喇叭”，汇集了社区信息发布、会议活动直播等功能，可以更好地通过网络发挥基层党组织的宣传、教育、引导作用。二是“信息云海”实现便民化服务。“信息云海”作为“美丽朱泾〇频道”中的板块，包含更贴近民生的多方位信息，实现了敬老送餐的电视订餐，上传了《便民服务手册》等服务资讯。三是窗口“全透明”实现透明化承诺。“美丽朱泾〇频道”实现了村（居）务、党务、财务的“三务”公开，履行了“阳光政务”的承诺，进一步扩大老百姓的参与权、知情权、监督权，进一步促进了社区工作的公开、公平、公正。

四、以专业力量为支撑点，“三大特色”完善治理专业化

专业化是现代社会治理实践工作的重要因素。而提高社会治理专业

化水平，需要加强专业化人才队伍建设，提高综合运用专业化工作方法的能力，坚持专业化工作精神与态度，综合运用各种手段进行社会治理，开展社会服务[8]。近年来，朱泾镇探索出一条集社会公益、社工培育、技术项目为一体的，以专业力量、专业人才、专业技术为特色的社会治理专业化道路。

1. 以社会公益为特色理念，提高服务专业化水平

一是退伍老兵发挥余热，织就小区平安网。“老战士志愿服务队”是金来居委会的品牌队伍。自2013年成立以来，服务队始终奉行“用奉献创建和谐家园，用爱心铸就亮丽旗帜”，独创了“平安三声”工作法。服务队每年平均协助金来居民区处理案件30多起，先后荣获上海市老年志愿者服务优秀项目奖，老战士们也先后获评“上海市优秀志愿者”“金山区优秀志愿者”等荣誉称号。

二是爱心送餐志愿者，织就小区健康网。2014年，由来自全镇的220人组成的18支爱心送餐志愿者服务队始终风雨无阻，无私奉献，在周一至周五准时为70周岁以上老年人提供送餐服务，让老人们享受健康的饮食。该项目获得2016年度上海市“十大群众最喜爱的社区志愿服务项目”等多项荣誉称号。

三是巾帼女子义务巡逻队，织就小区综治网。2010年5月，12名热心于社区治理和志愿服务的退休妇女自发组建了一支义务巡逻队——巾帼女子义务巡逻队，她们建章立制，建立了“三明确”制度法，并荣获“金山区三八红旗集体”等称号。

2. 以社工培育为特色抓手，提高人才专业化水平

一是内生社区社工。朱泾镇在进一步加大财政投入的同时，提高拥有社工资格证的社区社工人员工资，鼓励其参加培训，开展“星星点灯”等活动。截至2021年3月，朱泾镇共培育145名社区社工，在社会治安、环境保护、垃圾分类等领域发挥积极作用。

二是培育机构社工。机构社工一般都在学校受过系统化的教育，专业理论性较强。朱泾镇社工服务站注重完善社工资格证考试制度，健全专业资格认证制度，为提高社工专业化水平提供制度支撑。

三是测评职业社工。朱泾镇通过社工职业标准的制定、薪酬管理、人才激励、社工素质四个方面统筹推进人才培养、评价、使用、激励的制度保障,仿照事业单位专业技术职称工资制度,探索多元化收入来源,提高社工福利待遇。

3. 以专业技术为特色项目,提升治理专业化水平

一是"电子走访+宅基走访",践行治理路线。朱泾镇依托信息联动平台,在居民区里开展电子走访工作,以楼为单位,在每幢楼设立二维码,社区工作者持GPS移动终端,对辖区楼道居民进行宅基走访,并实时录入文字和语音信息,及时反馈至联动中心。

二是"干部下楼",落实集体办公。民主村设立"综治(群众)工作服务站",为村民提供一站式综合服务。村委会干部为了方便村民咨询,把办公室由二楼搬到一楼办事大厅的入口处,平时可以相互监督,提高行政效率。

三是群众工作"六诊法",赢得群众认可,即热情"门诊"、用心"出诊"、定期"巡诊"、组织"会诊"、全力"急诊"、及时"转诊",积极应对、主动出击、控制事态,确保小事不出乡、大事不出镇,提高群众满意度。

参考文献

[1] 习近平.决胜全面建成小康社会　夺取新时代中国特色社会主义伟大胜利——在中国共产党第十九次全国代表大会上的报告[M].北京:人民出版社,2018.

[2] 魏崇辉,黄敏.走向精细化社会治理:基于史域、优势与路径的维度[J].领导科学,2016(23):19-21.

[3] 肖丽芬,王妮.正宁路社区"三社联动"探索中创新发展[J].社会与公益,2018(8):6-7.

[4] 贾利军.充分发挥法治在社会治理中的重要作用[N].学习时报,2017-07-24(3).

[5] 马建珍.社区治理能力现代化指标体系研究[J].中共南京市委党校学报,2016(6):86.

[6] 刘俊海.智能化提供新动能[N].人民日报,2017-11-01(19).
[7] 柯红波.走向和谐的“生活共同体”[M].杭州：浙江工商大学出版社,2013：23.
[8] 周汉华.专业化是必然要求[N].人民日报,2017-11-01(19).

楼宇党建零距离服务企业发展

郝云玲　中共上海市普陀区委党校

一、背景情况

2018年1月，普陀区委十届四次全会提出，要积极打造一流营商环境、一流服务环境和一流人才发展环境。2018年2月，普陀区长寿路街道党工委在全市首创"楼长制"工作举措，通过为每个商务楼宇（园区）配备楼长，建立了一套高效、便捷、顺畅的企业服务工作机制。2018年3月，普陀区委组织部召开楼长制工作推广会，面向全区10个街镇、103栋楼宇、24个园区全面推行楼长制。

楼长原指居民区楼里的楼组管理员，普陀区以服务企业需求为导向，以转变政府职能为核心，推出为商务楼宇企业排忧解难、提供服务的新楼长。普陀区的"楼长"并非"管理者"，而是为楼宇排忧解难、提供综合服务的"店小二""楼小二"。所谓楼长制，就是在党建引领下，面向全区楼宇和园区，建立由普陀区各街镇党政领导干部共同组成的楼长团队，深入一线各幢楼宇（园区），直接对接企业需求，通过统筹辖区内资源，实现"一口式"受理、"一条龙"对接，为企业提供"管家式"服务，积极探索党建、发展、管理、服务一体化推进的治理新模式，旨在进一步做实、做深"服务是普陀的第一资源"的金字招牌，全力打造一流营商环境、一流服务环境和一流人才发展环境的一项工作举措。每个商务楼宇（园区）至少配备"一长四员"，即楼长以及党建联络员、企业服务员、安全保障员、市场监督员，直接对接企业需求，为企业提供"管家式"服务。

自新冠肺炎疫情防控工作开展以来，普陀区委组织部进一步做实楼长制工作，助力企业复工复产。区委组织部牵头成立10个楼宇（园区）企业复工复产专项排查联络小组，会同全区180多个楼长团队，深入楼宇园区指导企业做好疫情防控，督促企业加强员工管理，协调解决企业复工复产中遇到的各种急难愁问题。

二、主要做法

（一）建立健全工作体系，保障企业复工复产

1. 健全工作体系，推进服务责任落地

一是建立"一长四员"工作格局。推动成立街道（镇）楼长制工作领导小组，由街道（镇）党政主要领导担任总楼长，街道（镇）党政班子领导担任楼长，街道（镇）科办、投促部门、派出所、市场监管所相关人员分别担任党建联络员、企业服务员、安全保障员、市场监督员，形成"总楼长牵头抓总、楼长责任包干、'四大员'联动协作"的工作格局，实现名单上墙、职责上墙、联系方式上墙，楼长团队每周至少赴楼宇（园区）走访1次。

二是明确楼长制工作职责定位。明确楼长团队全面推进楼宇党建各项工作，确保楼宇党建工作有形有效；全面加强对楼宇企业的服务，推广实施"租税联动"，推进《普陀区支持民营经济健康发展十二条措施》落地见效；明确楼长团队聚焦重点产业，促进优质资源与优质项目及时有效匹配，推进楼宇产业集聚和转型升级的基本任务。

三是探索个性化工作体系。根据不同地区楼宇（园区）特点，鼓励各地区在"一长四员"基础上升级现有体系架构，形成个性化方案。开展"一长五员""双楼长制""网格化楼长制"试点，探索增设"楼长办公室"，使楼长制的运作具有更强的针对性和可行性。

四是成立楼宇联合党委。优化楼宇党组织设置，在重点楼宇或标志性楼宇单独建立楼宇联合党委，实施楼长团队与楼宇联合党委班子成员双向进入、交叉任职，由楼长担任党委书记，班子成员由街镇、楼长团队、楼宇企业及相关驻区单位党组织相关人员组成。将所辖楼宇内的党支部纳入联合党委统一管理，组织楼宇内党员和党组织参与联合党委开展的活动，发挥党组织和党员作用。

三年多以来,普陀区楼长制工作不断深化推进。例如,长风新村街道推出“双楼长”;长征镇为“一长四员”起别名,为楼长团队塑造了生动的漫画形象,楼长叫“秦宽兴”(请宽心),市场监管员叫“易班李”(易办理),党建联络员叫“凌聚丽”(零距离),楼宇安全员叫“楚尹焕”(除隐患),招商服务专员叫“蔡广进”(财广进),这些做法为楼长制工作注入了新的活力。

2. 完善工作机制,推进服务措施落地

一是建立“闭环式”管理机制。加强对楼长制工作的过程管理,建立“联络走访—问题发现—协调解决—跟踪回访”闭环处置机制。制定楼长走访企业的规范程序,同步匹配《企业信息变动表》《问题需求登记表》等6项标准化记录表,推出“五步工作法”,形成“一楼一册”“一企一档”,做到对企业的诉求事事有回音、件件有落实。

二是建立“一体化”服务机制。强化部门协同,加强与市场监管、税务、公安、城管、应急等部门之间的联动,使这些与企业息息相关的职能部门的服务窗口通过楼长这一中枢前移,做到诉求“一口式”受理、问题“一条龙”对接、服务“一门式”引导;做好楼宇企业的源头和过程管理,定期通报楼长制服务党建工作、经济工作以及楼宇效能提升情况,推动楼宇内企业诉求的解决;强化区域协同,推动楼宇与楼宇,楼宇与社区、驻区单位、区域化党建单位之间的组织共建、信息共通、资源共享。

三是建立“组团式”服务机制。创新“党建+”工作模式,牵头成立“五色荟”服务联盟,整合党建、政务、群团服务资源,在楼宇党群服务站内开设“五色荟”服务窗口,“五色荟”联盟成员及楼长制团队固定每月组团推送“五色荟”服务,零距离服务楼宇企业和白领,实现在楼宇(园区)内的“一站通办”。

四是建立“可量化”评估机制。开发楼长制信息平台,推行楼长制工作积分管理,强化对楼长制工作的推动、评估和检验。平台有效整合区市场监管局的企业注册信息、区投促办的楼宇信息、区税务局的税收信息等,结合“一长四员”走访,实时更新数据,让企业情况更清晰、让工作过程有记录、让各方资源能整合、让工作评价有依据。

3. 丰富拓展工作载体，推进服务项目落地

一是建好"家门口"的服务阵地。充分发挥全区31个已建成楼宇（园区）党建服务站点的带动效应，聚焦亿元楼、地标楼宇等重点楼宇，大力推进楼宇（园区）党群服务站建设，打造"聚星港湾""长相荟""汇如益"等一批示范性站点，对不具备建站条件的楼宇，则通过临近的楼宇党群服务站工作辐射的方式实现站点联动。通过"一站多点"布局，全区103幢商务楼宇实现了楼长工作阵地全覆盖。

二是搭建楼宇企业发展功能性平台。建立健全楼宇企业联盟、商会、文化团队及各类公益性组织等载体，促进楼宇内企业与企业、党员与党员之间的互动交流，实现党建引领下的楼宇企业资源共享，优势互补、交流融合和联动发展；搭建起楼宇企业履行社会责任、参与区域建设的平台。

三是加强"智慧楼宇"信息平台建设。推动楼长制工作与现代化信息技术的深度融合，积极开展智慧楼宇建设，将党建服务信息、市场所注册企业信息、投促中心招商信息和公安监控信息一并纳入楼长制工作平台，打破部门间的数据壁垒。

四是建立"多元化"的党建联盟。建立楼宇（园区）物业党建联盟，发挥党组织的政治引领、服务凝聚功能，广泛联结楼宇（园区）产权方、物业方、企业方及党员、群众，获取第一手信息、追踪第一手动态、提供第一时间服务，推动服务、场地、信息资源与企业、白领需求的精准对接、有效落实。

（二）"楼小二"零距离服务，助力企业复工复产

1. 精准施策，顺利举办订货会

位于普陀区长寿路街道的上海沙驰服饰有限公司主要生产欧洲高端商务男装，以往企业每年的秋冬季新款订货会都在2月举办，因受疫情影响，2020年的订货会时间一推再推，造成整条服装产业链停滞。街道楼长团队得到消息之后主动上门对接，指导企业制定防疫手册和订货会防疫预案，签署订货会专属承诺书；针对企业防控物资筹集难，紧急调度区域内防疫物资，为企业送去消毒液、口罩、酒精、额温枪；针对参会人员餐饮住宿管理难，协调酒店统一安排住宿，并联系社区卫生服务中心，派出专业的

防疫指导员在订货会期间每天巡检企业会场和住宿房间。以上问题解决了,沙驰服饰的订货会顺利举办,由楼长居间联系,辖区内的古井假日酒店通过承接订货会,有效提高了疫情期间酒店的入住率。

2. 快速反应,及时落实隔离房

位于普陀区桃浦镇的索雷博光电科技有限公司、穆尔电子元器件有限公司,由于部分关键岗位员工没有在沪居家隔离的条件,无法按时上岗。桃浦镇楼长团队接到企业求助后的第一时间采取行动,一方面排摸园区附近的经济型酒店,与酒店负责人沟通落实符合隔离条件的房间;另一方面联系社区卫生中心对隔离房间进行消毒,联系防疫指导员上门为企业和隔离人员讲解防疫注意事项。从收到消息到落实隔离房间,只用了不到半天时间,楼长团队服务“加速度”跑出企业复工复产“加速度”。

3. 跨前协调,全程帮办复工手续

位于普陀区甘泉路街道的上海广慎控制系统工程有限公司实际办公地址在郊区,眼看时间一天天过去,公司迟迟未能通过复工申请。甘泉路街道楼长团队没有因企业不是实地经营而推脱自身责任,而是跨前一步伸出援手,通过各种渠道联系外区相关部门了解情况,又手把手地指导企业准备复工材料,协调当地为该企业加快办理复工手续。

4. 牵线对接,有效缓解资金压力

位于普陀区真如镇街道的上海东虹实业有限公司企业负责人表示,“一方面企业受到人员短缺、物流不畅、延迟复工等影响,收入大幅下降;另一方面企业还要照常支付人员工资、房屋租金等固定成本,亟需金融支持”。针对这种情况,楼长团队主动牵线搭桥,帮助上海东虹实业有限公司、上海开捷门窗住总有限公司、艺禾贸易(上海)有限公司等十余家企业与上海农商银行、工商银行、中国银行等辖区金融网点成功对接,制订“一企一策”信贷方案,助力企业复工复产。

(三)“楼小二”对接企业需求,加速企业复工复产

1. 在线云招聘,解决企业用工难

普陀区加强线上创业就业服务,依托“就业源”“创业汇”微信公众号发布招聘信息，涉及近百家企业、300余个岗位。受疫情影响，普陀区长征镇不少符合复工复产条件的企业出现了“用工难”的现象，企业负责人纷纷向所在楼宇园区的楼长团队寻求帮助。为帮助企业解决用工难问题，长征镇开展2020年“春分行动”在线云招聘，在社保和工会两个平台同时发布21家企业的200余个岗位招聘需求，对一些涉及生活保障的企业建立绿色通道，优先发布招聘信息。

2.“点对点”送餐，解决企业用餐难

随着企业陆续复工，每逢中午饭点，天地软件园会出现这样一幕：没有带饭的白领们，纷纷走向自家公司前台，领取自己的“团餐”。原来，长征镇在分批走访企业的过程中，了解到园区内部分复工企业存在员工用餐难问题，便及时协调并牵头天地软件园与百联中环对接，推出“点对点”送餐服务。同时，利用“智慧园区”系统，提升点餐的便利性。“点对点”送餐，既让园区员工吃得上放心餐，也为复工企业和复市商户架起了一座互利互惠的桥梁。

3. 多举措调配，解决企业防疫物资难

顺利复工复产的前提是守住“生命安全线”。疫情防控的特殊时期，防疫物资的补给保障是关键。在这场楼宇战“疫”的主战场里，街道既是复工复产的“守护人”，也是服务企业的“店小二”“楼小二”。为进一步推进复工复产，普陀区领导和宜川路街道党政领导班子成员分别带队走访辖区楼宇企业，深入了解当前企业发展面临的困难和需求，开展楼长制服务内容介绍，并为企业带去近期政府出台的一系列惠企政策。在楼长制的推动下，宜川路街道积极协调企业解决复工复产过程中遇到的各类问题。

三、经验启示

（一）“楼长制”搭建平台，促进楼宇内外多元主体良性互动

楼长制工作为党、政府、企业三者之间搭建了一座新的“柔性”对话之桥。“一长四员”直接联系、服务企业，在优化外部营商环境的同时，企业通过楼长团队直接报送信息、直接提出建议，政府职能部门通过楼长团队直

接宣传政策、直接解决问题，形成了党和政府与企业之间的良性联动。一方面，畅通企业利益诉求表达渠道，楼长们始终把服务作为助力企业发展的切入点，直接对话各家企业高管，了解企业的迫切需求和真实运营情况。另一方面，动员工商、税务、招商、物业、党群等部门积极作为，针对性地提供政策支持和帮助，整合、下沉各类资源，协同解决企业相关诉求。

（二）“楼长制”整合资源，创新城市基层党建工作模式

楼长制工作为城市基层党建模式走出了一条“资源整合型”的创新之路。本着“党建做实了就是生产力，做强了就是竞争力，做细了就是凝聚力”的理念，在党建引领下，“一长四员”团队深入各楼宇、园区，有效统筹辖区内各类党建资源、群团资源、政府资源和社会资源，精准对接企业需求，实现“一口式”受理、“一条龙”对接，大力推进超大型城市中党的基层组织活动方式方法创新，避免了城市的新兴领域成为脱离党组织的“无根之木”。一方面，以楼宇（园区）党群服务站为依托，党建、文化、劳动等职能部门和工青妇等群团服务资源有机嵌入，通过服务凝聚人心，引导党员发挥先锋模范作用。另一方面，强化企业内部推动，通过加强思想引导、培养党员骨干、涵养组建条件等，激发企业形成开展党建工作的内生动力，引导企业和员工自觉向党组织靠拢。

（三）“楼长制”服务大局，推进楼宇党建与经济发展同频共振

新形势下的城市基层党建工作应该以楼宇为支点推进党组织覆盖，以服务为重点推动党建功能提升，以资源为保障确保党群服务顺畅，推动城市基层党建与中心工作融合，区域党建力量融合，党建各领域工作融合，实现党建与经济社会互融互通，共促共进。“一长四员”直接联系服务企业，通过精准有效的制度供给，把党的工作覆盖到所有楼宇企业，真正实现了“中心工作布局到哪里，党的工作就跟进到哪里，支撑作用就体现在哪里”的目标，为打通党建引领服务企业“最后一公里”，打造“1+1 > 2”的高质量发展引擎提供了强大的助力。一方面，楼长制有效推动了企业落地，把服务优势转化为企业的经营发展优势，促进了企业的健康持续发展，提高了企业社会效益和经济效益。楼长制工作自推行以来，普陀区79幢重

点商务楼宇税收同比增长8.31%。另一方面，营商环境的优化也助推了区域经济的发展，高标准的服务赢得了企业的认同，企业在成为受益者的同时，也成为招商引资的“代言人”和“媒介”，通过“以商引商”“以企引企”产生“乘法效应”，不断吸引新的优质企业来此安家落户，做强做大区域经济。

智慧化社区建设

推进数字时代安全韧性城市建设的理念创新[①]

易承志　韦林沙　上海交通大学国际与公共事务学院

当今社会已经进入数字时代，数字化已经成为社会生产和生活的一个重要特征。美国麻省理工学院媒体实验室主任尼古拉·尼葛洛庞帝早就指出，“我们无法否定数字化时代的存在，也无法阻止数字化时代的前进，就像我们无法对抗大自然的力量一样”[1]。安全韧性城市建设为城市安全运行与可持续发展提供了重要的思路和可行的路径。数字时代数字化技术的高速发展，既给安全韧性城市建设带来了重要的机遇，也使得安全韧性城市建设面临着新的挑战。数字时代的安全韧性城市建设呼唤城市开展安全韧性建设新的实践探索。理念创新是数字时代安全韧性城市建设的先导，强化数字时代安全韧性城市建设需要着力采取有针对性的举措，推进安全韧性城市建设的理念创新。

一、理念创新是数字时代安全韧性城市建设的先导

城市作为多种要素汇聚和快速流动的特定空间，是复杂的有机体。城市经济社会的可持续发展离不开城市的安全运行，后者构成了前者的前提和基础。随着城市化的深入推进和环境不确定性的日益增强，城市面临的各种风险因素不断增加，成为城市安全运行需要应对的严峻挑战。而安全韧性城市建设则为城市应对各种风险挑战和实现安全运行提供了重要的思路和可行的路径。当前学术界对安全韧性城市与韧性城市等相关概

① 本文已发表在2021年第102期《思想理论动态参阅》上。

念存在等同使用的情况。目前研究者对安全韧性城市的界定还较少。有研究者将安全韧性城市界定为“城市自身能够有效应对来自外部与内部的对其经济社会、技术系统和基础设施的冲击和压力，能在遭受重大灾害后维持城市的基本功能、结构和系统，并能在灾后迅速恢复、进行适应性调整、可持续发展的城市”[2]。现代社会是一个风险社会，风险的存在具有普遍性和长期性，与风险共存成为现代社会的重要特征[3]，也是现代城市的重要特征。这里的安全韧性城市是指城市在遭受外界风险冲击和安全压力时能通过自我适应、自我调节、自我修复与自我还原保持主要特征和功能不受明显影响，从而有效应对突发事件，防范风险挑战。安全韧性城市建设的主要目标正是不断提升城市在面临安全风险和挑战时自我适应、调节、修复和还原的能力，从而更好地实现城市的安全运行与可持续发展。由于在促进城市安全运行和可持续发展中的重要价值，近年来国内安全韧性城市建设也日益受到决策层的重视。党的十九届五中全会通过的《中共中央关于制定国民经济和社会发展第十四个五年规划和二〇三五年远景目标的建议》提出建设“韧性城市”。《中华人民共和国国民经济和社会发展第十四个五年规划和2035年远景目标纲要》进一步提出，“顺应城市发展新理念新趋势，开展城市现代化试点示范，建设宜居、创新、智慧、绿色、人文、韧性城市”。

数字时代以现代数字技术日新月异的发展为突出特征，这为安全韧性城市建设带来了重要的机遇，也使得安全韧性城市建设面临着严峻的挑战。从机遇来看，大数据、云计算、人工智能等前沿技术的快速发展为安全韧性城市建设提供了更先进的算法、服务能力更强的公共服务平台以及用户体验感更佳的应用场景。以上海为例，借助数字化发展带来的技术赋能，上海依托“城市大脑”的超强计算、分析和预测能力，大力推进“一网统管”建设，不断扩展城市安全运行应用场景，完善应急信息共享机制和优化应急联动机制，推动城市安全风险由被动应对向主动预防、由传统经验型推断向现代智慧型研判转变，为安全韧性城市建设提供了强劲的推进动力和有力的技术支持。与此同时，数字化的发展也使得安全韧性城市建设面临着日益严峻的挑战。这种挑战主要表现为两个方面：一方面，数字化技术在城市各个领域日益广泛和深入的应用，在给生产生活带来便利的同时，也蕴含着不断扩大的公共安全风险，安全韧性城市建设只有比其他领域更充分地发挥数字化技术的优势，才能更有力地抵御和应对数字化技术广泛应用带来的潜在风险，否则安全韧性城市建设就可能因数字化的冲击而失去安全和韧性的优势；另一方面，数字化技术在安全韧性城市建设中的应用也有可能成为一个新的风险因素，带来新的城市安全风险，如何有效应对这种新的潜在风险也成为安全韧性城市建设需要深入研究的重要课题。

推进数字时代的安全韧性城市建设对于保障城市的安全运行具有至关重要的作用。同时，推进数字时代的安全韧性城市建设对于中国不同类型的城市而言，仍然是一个正处于实践探索之中的崭新课题，还缺乏国内既有的丰富经验供借鉴。科学的理念对于实践行动具有重要的指导和引领作用。对于有效推进数字时代中国安全韧性城市建设这一崭新的实践而言，树立科学的理念显得尤其重要。这就要求在数字时代安全韧性城市建设过程中，摒弃那些不合理、不科学的落后观念，树立和强化与数字化发展背景下安全韧性城市建设相契合的新理念，以更好地抓住数字化技术发展给安全韧性城市建设带来的机遇，突破数字时代安全韧性城市建设面临的挑战。

二、数字时代安全韧性城市建设理念存在的不足

面对数字化发展给安全韧性城市建设带来的宝贵机遇，中国各地的城市纷纷重视将现代数字技术应用于安全韧性城市建设中，也取得了积极的进展和明显的成绩。然而，由于安全韧性城市建设在中国的推进时间还不长，与数字时代对安全韧性城市建设提出的要求相比，当前中国的安全韧性城市建设首先面临着一些理念创新方面的障碍，影响了数字时代安全韧性城市建设的成效，具体表现在以下几个方面。

（一）对数字化韧性重视不够

数字化韧性是指数字化技术本身具有适应性、抗扰性、冗余性和恢复

力，在受到如网络攻击、电力中断冲击等风险和安全压力时，能够保持一定的稳定性。缺乏数字化韧性思维的安全韧性城市建设是不完整的，也可能导致数字时代的安全韧性城市建设面临突出的风险。在将数字技术应用于安全韧性建设时，既要关注其可能带来的积极收益，也要对其潜在风险有所准备。如果只关注数字技术带来的积极收益，而忽略数字技术应用本身存在的潜在风险，就可能在数字技术应用时采取不当的措施，从而给安全韧性城市建设引入新的风险。当前，尽管有一些城市注意到了数字化韧性在安全韧性城市建设中的重要性，并且开始强调提升数字化韧性，但不少城市仍然没有对数字化韧性予以足够的重视。

（二）整体性数治理念不足

整体性数字治理（简称整体性数治）是指运用数字化技术的优势从安全韧性城市建设涉及的不同空间和领域整体性地推进这一建设过程。城市是由不同地理空间、功能领域构成的统一整体，是一个生命有机体。城市的安全韧性与城市的各个空间、领域内在地联系在一起。数字化的发展，增强了城市不同部分、领域和要素之间的联系。数字时代的安全韧性城市建设需要将数字化技术的优势整体性地运用到安全韧性城市建设的不同空间和领域，以产生最大的效益。然而，当前安全韧性城市建设中对现代数字技术的运用还存在着空间与领域不平衡的情况，有的空间或领域的数字化应用程度较高，但也有的空间或领域数字化应用还较为滞后，从而影响了安全韧性城市建设的整体成效。

（三）全过程智慧治理理念缺失

数字时代的安全韧性城市建设是城市运用数字技术增强安全韧性以应对各种安全风险的智慧治理过程。安全韧性城市建设涉及城市安全风险的事前监测预警、事中应急处置和事后情境恢复等多个有着内在联系的环节和阶段，不能只重视其中的某一个或者某些环节而忽略了其他环节，否则会影响安全韧性城市建设的整体效果，甚至导致安全韧性城市建设失去价值。数字化技术的应用，增强了安全韧性城市建设不同空间和领域之间的连接以及不同环节或阶段之间的联系，也凸显了对全过程智慧治理的需要。因此,数字时代的安全韧性城市建设更应该强化一种全过程的智慧治理。当前安全韧性城市建设更为重视运用现代数字技术助力于城市突发公共事件发生后的应急处置和情境恢复,而对事前的智慧防范重视不够。其实质是仍然缺乏全过程智慧治理理念。这显然不适应数字时代安全韧性城市建设的需要。

(四)参与式智慧治理理念不足

数字时代安全韧性城市建设离不开社会公众的积极参与。在数字时代的安全韧性城市建设实践中,有的城市过于相信智慧治理中的政府能力和技术力量,而相对忽略社会公众在智慧治理中的参与意义,有的城市不同管理部门对社会公众参与智慧治理存在不同意见,也有的城市管理部门对于信息共享仍存在一定的抵触或犹豫态度,对于社会公众参与智慧城市治理的激励不足,难以充分调动社会力量参与数字时代的安全韧性城市建设。上述情况虽然在表现上有所不同,但在很大程度上都反映了参与式智慧治理理念的不足。社会公众的参与,不仅关系到安全韧性城市建设目标的科学确定,而且关系到安全韧性城市建设目标的有效落实。参与式智慧治理理念的不足,不利于激励社会公众积极参与数字时代的城市安全韧性建设,进而可能因为社会公众参与的不足而影响数字时代安全韧性城市建设目标的科学确定和有效落实。

三、推进数字时代安全韧性城市建设理念创新的路径

在数字时代,面对数字化技术高速发展给安全韧性城市建设带来的机遇和挑战,以及当前安全韧性城市建设理念上存在的不足,建议从以下四个方面强化理念创新。

(一)强化数字化韧性理念

数字化韧性是数字时代城市韧性的重要组成部分。在数字时代城市安全韧性建设中,数字化韧性占据了重要的位置。数字化技术本身是一柄双刃剑,既可能对安全韧性城市建设带来重要的助力,也可能给安全韧性城市建设带来严峻的挑战。可以说,数字化韧性是影响数字时代城市安全

韧性的一个关键因素，一旦数字技术本身因为安全问题而失去韧性，整个城市的安全韧性就将面临重大风险。针对当前一些城市对数字化韧性不够重视的现状，必须进一步强化数字化韧性理念，通过不断提升数字技术及相关设施的抗风险能力，以增强数字化韧性。

（二）强化整体性数治理念

整体性数治理念是数字时代安全韧性城市建设的重要创新理念。数字时代的安全韧性城市建设需要树立整体性数治的理念。城市作为一个有机体，本身具有整体性和系统性。相应地，数字时代的安全韧性城市建设作为保证复杂情境下城市安全运行的重要路径选择，也必须具有整体性和系统性。这就决定了数字时代的安全韧性城市建设应该是一种整体性数治的过程。现代数字技术的优势应当被充分地运用到城市不同的空间和领域。为此，需要不断强化整体性数治的理念，不断减少以至于消除安全韧性城市建设中的不同空间和领域数字化差距。

（三）强化全过程智慧治理理念

传统应急管理更多强调的是应急事件发生后的一种被动式应对，而数字时代的安全韧性城市建设不仅强调在应急事件发生之后借助现代数字技术的赋能，实现自我调适、自我修复从而实现对应急事件的快速处理和情境的快速重建，而且强调在应急事件发生之前，依托智慧技术通过对海量信息的全面收集、精确汇总、科学分析和智慧预测，实现对安全风险的规避和应急事件的预防。因此，数字时代的韧性城市建设是一种涵盖事前科学防范、事中精准应对、事后快速恢复各个环节或阶段的全过程智慧治理，需要切实强化全过程智慧理念，重视将现代智慧技术的优势在安全韧性城市建设的各个环节或阶段充分发挥出来。

（四）强化参与式智慧治理理念

2019年11月，习近平总书记在上海考察时强调指出，“人民城市人民建，人民城市为人民。在城市建设中，一定要贯彻以人民为中心的发展思想”。数字时代安全韧性城市建设的根本目标是不断满足城市社会公众的美好生活需要，而只有通过社会公众的充分参与才能准确了解其美好生活需要，进而才能更有力地满足其美好生活需要。这就决定了推进数字时代安全韧性城市建设的理念创新，必须强化参与式智慧治理的理念。在数字时代安全韧性城市建设中，强化参与式智慧治理的一个关键是不能以技术的应用替代或者遮蔽社会公众的参与，而应该以技术的应用更好地支持和服务于社会公众的参与，从而充分动员社会公众的参与，并将其有机融入安全韧性城市建设的全过程。

参考文献

[1] 尼古拉·尼葛洛庞帝.数字化生存[M].胡泳，范海燕，译.海口：海南出版社，1997：269.

[2] 黄弘，李瑞奇，范维澄，等.安全韧性城市特征分析及对雄安新区安全发展的启示[J].中国安全生产科学技术，2018（7）：5–11.

[3] 韩自强.加强风险治理，建设面向2035的安全韧性城市[N].中国应急管理报，2021–01–23（3）.

“智慧党建”：新媒体时代人民法院党建工作新模式探究

郭佳佳　余沛芝　上海市徐汇区人民法院

在最高院的推动下，各级法院纷纷开启“智慧法院”的实践探索。公正高效的审判执行系统建设自然是“智慧法院”的应有之义，提高人民法院党建工作的科学化和信息化水平也是不容忽视的。

一、“智慧党建”：人民法院党建工作的新趋势

（一）人民法院党建工作的发展历程

在与信息技术融合发展中，人民法院的党建工作深受互联网发展的阶段性影响。人民法院党建工作可以概括为如下四个阶段：

第一阶段：电子党务阶段（1994—1999年）。此阶段处于互联网技术在国内发展的第一阶段，网易、新浪等互联网公司纷纷成立，一些机关的门户网站相继出现。人民法院以此为契机，开始将电子计算机、电子邮件用于党务办公。

第二阶段：党建网站阶段（2000—2009年）。这一阶段，党中央对党建信息化工作越来越重视。2003年，中央办公厅印发了《关于进一步推进国家党委办公厅系统信息化建设的意见》，各级政府组织部门相继开通“党建网”。对于人民法院而言，一方面更加注重维护和更新官网的党建信息；另一方面，作为地区机关单位的重要组成部分，人民法院定期向组织部门“党建网”传送党建工作情况。

第三阶段：党建网络体系阶段（2010—2015年）。这一阶段，共产党员网、各地纪委监督网站相继建立，全国党建网开始与地方党建网联网，“全国

党建云平台”也正式投入使用。对于人民法院而言，属地条线的党建工作更具系统性，平台更多、联系更密切、内容更丰富；上下条线的党建工作更加精细化，各级法院按照上级法院的指导要求纷纷开辟了党建专题板块。

第四阶段：智慧党建阶段（2016年至今）。随着云计算、大数据、新媒体的深入发展，机关党建工作开始进入第四阶段，即着力构建互联网与党建工作的深度融合[1]。人民法院以此为契机，积极顺应新趋势，建立专门化、综合性的党建工作模式是重要的发展方向。

（二）新媒体时代为人民法院党建工作带来的新机遇

1. 构建思想理论宣传新平台

新媒体时代信息传播媒介更加便利化，党员干部通过网络获得的思想理论知识更丰富，传播也更快捷，能够迅速掌握党和国家的路线方针政策。信息技术也进一步延展了党员干部的学习时间和空间，使得党员干部随时随地都能接收到最全面和最新鲜的资讯及政策理论。互联网技术具有交互性的特点，有利于将传统的“灌输式”宣传转变为“互动交流式”宣传，在双向互动中提升学习宣传效果[2]。

2. 拓展党员教育新空间

传统的党员教育方式主要是在线下开展，通过选取教室、会议室等固定场所开展宣讲培训活动，空间限制较大。新媒体时代，党员教育空间拓展到线上，通过建立线上学习平台，党员干部在手机、电脑客户端上完成培训[3]。培训的形式也更加多元化，党组织可以设计或征集富有趣味性的微课堂、小视频、幻灯片等提升教育培训的效果。

3. 提供党员管理新模式

互联网技术的快速发展为党员管理提供了更强的技术支持，借助大数据技术，可以建立党员管理云平台，一方面实现对党员、党组织信息的管理；另一方面也可以搭建起党组织之间、党员之间、党组织与党员之间学习交流的桥梁。

4. 搭建服务群众新渠道

新媒体的迅速发展为各级党组织更好地联系和服务群众提供了便利。

群众可以通过网络平台更加便捷地反映自身的意愿和诉求，党组织也可以通过大数据技术对收集的各种诉求进行分类汇总，从而缩短办理周期，提升人民群众的满意度。

（三）“智慧党建”的概念解读

结合新媒体的时代背景和党建工作本身的特点，我们对“智慧党建”这一概念进行了界定。“智慧党建”是将信息技术与党的建设高度融合，以互联网思维搭建党组织之间、党员之间以及党组织与党员之间互联互通的平台，实现党员发展、教育、管理、服务、监督的一体化，从而加强党的组织建设、提高党的执政能力的新模式。这是对传统意义上党建信息化的升华，也是传统党建工作在新的技术条件下的拓展与延伸。

二、人民法院开展“智慧党建”的必然性

（一）人民法院党建工作的特点与规律

1. 独特的体制模式

人民法院在管理体制方面有别于其他国家机关，上下级人民法院在业务上是监督指导关系，在人员管理上并不存在明确的领导关系。法院系统的党建工作也受其独特的体制模式的影响，呈现出以块为主、以条为辅的格局[4]。一方面人民法院党组与同级党委党建部门之间存在着领导与被领导关系；另一方面人民法院党组也与上级法院党组之间存在指导关系。

双重领导体制对人民法院的党建工作提出了更高的要求。基于人民法院工作的理论与实际，结合政法队伍教育整顿的总体要求，要在党的领导下，正确处理好服务保障区域经济社会发展大局与维护社会稳定、促进社会公平正义之间的关系。要同时抓好法院与同级党委党建工作和法院系统党建工作两项重要任务，保障党建工作科学化、目标标准化和管理精细化。“智慧党建”以大数据和人工智能为基础，能够有效整合多方资源，精准进行数据分析归类，不失为新时代人民法院党建工作创新发展的新路径。

2. 分类管理的队伍结构

随着司法体制综合配套改革的推进，最高人民法院积极推进人员分类

管理制度改革。对于法院党员管理来说，党员干部也分为法官、司法辅助人员、司法行政人员。由于工作性质不同，三类党员干部的培养和管理体系也存在一定的差别，这就导致各支部之间存在良莠不齐的现象。“智慧党建”因为不受时间和空间的限制，可以在线上弥补线下党员管理、培训、交流等活动的不足，也可以在一定程度上打破党支部之间学习交流的壁垒，实现党建工作更科学化、精细化发展。

3. 新类型法院

为了优化司法资源配置，促进司法机关独立行使职权，党的十八届四中全会的决议提出了设立跨行政区划的人民法院办理跨地区案件的改革任务。2016年，最高院在《中国法院的司法改革》白皮书发布会上提到，对于跨行政区划法院改革，将结合增设最高人民法院巡回法庭工作和完善审级制度工作统筹推进。自2014年以来，为了适应专业化审判趋势，全国先后设立了3家知识产权法院和3家互联网法院，还专门设立了2家金融法院。

新类型法院如何更好地开展党建工作，是我们要关注的。一方面，这些法院的干警存在“人在此处，组织关系在别处”的问题，给党员干部的管理培训造成一定的困难；另一方面，新类型法院作为司法改革的新产物，各方面体制机制并不健全，需要通过创新党建工作方法，推进“以党建带队建，以队建促审判”。“智慧党建”的工作模式是“线上线下”相结合，将党务办理、党员教育、党内生活和党费收缴等功能延伸至网络空间，为新类型法院的党建工作提供了便利，并且有利于提升新类型法院党组织的凝聚力和公信力。

（二）人民法院党建工作现状

1. 思想重视不够

部分法院干警存在“重业务、轻党务”的思想。在案多人少的工作背景下，一线法官、书记员等将更多精力放在审执工作上，对党建学习活动重视不够，工学矛盾没有很好地克服。部分支部对党建工作不重视，导致机关党委开展党建活动的动力不足、热情不高、创新性不强，党建工作质量自然提不上去。

2. 组织建设薄弱

目前，法院普遍存在党务干部配备不足的问题。以基层法院为例，部分支部配备专职党务干部，部分支部由部门主要负责人兼任党务工作，有的支部存在兼职党务工作者毫无经验的情况。

3. 量化考核不足

法院绩效考核更重视业务指标的考核，忽视党建工作成效考核。究其原因，一是党建考核的指标多为“软指标”，不易量化，考核难度大；二是党建工作考核要遵循一定的流程，时间成本较高。这就要求基层党组织充分认识这一问题，探索更加科学便利的党建工作考核方法，从而更好地服务党建工作。

4. 工作方法缺乏创新

当前法院的党建工作大多停留在传统阶段，以学文件、听党课、写体会等形式开展，内容枯燥、形式呆板，以致学习效果不佳。也有部分法院为了提高党员的参与热情，增强党建活动的娱乐性而忽视教育意义。因此，如何兼顾党建工作的纪律性与趣味性成为发展党建工作应当思考的问题。

三、人民法院“智慧党建”的设计理念和功能设定

（一）设计理念

“智慧党建”的设计理念是以党的建设为核心，以大数据、云计算等技术为手段，旨在通过互联网推动党建工作更加智慧化，力求在整合党建资源、拓展党建阵地、提高工作效率、扩大党的影响等方面发挥更加积极的作用。

1. 人民法院“智慧党建”的根本理念是政治遵循性

人民法院发展“智慧党建”并不是盲目追逐互联网的发展趋势，而是为了借助互联网的东风提升干警队伍的凝聚力、战斗力。人民法院的“智慧党建”是为了解决案多人少顾不上、改革之中顾不全、信息太多顾不好等问题，从而更好地团结凝聚党员干部，发挥党员先锋模范作用，确保党对人民法院工作的绝对领导。同时，也可以增强理论宣传的有效性，改善党群关系，提升人民法院的公信力，使群众更好地遵守和维护法治。

2. 人民法院“智慧党建”的首要理念是高效便捷性

“智慧党建”借助互联网的信息优势，秉承及时感知的原则，旨在第一时间收集和传播党建信息，并将这些数据安全存储。对于党务工作者来说，可以从烦琐、重复的党务工作中解放出来，大大提高工作效率和质量。对于党员干部，尤其是业务型的党员干部来说，线上的学习时间更灵活，能够有效弥补线下学习的不足，从而做到党务、业务两手抓。

3. 人民法院“智慧党建”的突出理念是互联互通性

一是资源共享，法院系统内各类党建资源、党务工作信息实现共建共享[5]。二是个性定制，丰富的党建学习资源提供了更多自主选择的机会，除必修党课外，干警可以自主定制学习课程，根据自身需求接受个性化党性教育，增强学习效果。三是沟通扁平化，可以依托多种新媒体技术建立网上党员交流社区，使党组织之间、党组织与党员之间、党员与党员之间的沟通更紧密和谐。

4. 人民法院“智慧党建”的重要理念是科学智能化

基于大数据后台处理算法，能够完成评议党员干部、党支部及全院党务工作的各项数据，并且自动生成台账，管理更加科学化、智能化。利用云计算技术，可以实时记录党员学习情况，根据预设指标，智能化分析党员的学习效果，并完成党员的考核评价，进一步提高党员管理的科学化水平。由于党务办理全程留痕，可以实时监督，同时也为人民群众监督党员干部提供了更多渠道。

（二）功能设定

以党建大数据为支撑，按照不同目标，可以将“智慧党建”平台分为六个子平台，即党务管理平台、新闻宣传平台、教育培训平台、党员监督平台、党员交流社区、党员服务平台。

1. 党务管理平台

党务管理平台主要涉及党建的实务工作，利用信息技术可以提高党务工作效率，可以更便捷地进行党务工作的动态管理。该平台主要承担发展党员、转移党员组织关系、党员统计审查和收缴党费等工作。其功能的发挥依托于党员电子档案信息的完整性，需要完成党员纸质档案的数字化，从而实现在线管理。此外，还需要建立动态信息管理机制，以便及时处理组织关系转移等工作，从而保障党务信息的准确性。

2. 新闻宣传平台

新闻宣传平台主要承担及时宣传党的理论方针政策、时事政治、社会热点、党纪法规和广泛传播榜样人物先进事迹的功能。新闻宣传平台面向公众开放，让群众随时了解党的方针政策，关注党的组织生活，感受党员干部的正能量。

3. 教育培训平台

教育培训平台主要涉及党员学习能力和政治素养提升的工作，对于加强意识形态工作和发挥党员先锋模范作用具有重要意义。该平台立足于将传统党建学习教育资源电子化，为党员干部提供更高效便捷的学习渠道，弥补线下党员教育延伸不到的空间和领域。教育培训内容涉及党纪党规、重要会议、重要讲话精神等教育资料，以微课程、网上党校、党员充电营等新型栏目形式，帮助党员干部利用“两微一端”选择并完成培训课程。同时，通过建立教育效果评价、分析、反馈等程序，评估党员教育效果。

4. 党员监督平台

党员监督平台承担对党的领导干部、党组织、党员的线上监督职责和民主评议工作。监督意见和民主评议结果能够实时反馈到党务工作者端，可以有效防止信息的遗漏和滞留。民主评议后，可以自动生成民主评议报告，从而节省大量的统计时间。

5. 党员交流社区

党员交流社区承担部分线上会议的功能，通过线上线下相结合的方式，提高会议质量和效率。同时，党员交流社区也是一个党员之间、党组织之间互动交流的平台，通过组建虚拟党支部、组织党员参加线上活动，扩大党员学习交流渠道，营造团结向上的党内生活环境。

6. 党员服务平台

党员服务平台着眼于实现党员和党组织之间沟通联系的便捷化，构建一种党员积极主动地关心和参与党内事务的线上互动模式,同时为党员咨询提供便捷渠道。一方面,该平台有利于为党员提供有针对性的答疑解惑;另一方面,该平台为党组织实施科学决策提供更及时、更准确、更全面的信息支持服务。

四、人民法院“智慧党建”的实现路径

(一)提高认识,树立党建新思维

各级法院党组织要深刻认识到信息化为法院党建工作带来的新机遇,要转变党建思维、党建观念,创新党建工作模式,努力推进人民法院党建工作的跨越式发展。在利用新媒体传播党建信息时,要始终坚持正确的政治方向,借助互联网的信息优势,及时收集和发布国家方针政策、党纪党规等学习材料,提高广大党员和全社会的思想政治素质。同时,要树立大数据思维,积极运用大数据等技术手段广泛收集和整合独立数据,并注重数据的挖掘和分析,更加全面地掌握党员干部的思想和学习动态,使党建工作更加精准化。

(二)加强领导,统筹顶层设计

“智慧党建”发挥信息整合优势的前提是数据足够多、信息足够丰富且能够实现最大限度的信息共享[6]。云计算和大数据只是技术手段,强有力的领导才是关键。要将“智慧党建”纳入人民法院党建工作的规划中,进行顶层设计和整体推进,加强领导和统筹协调,结合法院工作的特点,打造一个既专业又综合、既安全又便捷的平台,从而提高人民法院党建工作质效,增强法院干警队伍的政治意识。

(三)创新机制,确保功能发挥

加强“智慧党建”建设和运行中相关制度的制定,明确党建工作信息化过程中的各个环节和内容[7]。“智慧党建”作为法院党建工作开展的重要平台,更要注重建立平台信息安全机制。法院的信息技术部门要加强日常维护和升级,确保平台数据的安全性,促进平台平稳有序运行。

(四)提升能力,强化队伍建设

要在法院的机关党委中选拔和培养一批思想过硬、能力较强的党务工

作者，帮助他们掌握“智慧党建”的操作方法，使其成为“智慧党建”的先行者。此外，应当加强对全体法院党员干部思想政治教育、新媒体运用、新媒体道德意识的培训，提升党员干部的思想政治素质和新技术运用能力，打造一支信念过硬、政治过硬、责任过硬、能力过硬、作风过硬的法院工作队伍。

（五）勇于担当，克服现实难题

“智慧党建”虽然具有不可比拟的优势，但落实在具体工作中也难免会遇到认知、开发、管理等方面的难题，这就需要人民法院以勇于担当的姿态和改革创新的魄力，针对现实问题仔细研讨、对症下药，力求克服困难和阻力，为新时代党建工作的创新发展开辟新的道路。

参考文献

[1] 吴丹丹.“互联网+”时代创新党建工作的若干思考[J].理论建设，2016(6)：73-78.
[2] 刘红凛.党建信息化的发展进程与“互联网+党建”[J].南京政治学院学报，2016，32(1)：34-40，140.
[3] 陈甦，刘小妹.我国“互联网+党建”新模式成效斐然[J].人民论坛，2017(1)：103-105.
[4] 郑鄂.广东法院“三联三化”党建模式的实践与思考[J].人民司法，2012(15)：69.
[5] 王保彦.“互联网+党建”“智慧党建”的多维解析[J].理论与现代化，2017(3)：31-37.
[6] 王姣艳.当前新型“智慧党建”平台建构路径[J].人民论坛，2016(26)：108-109.
[7] 赵艳华.“智慧党建”平台的标准化研究[J].理论与现代化，2017(3)：57-62.

“党建+检察”推动市域治理的思考与实践

吴文骏　杨　洋　徐汇区人民检察院第二检察部

近年来，徐汇区人民检察院始终坚持党对检察工作的领导，全面贯彻“人民城市人民建，人民城市为人民”重要理念，围绕中心、建设队伍、服务群众的职责定位，突出党建引领地位，立足检察职能，同步延伸检察触角，通过“党建+检察”推进城市治理精细化，推动党建与检察业务深度融合、同频共振。本文以深入贯彻落实“四号检察建议”，以开展窨井盖治理为切口，聚焦问题关键，发现问题源头，由点到线、由线达面，以督促保障为手段，助力提高城市公共设施安全水平，为提升人民群众的获得感、幸福感、安全感，积极探索检察机关参与社会治理的新路径。

一、立足职能，及时回应社会热点

一是强化履职速度。2020年11月15日凌晨，徐汇区人民检察院辖区龙吴路突发窨井盖移位事件，在抖音短视频平台迅速发酵成社会热点事件。徐汇区人民检察院第一时间落实精干办案力量至事发现场开展调查，多渠道、全方位查看监控录像，排查问题原因。调查结果显示，系大型车辆碾压致窨井盖移位，在排除刑事犯罪后，承办检察官毫不懈怠，根据院领导指示部署，迅速开展专项综合治理，通过走访调研，全面排摸造成道路安全隐患的原因，在掌握充分的证据和事实后，向权属单位中国电信上海南区电信局和区建管委通报情况，引起各方高度重视，南区电信局当晚即向徐汇区人民检察院反馈了初步整改方案。

二是体现检察温度。在督促企业补足短板漏洞的同时，立足监督对象角度换位思考，注重倾听企业呼声。在龙吴路窨井盖移位事件处置过程中，院领导、部门负责人和承办检察官先后四次走访涉事单位，从通报情况、法治宣讲到分析原因、提出建议，从倾听反馈、解决难题到回访落实整改情况，始终做到刚柔并济，逐渐赢得井盖权属单位的认可。通过与窨井盖权属和管理单位多次沟通研讨，了解企业苦衷、听取企业整改意见，为企业落实整改、提升管理能级、推动问题化解打下了扎实的基础。

三是彰显监督力度。坚持问题导向，在走访调研的基础上，针对涉事权属单位在日常维护和管理方面存在的问题制发检察建议，提出了完善自查机制，及时发现井盖隐患；明确管理责任，规范维护程序；落实技术措施，完善处置等日常管护、规范管护、智能管护3项具体整改建议。涉事单位全面采纳了检察建议，加固了相关道路的井盖装置，增加了日常巡检频次，有力保障了区域道路的公共安全，展现检察监督的“刚性”。

二、主动作为，有效破解现实难点

一是把握问题准度。徐汇区人民检察院立足龙吴路井盖个案，扩大调研范围至全区，从政府总值班热线、“12319”市政热线和市政养护公司等3家单位，调取近4年来徐汇区涉窨井盖报案数据与维修记录4万余条，区分车行道、人行道、下水道等若干类别，梳理了涉窨井盖案事件多发路段、事故多发权属单位和事故高发时段等多项数据，明晰辖区内井盖治理问题的靶点。在将数据分析结果通报给行政主管部门和相关权属单位后，相关单位据此调整完善日常养护计划，加强特定时段、重点路段的巡查力度，提高了日常管理和维护的精准性、有效性。

二是展现融入深度。针对当前仍存在井盖产权关系复杂、涉及部门多、执行标准不统一以及管理困难等现状，徐汇区人民检察院力图探索出提升井盖隐患发现速度和应急处置效能的优化解决路径。检察官分别走访了区建管委、城市行政管理执法局、信息管线有限公司、市政养护公司等10余家行政单位、权属单位和养护单位，摸清辖区内窨井现状和底数。积极推动区主管部门开展窨井盖综合整治工作，提议召开所有权属单位参加的“窨井盖管理专项整治与长效管理专题会”，会上检察官详细解读宣传“四号检察建议”和相关法律，凝聚了共识，促使行政部门转变理念，落实管理责任，共同研究出台了《关于加强徐汇区检查窨井盖病害整治工作的通知》，进一步压实法律责任，促使井盖权属单位主动自查隐患、积极整改。针对行政部门为美化城市用景观井盖替代原权属单位井盖，造成权属单位日常维护不便和法律责任不明的问题，经多方沟通协调，协助涉事方厘清责任、建立沟通机制。为迅速落实区检察院检察长关于支持、推动住建部等部门积极开展窨井盖问题综合治理的批示要求，区检察院提议召开“井盖专项整治工作推进会”，结合“四号检察建议”，为10余家行政单位、权属单位和养护单位解读《关于加强窨井盖安全管理的指导意见》，对暗访中发现的井盖标准不一、快速反应机制不健全、“一网统管”闭环待完善等问题进行了通报，提出了改进完善的建议，助力进一步提升区域井盖治理水平。经过多方努力，现已建成全区范围内“人防+技防+智防”的窨井盖管理架构，人工巡查、传感器感应、视频探头巡视、车载智能巡查等隐患排查长效管理机制日趋完善。2021年1—2月，全区窨井盖发案量同比前3年同期分别下降64.6%、20.1%和32.0%，切实保障居民群众节日出行安全。

三是提高参与精度。为掌握井盖案件常发规律，延伸治理触角，发现检察监督线索，承办检察官从法院调阅了全区近3年来所有涉井盖的民事和行政案件。2019年3月，70岁老人张某跌入正在施工的窨井，造成十级伤残。施工人员未经窨井所有权公司许可，擅自打开井盖进行作业，施工时四周没有设置遮挡和警示标志。通过与该公司代表多次座谈调研，针对该公司执行规定，就落实安全责任、提升技术手段等方面存在的不足，制发了检察建议。该公司全部采纳整改建议，并下发公司各运维分中心组织学习，承办检察官还应邀分层分批对员工进行安全履职培训，取得了良好社会效果和法律宣传效果。

三、凝聚共识，合力打造治理亮点

一是夯实治理厚度。区检察院立足于翔实数据和调研成果，助力城市安全痼疾的深度治理和根本解决，通过查阅大量井盖标准相关资料和文件，前往市政管理中心、市道运中心、应急管理局和街道等部门广泛走访调研，向专业工程师咨询提高重点路段井盖标准的可行性，与基层巡检员、“一网通办”工作人员座谈研讨，积累了大量数据和典型案事例，形成了调研成果。通过与市、区两级人大代表沟通，力求推动规范窨井盖规格、标准和材质统一等规章制度的出台。通过分析龙吴路路段近4年来860起窨井盖报修报案，发现该路段连续4年居全区各交通要道窨井盖发案数首位，近一年因井盖引发警情70余起，10余起直接引发交通事故等情况，以“检察要情专报”形式向区委区政府进行汇报并提出整改意见和建议，引起相关职能部门的高度重视，并着手开展前期可行性研究，得到了区主要领导的充分肯定，区委书记、区政法委书记分别批示，该路段的治理问题也被纳入徐汇区“十四五”时期社会民生重大项目。

二是规范执法尺度。为严厉打击涉窨井盖违法犯罪行为，形成各司其职、优势互补、职能互助、精准发力的良好局面，区检察院一方面加强内部联动，与行政检察、公益诉讼检察、办公室等部门建立线索移送、信息报送工作机制，先后移送了5件涉窨井盖、红白栏杆致人伤害等妨害公共安全线索；另一方面加强外部互通，加强与公安机关协作配合监督工作力度，与区建管委、城市行政管理执法局等行政部门进一步完善行刑衔接机制，促成与管线权属单位定期沟通联系、督促巡访等3项机制。通过持续分析研究，梳理出相关行政部门与检察机关的职能交叉点，就信息通报、专职检察官联络、工作会商、线索移送等达成共识，实现了优势互补、多赢共赢，守护一方平安。

三是延伸普法广度。开展释法说理，为宣传“四号检察建议”和《关于办理涉窨井盖相关刑事案件的指导意见》，汇编了法律法规和典型案例宣传手册，主动为全区13个街道、镇、行政主管部门和管线单位送法上门。结合社会热点，以“守护百姓脚下安全”为主题，开展面向居民群众、居委干部、专职调解员等各个层面的专题讲座20余场，引导作为公共安全最大受益者的群众增强保护窨井盖的责任意识和公共安全监督意识，鼓励群众举报盗窃、破坏井盖违法犯罪行为；通过电视电台和网络直播，以百姓喜闻乐见的形式讲好检察故事，提高“四号检察建议”的知晓度和影响力；拍摄3个关于涉井盖犯罪以案释法的短视频，通过“满意在徐汇”、检察开放日、人大代表座谈会等形式进行广泛宣传，唤起社会关注，凝聚治理共识，推动道路出行安全源头治理、系统治理。

人民城市人民建　人民城市为人民

——上海市松江区推进城市运行"一网统管"的探索与思考

郭　玮　中共上海市松江区委党校

一、推进"一网统管"建设的重大意义

（一）推进社会治理体系和治理能力现代化的必然要求

习近平总书记指出,"推进国家治理体系和治理能力现代化,必须抓好城市治理体系和治理能力现代化"[1]。上海作为一个有着近2 500万人的超大城市,依靠传统的管理方式和人海战术显然力不从心,管理方式改革迫在眉睫,因此,"一网统管"模式应运而生。推进"一网统管"建设,运用大数据、云计算、区块链、人工智能等前沿技术推动城市管理手段、管理模式、管理理念创新,从数字化到智能化再到智慧化,打造"以块为主、条线尽责、条条协同、条块联动"的一体化城市运行管理新格局,形成前端即时感知、问题及时处置、事后评估监督的闭环管理流程,有助于提高城市治理的效能,推进城市治理更高效、更顺畅、更智慧。

（二）推动政府"刀刃向内、自我革命"的重要途径

"一网统管"表面上是技术手段的创新,实质上是管理服务模式的创新,是对政府行政方式和管理流程的重塑,是政府职能和体制机制的改革创新。"一网统管"并非管全部,而是管住、管好需要政府管理的关键领域和核心环节,要求运用信息化、智能化的手段以更高质量、更优服务对城市实施管理和治理。"一网统管"要求在推进政府职能转变的基础上明确政府应当管、应该管的领域,在此基础上,通过一定的技术手段倒逼政府部门更好地发现问题、分配问题、反馈问题、处理问题,实现"高效办成一件事""高效处置一件事"的目标。通过"高效办成一件事""高效处置一件

事”，推进政府在理念、结构、流程、效能和监督等方面的全面再造，推动政府在更大范围、更广领域、更深层次上进一步整合资源，推动政府职能的进一步优化、政府协同的进一步强化、政府权力的进一步下放、基层治理基础的进一步夯实。

（三）**提升人民安全感、满意度和获得感的重要抓手**

习近平总书记提出的“人民城市人民建，人民城市为人民”重要理念，深刻回答了城市建设发展依靠谁、为了谁的根本命题，以及建设什么样的城市、怎样建设城市的重大命题，为深入推进人民城市建设指明了发展方向，提供了根本遵循。人民城市建设生动诠释了“以人民为中心”的价值取向。推进“一网统管”建设，积极搭建平台调动多方力量参与城市建设和发展，促进社会自治和共治，这充分体现了人民群众是城市建设的实践主体。坚持从人民群众的需求出发，把群众利益放在最高位置，把提升人民的获得感、安全感、满意度作为第一标准，找到了满足人民群众对美好生活向往的关键点，彰显了造福人民是城市建设的根本目标。

二、上海市松江区推进“一网统管”建设的实践探索

（一）**以“大会战”方式推进城运建设，形成区、街镇两级城市运行体系**

一是构建区、街镇两级城市运行体系。松江区成立城市运行“一网统管”和城市管理精细化工作推进领导小组，由区委书记任组长，区委副书记、区长任常务副组长，区委区政府相关分管领导任副组长，研究制定出台《关于建设松江区城市运行管理体系的总体方案》，以网格中心机构框架为基础，成立区、街镇（经开区）城市运行管理中心，增挂城市网格化综合管理中心牌子。目前，已实体化运作居（村）城运工作站，不断夯实城运体系的基石。

二是推进区、街镇两级城运中心升级改造。由相关部门骨干力量组建推进城市运行体系建设工作专班，按照“整体设计一步到位、应用实施分步推进”的建设思路，以“大会战”方式推动区、街镇（经开区）城运中心建设，区级层面已基本完成指挥大厅的升级改造，街镇（经开区）也在加速

推进城运中心的建设工作[2]。

三是推广城运平台接入使用和加强业务培训。当前，街镇（经开区）、处置部门、区级委办局（含企事业单位）都已接入城运平台，区、街镇（经开区）两级城运平台均使用城运信息系统进行网格案件问题发现和派单处置。“12345”热线深度融入城运平台，积极推进热线数据分析模式。同时，政务微信作为城运系统业务的唯一进口，增加了政务微信的激活使用，做到应用尽用。组织城运系统移动端业务培训，提高培训的针对性、实效性，促进城运移动端的操作使用。截至2020年6月，政务微信已开通5 188个、激活3 697个。

（二）以快速高效执行为根本，发挥城市运行“一网统管”的综合作用

一是有效凸显城运系统在打赢疫情防控阻击战中的重要作用。在疫情防控期间，依托城运平台增设政务微信“疫情防控”模块，助力基层精准排摸、管理规范、及时处置。“12345”市民服务热线做好“引导员”和“保障员”，开设莘城民生热线线上口罩预约等专项咨询通道，共同维护社会安定。

二是加强24小时值班值守和提高指挥保障工作效率。严格落实《政府系统值守应急管理要求》，确保指令畅通、响应迅速。截至2020年5月，区政府总值班室对各应急值守单位抽查点名7 083次，应答7 055次，应答率达99.6%；协调处置各类案件294件，其中紧急类事件132件，编发《值班记事》50期。同时，成立防控应急处置值班室和防控工作指挥部，举办市级、区级条线视频会议近100场，为做好相应疫情防控工作，提供坚实保障。

三是推动网格化和“12345”市民服务热线规范化、标准化建设。进一步强化网格化、“12345”热线关键指标的每月排名通报制度，在固化机制的基础上，进一步优化“三级督办”机制，建立健全工单职责边界清单、考核绩效通报等制度，提高工单流转和处置效率。2020年上半年，共督办各类事项35件，整治“不属实”事项80件，确保市民诉求落实落细解决。2020年上半年，网格平台共立案近10万件，“12345”市民服务热线共受理约3.8万件。

（三）以强化实战演练为导向，优化区、街镇两级城市治理模式

一是积极推进区、街镇两级城市运行体制机制建设。优化完善城运工作体系建设“1+3”方案，研究制定《城市运行管理中心常驻部门和派驻部门管理办法》《城市运行指挥体系和应急突发事件处置流程》。同时，加快完善街镇城运体制机制建设，完善居（村）层面小联动机制，推动党建引领下的“多网合一”工作机制，研究制定城运管理中各类事项的“处置指南”，明确109项事件的处置流程和工作时限，实现城市治理问题及时发现、高效处置。

二是构建城市运行公共展示平台。积极推进视频汇聚中台建设、防汛防台指挥平台建设和区级城运平台个性化展示平台（一期）建设，重点推进人口、经济税收、气象环境、能源4个城市体征展示，初步建成具有城市运行生命体征的公共管理展示平台。

三是升级打造城运视频汇聚系统。结合现有视频监控数据资源，进一步升级打造融合性的视频汇聚系统，实现相关视频监控联动、智能应用、统一调配决策。目前，已完成公安、政法委、水务等部门的视频汇聚。

三、进一步推进“一网统管”建设的对策建议

（一）注重思想统一，不断增强建设合力

一是完善区、街镇（经开区）、居（村）委三级平台架构。区级平台应发挥好连接市级、整合区级部门、联通街镇（经开区）的枢纽功能，加强个性化应用的开发。街镇（经开区）平台应增强实战性，对城市治理的具体问题进行及时有效的处置，对重难点问题开展联勤联动。

二是推进区、街镇（经开区）城市运行管理指挥大厅和平台建设。聚焦技术支撑体系建设，逐步夯实“云”“数”“网”“端”基础设施，围绕城运建设“六个一”（治理要素一张图、互联互通一张网、数据汇集一个湖、城市大脑一朵云、城运系统一平台、移动应用一门户），逐渐细化和落实政务云、城运主题数据库、神经元和感知端、移动应用门户、治理要素地图等部

署任务和要求，推进试点街镇的城市运行管理平台建设，努力推进城市运行体征达到一屏通观。

三是探索建立"1+18+X"城市运行管理体系。以城市网格化综合管理框架和城市管理精细化为基础，加强城运中心建设，改革和优化基层网格化管理模式，构建"1+18+X"城市运行管理新体系。其中，1为区级综合平台，18为18个街镇、经开区综合平台，X为相关委办局的专业平台。由区城运中心从区公安分局、市场监管局、城管执法局等单位选派一批相对固定、具有一定专业能力和级别的工作人员驻场办公，保障城运中心的顺利运行。

（二）建立健全制度，确保安全有序运行

一是建立健全评估机制，筑牢安全防火墙。对涉及个人隐私以及其他不宜公开的信息，坚持最小范围、"一数一源"及关联性原则，明确采集程序、主体和储存方式。完善告知程序，在收集信息时以适当方式告知相关方法律依据、收集目的、使用方式、保护措施、权利义务等内容。建立健全数据安全风险评估机制，在开展数据应用项目前，对数据采集、流通、使用过程中可能存在的法律风险和技术风险进行客观评估、定级，出具数据安全保障意见。构筑坚实的网络安全防火墙，夯实关键信息基础设施安全防护，加强数据安全管理和个人信息保护。

二是建立运行标准，统一操作手势。在"六个一"的技术支撑体系基础上，按照业务标准化、流程闭环化、管理规范化、应用实效化的原则，逐步建立体系化的运行管理标准和流程。加强信息安全保障，建立健全关键信息基础设施保护制度，严格落实网络安全等级保护机制；按照数据治理的要求，对数据管理运用及主体行为予以规范，确保数据的安全性，从而筑牢制度、技术、管理的三道"防火墙"。

三是完善配套政策，规范运行管理。参照《上海市公共数据和一网通办管理办法》《关于建设松江区城市运行管理体系的总体方案》，结合实际，细化、深化制度管理，研究制定更加完善、更加详细的配套文件。如加快完善街镇（经开区）城运体制机制建设，完善居（村）委联动机制，不断夯实城运中心安全运行的基础。在确保安全的前提下，可尝试探索“可用不可得”等方式向基层传输基础数据库和诸多主题数据库数据，向基层充分赋能。建立健全基层数据回流上级数据库的渠道和机制，推动数据在流动中发挥最大价值。

（三）加强软硬件建设，不断增强“统管”效能

一是突出技术支撑，完善硬件设备建设。“一网统管”通过政务微信平台嫁接业务流程，能有效缩短信息传递的链条，促进一线作战平台的扁平化运行，进而整合各种资源和力量，提高工作的效率和战斗力。将“大屏”观、“中屏”（PC端）管、“小屏”（移动端）干相结合，在基层处置中主要依靠“小屏”发挥治理效能，因此，注重充分调动基层的积极性，支持和鼓励基层开展政务微信的系统对接、按需开发联勤联动小程序等。

二是加强资源整合，探索形成治理合力。建设“一网统管”，必须配齐配强街镇（经开区）基层城运管理力量，积极探索基层综合执法队伍建设，保障街镇（经开区）城运分中心的顺利运行。按照“突出重点区域，就近快速处置”的原则，整合街镇（经开区）城市运行管理力量，组织城管、公安、市场监管、司法等部门派驻人员，加上社区辅助人员，组建联勤联动队伍，开展街面联勤巡查，负责区域内各类问题的及时发现、快速联动和应急处置。

三是注重广泛参与，更好发挥共治作用。“一网统管”建设不是政府部门单方面的管理创新，需要全社会的共同参与。推进公众参与机制建设，探索将居民群众、志愿者等社会力量纳入城市治理组织架构，积极构筑城市治理共同体。探索将“一网统管”与“随申办”等社会应用终端联通，提升公众的参与度和积极性，积极引导市民群众成为行走的“网格员”和“护城员”，及时发现和帮助解决老百姓关心的城市运行管理难题，让市民真正感受到城市治理的温度。

（四）注重信息汇聚，实现数据安全共享

一是建立共享平台，明确共享边界。统一的数据开放平台能消除不同部门间的数据隔阂，由城运中心统一汇集数据，建立数据库，降低不同部门之间数据共享的难度，从而增强数据的可用性[3]。明确数据共享边界，提高数据共享的标准化和制度化水平，科学设置数据使用机制，通过签订相关协议，严格限制授权范围外的人员接触相关数据，避免数据在未经相关部门批准的情况下非法授权给第三方，确保数据安全。

二是健全数据标准，推动规范落地。标准化建设是"一网统管"数据库建设的基本保证，也是实现数据资源共享的基础。统筹开展业务、视频、照片、物联、地图等公共数据标准化建设，制定详细的数据标准规范，并严格按照标准规范对原始数据进行管理和应用。建立数据质量评价体系，对数据、信息、生成结果等进行定期和不定期的筛查和更新，保证信息资源的及时性、准确度、可用性，不断提升数据质量。

三是加强宣传引导，树牢安全意识。建设"一网统管"，保障数据安全，不是单靠政府的努力就能成功，实际上每一位公民都是其中的参与者、建设者，尤其在保障数据安全方面，更应该牢固树立"全民保护"的理念。由于"一网统管"、大数据、智慧城市等新生事物、新兴理念，目前还不是广为人知的，因此，更需要加强宣传引导，开展主题教育，引导人们更加自觉地投入信息化家园建设，提高宣传教育的针对性、实效性，其效果将远远胜过投入大量人力、物力组织起来的"数据安保"。

参考文献

[1] 习近平.全面提高依法防控依法治理能力，健全国家公共卫生应急管理体系[J].求是，2020(5)：4-8.

[2] 董幼鸿，叶岚.技术治理与城市疫情防控：实践逻辑及理论反思——以上海市X区"一网统管"运行体系为例[J].东南学术，2020(3)：24-33.

[3] 彭勃.技术治理的限度及其转型：治理现代化的视角[J].社会科学，2020(5)：3-12.

关于加快推进数字化赋能上海市社区智慧居家养老服务高质量发展的研究
——以徐汇区为例

张建国　中共上海市徐汇区委党校

近年来，上海市在养老服务体系建设的理论和实践上进行了一系列大胆实践，取得了较好的成绩，受到社会好评。在社会生活数字化转型背景下，如何最大限度地运用数字化成果赋能社区居家养老服务体系，解决或者改良社区居家养老服务存在的重大瓶颈（如居家服务人力资源短缺、硬件设施不足等）和重大难题（如市场主体赋能失衡、政府管理效能不高等），进一步夯实养老服务基础，实现上海市居家养老高质量发展，是当前的重要课题。笔者以上海市徐汇区为例，通过上门征求意见、走访社区老人等方式开展调研。在此基础上，总结成功经验，发现现实问题，借鉴国内外经验，提出推进智慧养老服务的建议，以期推动上海市养老服务体系实现高质量发展。

一、国内外智慧养老服务研究综述

（一）国内研究和实践

全国老龄工作委员会办公室于2012年首次提出“智能化养老”的理念。中央及上海市陆续出台了一系列规范性文件和指导意见以及实施办法等，以推动养老服务的发展。学术界也进行了相关的理论研究。归纳起来，国内研究主要包括以下几个方面。

1. 关于定义和意义的研究

有学者认为：“智慧养老是指利用先进的信息技术手段，面向居家老人开展物联化、互联化、智能化的养老服务，智慧养老可以借助科技手段满足老年人的多样化、个性化需求，实现绿色养老、环保养老。”[1]有学者认为，社市智慧养老充分利用了社市养老和智慧养老的优势，在智慧养老的基础上有了进一步的发展[2]；可以解决传统养老服务模式遇到的瓶颈，特别是在探索社会力量的参与方式与市场运作模式方面[3]可以成为一条出路；可以解决当下社市服务存在的问题，具有十分重要的时代价值和现实意义[4]。

2. 关于体系建设的研究

智慧养老服务体系包含四个子系统：数据采集子系统、紧急呼叫子系统、信息交互子系统、适老性基础设施子系统。其重点是打造一个基于城市老年人口综合数据平台的信息网络、一套养老服务标准体系、一套政府保障居家养老底线、一张多功能老年信息卡、一个竞争有序开放合作高效自律的养老服务市场体系、一个无私奉献传递爱心的居家养老慈善帮扶体系[5]；将老人需求与市场供给相结合，构建一种便利高效的社市居家养老服务体系[6]；政府、社市、企业、医院、投资方等构建者之间相互联系、相互依赖、相互配合，努力形成了以政府为出发点、以物联网为依托的智慧养老服务体系[7]；通过对居家养老服务在需求体系、供给体系、管理体系和支撑体系方面的建设，共同完成“互联网+社市居家养老”服务体系的整体性构建[8]。

3. 关于服务供给主体多元化的研究

多数研究者就养老服务体系建设主体基本达成了共识：政府、社会、企业和家庭四大主体。政府、企业、社市、第三方评估机构和服务对象等主体之间虽然彼此独立运作[9]，发挥各自的功能定位，但又以智慧社市信息服务平台为基础，各个组成部分密切联系，构成统一的整体。

（二）国外研究和实践

1. 关于智能化居家养老服务概念的提出

早在2015年前后，美国、德国、丹麦、日本、韩国、新加坡等国，相继提出“智慧养老”的概念[10]。2008年11月，IBM提出了“智慧地球”的理念与建设“智慧城市”的愿景,得到了世界各国的认同。这些理念最早被应用在居家养老服务领域。

2. 关于运用智能化设备服务居家养老的研究

英国提出了“全智能化老年系统”的构想,即基于物联网技术,在居家养老设备中植入电子芯片,使老年人的日常生活处于远程监控状态;老年人佩戴智能手表、手环等设备[11],可使监控范围拓展到老人的生理体征、社会活动轨迹以及GPS定位服务等方面,并通过监控信息,为老人量身定做他们所需的服务设施。

3. 关于服务体系建设的研究

日本提出以民族传统工业为基础、法律制度为保障、专业服务为手段、收养型福利机构为主干、社市照顾系统为主体的居家养老服务体系[12]。其多元化养老服务体系包括:居家养老、社市养老、机构养老三方面内容。该模式基本实现了日本老人在地安养问题,社会反响较好。

4. 关于服务模式的研究

北美部分国家的相关研究发现,家务助理服务可以减轻家庭照顾的压力,其提供的服务项目是老人日常生活所必需的[13]。

5. 关于特色体系的研究

如美国鼓励社会组织参与社市精神养老,鼓励加强对老年人的精神关怀,鼓励通过文化包容开展为老服务等。再如上海市提出的“嵌入式”“医养康养”居家养老服务体系和基于长期护理养老保险试点创新实践等[14]。

(三)对上述国内外文献资料的述评

国内外在居家智慧养老服务方面的理论研究和实践创新成果,为提升上海社市智慧居家养老服务高质量发展提供了可借鉴的依据,也是本课题研究的重要基础。但仔细研究这些成果发现,现有研究在智慧平台协同、政策无缝衔接、数字资源产权等方面的成果较少。国内外学者研究的理论和实践表明:上海市在居家养老服务实践创新上还有空间。

城市生活数字化转型为我们发展高质量居家养老服务提供了机遇,研究智慧居家养老具有重要价值。从学术价值上讲,利用数字化赋能居家养老服务，是对现行养老服务理论进行的补充、完善和发展；从应用价值上讲，为通过数字化手段提升社市居家智慧养老服务的质量和水平、提升政府居家养老服务效能提出了可借鉴的实践范式。

二、上海市推进社区智慧居家养老服务取得的成效和存在的问题

近年来，上海市致力于构建的“居家为基础、社区为依托、机构为支撑、医养相结合”养老格局不断得到巩固和发展。笔者调研时发现，上海市中心城区在推进智慧养老服务体系方面，虽取得了一些成效，但也普遍存在一些发展瓶颈和问题。

（一）取得的主要成效

以上海市徐汇区为例。近年来，徐汇区积极响应“互联网+”战略，积极探索推进智慧养老服务，走在了全市的前列。

一是积极响应国家“互联网+”战略，初步形成了覆盖全区的为老服务网络。探索搭建了“电商式”养老服务平台，巩固了养老服务热线基础，在社区建设中大力尝试推进智慧社区和居家养老服务，并取得了新进展。截至2020年底，徐汇区已建成养老机构59家，日间照护机构33家，社区为老服务中心（邻里汇）20家，邻里小汇306家，睦邻点210个，老年助餐点112个，初步形成了覆盖全区的“1+13+306”养老服务网络架构，改善了社区和居家养老服务“有量缺质、资源分散、服务单一”的问题。

二是为贯彻落实“人民城市人民建，人民城市为人民”精神，搭建了“一网统管”大数据中心。在徐汇区行政服务中心的“一网统管”大数据中心，养老服务模块已经成为“大民生”的重要组成部分。全区各类养老政策、资源和服务实施一网汇聚、一站提供，完善了养老服务从“家门口”到“指尖上”的一体化、智能型供给，方便了群众。

三是不断探索创新长期护理保险制度，初步形成了医养结合的“徐汇方案”。自2017年1月开始实施的全国首批试点长期护理保险（以下简称长护险），通过探索数字化赋能医养资源共享机制、试点家庭照护床位等，

使医疗卫生资源向社区和家庭延伸，让更多老人享受长护险服务。截至2020年底，徐汇区建成长护险定点服务机构64家，为老人提供15项常用临床护理项目和27项基本生活照料。该方案通过植入数字技术，方便了群众申请养老服务，方便了政府对服务时间、服务内容、实时位置、服务满意度实施全程实时监督管理和有效干预。

四是紧盯国内外相关智慧养老发展态势，推出了一些适老化数字服务和产品。通过培育本土品牌化社区和居家养老服务综合体，引进专业知名连锁企业，增强数字化企业的参与度。截至2020年底，全区共有智慧健康养老企业273家，初步形成了涵盖生物医药、医疗服务、护理与康复、养生保健、健康管理等领域的大健康产业链，并联合上海友康、腾讯科技、小米集团等“AI+养老”知名企业开展战略合作，已推出智慧手机、智慧手环、陪聊机器人、体征监测床等多款数字技术产品，推广健康管理类可穿戴、便携式健康监测、自助式健康检测、智能养老监护、全自主消毒服务机器人等数字设备。

（二）存在的主要问题

目前，从调研的全市智慧养老服务发展现状看，普遍存在以下主要问题。

一是政策服务体系不配套。目前，数字化赋能养老服务体系还处于起步阶段，只有方向性的指引，还没有一套完整的政策实施细则。多数部门对发展数字化智慧养老服务不了解、不清楚，持观望等待的态度，对于抓住机遇发展数字化赋能养老服务体系建设，推进较为缓慢。对长者家庭来讲，激励性政策措施没有跟上，多数年轻人对老人学习数字化技术、购买智能化产品和服务持不理解或不支持态度。

二是信息运行机制不顺畅。一方面，长期以来，以部门、条线为中心的政务信息化发展模式使平台之间的信息相互隔绝，造成“信息孤岛”。近两年，随着各区大数据中心的建立，这种现象虽有改善，但还未完全消除，尤其是信息使用不科学的现象还普遍存在。另一方面，由于对互联网技术认识不够，对利用信息监管社区和居家养老服务不够重视，缺乏有效的监督手段和管控机制，居家养老服务质量提升效果不佳。

三是实体平台机制不完善。经过多年努力，徐汇区各层级涉老部门都建立了各具特色的实体平台，这些平台也都起到了积极的作用。但分布在民政、卫生、医保、公安、保险、社区等部门的涉老服务平台，由于缺乏政策约束，相互间的协调融合机制尚未健全，"五龙治水"现象还未彻底解决。一些基层社区为老服务平台，普遍存在规模小、服务内容单一、数字化程度低、统筹协调不够、使用效率不高等问题。

四是养老市场发展不协调。一方面，供给结构不合理。一些企业提供的智能产品舶来品居多，"水土不服""千人一面"问题突出，服务推广没有细分市场，形成供给错位。另一方面，有效需求不充分。多数老年人的实际支付能力普遍不高，不足以支持对智能产品的大规模购买。有的老年人对数字化智慧养老服务知之不多，更不知道去哪里体验，一些企业开发的所谓高级智能化数字为老服务产品成为"镜中花、水中月"，被束之高阁。

三、提升上海市社区居家智慧养老服务高质量发展的对策

在2021世界人工智能大会开幕之际，上海市人工智能战略咨询专家会议于2021年7月7日下午举行，会上提出要更好赋能城市数字化转型，发挥引领变革的"头雁效应"，聚焦生活数字化、治理数字化，做深行业赋能，让超大城市这个有机生命体成为能感知、会思考、可进化、有温度的智能体。智慧经济的核心是数字技术赋能经济主体。这为上海抓住机遇，加快数字赋能养老服务体系，大力发展智慧养老服务，应对深度老龄化挑战指明了方向。据此，要以"问题为导向"，加快数字化赋能养老服务体系，借鉴其他城区智慧养老服务的发展理念和经验，加快智慧养老高质量发展。

（一）助力多方跨越"数字鸿沟"，消除数字化居家养老服务的第一道障碍

在移动互联时代，如何帮助老年人克服"数字鸿沟"和"信息化壁垒"，赶上时代潮流，融入现代数字生活，享受数字便利，提升其数字产品使用体验，成为当下居家养老迫切需要解决的难题之一。

《上海市养老服务条例》(以下简称《条例》)规定,各级行政管理部门、提供公共服务的机构和企业,在为老年人提供公共信息服务时,应当符合无障碍环境建设标准,满足无障碍信息传播与交流的需求,推广应用符合老年人需求特点的智能信息服务;为老年人提供公共服务时,应当充分尊重老年人的习惯,保留并完善传统服务方式。结合上海实际,主要需要做好三方面的工作:

一是完善市场供给。引导企业开发更多的老年人“敢用、会用、想用”“安心、放心、贴心”的适老化数字产品。对提供这些产品的企业,政府应加大扶持的力度,给予更多政策扶持、财政补贴、税收优惠,促使它们为老年人提供更多更好的养老产品,为更好地推进养老产业链迭代升级助力。

二是优化公共服务。兼顾传统和现代生活方式,为老年群体留出专门的服务通道。在信息化快速发展的当下,应融合不同群体的需求,传统和新兴的生活方式应该在一段时期内并存。在采用数字化手段方便老人生活之前,首先要确保其生活无障碍,要保留传统渠道作为过渡,帮助他们逐步迈向新兴渠道。特别是居家养老传统服务项目,应该给老人留出线下服务的窗口,线下客服、人工电话、填纸质表等老年人所熟悉的传统方式还应适当保留。

三是要凝聚多方力量。相关组织、社区、家庭应各尽所能,帮助老年群体跟上时代步伐。生活中智能化的应用场景五花八门,这在一定程度上增加了老年人参与的复杂性,需要涉及老年人生活的多方主体各尽所能,多管齐下帮助老年人更好地融入数字化社会。年轻人一方面应多用“技术”反哺老人,让老年人学习智能产品更有信心;另一方面也要创造机会鼓励和陪伴老年人应用数字化产品,以更多耐心陪伴他们学习必要的数字生活技能。

(二)完善社区“15分钟养老服务圈”,建设数字化居家养老的第一加油站

近年来,上海市社区养老服务设施建设得到了快速发展,为老年人提

供了就近的照料服务和文体活动场所。这些场所主要由综合为老服务中心、社区老年人日间服务中心、长者照护之家、老年活动室、邻里汇和邻里小汇、老年人助餐服务点以及社区睦邻点构成。当前数字化养老就是对由此构成的“15分钟养老服务圈”进行数字化赋能，以提升数字化带来的效能，为数字化养老服务加油助力。

调研结果显示，老年人数字化居家养老需要解决的第一个痛点就是如何尽快适应智能手机时代。老年人常用的十个智能手机应用场景包括：就医、出行、亮码、扫码、聊天、缴费、购物、文娱、用机、安全。结合国内外一些地方的经验，建议由民政部门牵头，联合卫健委成立数字化养老服务专项行动小组，推进数字化居家养老服务民生工程。

一是在各区街道社区居委会（邻里汇、小邻里汇、养老服务中心等现有机构）设立养老服务专项服务中心，为老年人提供规范安全的网络服务环境，解决老年人家中没有网络的问题。设立服务专员为不会使用网络的老年人提供“一对一”的养老服务。

二是在各区街道（镇）养老服务中心或者邻里汇，建设数字化为老服务的现场体验中心，为老年人使用数字化养老服务产品提供动态画面演示，鼓励老年人免费试用，帮助老年人尽快学会使用数字化养老服务产品。

三是在各区街道（镇）养老服务中心，设立养老服务政策咨询电话专线、现场专员和机器人服务专员，负责线上线下24小时不间断地解答老年居民养老相关的问题。

四是在各区街道（镇）养老服务中心或者邻里汇，鼓励开设数字化养老服务教学中心，大规模开展“老年人数字生活‘随申学’”活动，为老年人学习数字技术提供免费服务，使上万人次的老年人享受到这一帮扶服务。

（三）激活居家养老服务“主力军”，把居家养老服务的硬件资源和人力资源向家庭延伸

《上海市养老服务条例》重点关注在家庭成员承担赡养、扶养义务的基础上，由政府和社会为老年人提供的生活照料、康复护理、健康管理、精神慰藉、紧急救援等服务，为老年人交通出行、就医、办事等提供便利。

调研发现，老年人居家养老服务的绝大部分项目，可以在家庭得到基本满足，少部分项目需要到社区或专业机构获得满足。据吉林大学贾玉娇、王丛调研数据显示："我国有9.39%的老年人处于不同程度的失能状态，需要他人的帮助，老年人的日常生活辅助44.52%来源于配偶，46.75%来源于其第二代、第三代家庭成员。"居家养老最大的优势是老人可以得到家庭的温暖和亲人的关怀，这也是老年人最大的需求。居家养老最大的缺点是老年人的需求无法得到全方位的满足，需要社区和专业机构给予补充。

激活居家养老服务的主力军，通过数字化赋能，把适宜的闲置人力资源和房屋资源利用起来，线上线下相结合，让家成为"没有围墙的养老院"。

一是建议设立"爱老基金"。基金来源可以由政府出资、社会捐助、个人捐赠三部分组成，在社区老人家庭中开展"爱老敬老助老"活动。从家庭做起，鼓励家庭成员或者亲属积极承担照顾老年人的职责，政府给予适当的服务补贴券。

二是鼓励和扶持独居老年人通过住房调换（或几个独居老年人集中居住等），形成老年楼组，方便居家养老；鼓励子女和老人同住或就近居住，对与老年人同住的低收入家庭，可以提早享受政府提供的廉租房或经济适用房政策；倡导微型的养老组合形态，尝试将养老服务和老旧小区加装电梯政策结合起来，政府给予费用补贴。

三是鼓励和扶持有多余房屋的老年人，将闲置房屋租赁给那些愿意承担养老义务的年轻白领，政府可以通过互联网大数据进行实时监督，并按时段评估后，拿出一部分资金用于补贴年轻白领。同时，鼓励老年家庭把闲置的房屋提供给社区居委开展休闲活动或讲座，为邻里社区开展养老服务提供方便。对于提供房屋的老年家庭给予适当的服务券补贴。

四是建立社区"小手牵大手"的"分时制""积分制"。倡导邻里互助，"小老人"可以为"老老人"提供力所能及的养老服务，将其服务时间记入养老档案，用积分换取自己需要的养老服务资源，做得好的也可以进行表彰奖励。此外，还可以尝试与周边学校建立“大中小学生与社区老人结对助老”机制，对参与服务老人的学生按照服务内容、服务时间和服务成效，计入学生社会实践积分档案，并在评优、奖励、就业等环节给予加分或其他优待。

（四）加快实施规范化、品牌化、一体化的数字化建设

第一，健全上海老年人口数据库，夯实城市社区数字化居家养老的基础，为居家养老插上“智慧大脑”。由市、区养老服务领导小组负责，市、区大数据中心牵头对民政、医疗、卫健、社区、健康保险、公安各部门的数据进行整合，按照“科学整合、依法使用、依规管理”的原则，建章立制，明晰产权，建立上海市完整、系统、科学、权威的老年人口数据库，为居家养老服务奠定良好的基础。

第二，以“城市数字化转型”为契机，响应市民政局的统一部署，率先将应急呼叫“一键通”升级为“为老服务一键通”。在已有的应急呼叫“一键通”基础上，借鉴“一键搞定预约门诊”“曹杨精灵数字音箱”等成熟产品，将其升级拓展为“为老服务一键通”场景，提供“一键咨询、一键挂号、一键打车、一键救援、一键音乐”等操作简易、直达需求的服务模式，为老年家庭统一免费安装，助力居家养老。

第三，加快数字化健康养老示范基地建设，为民造福。首先，建议进一步推进“1+1+1”家庭医生组合签约服务数字化管理，力争尽快达到100%的签约率，完善家庭医生服务机制，重点完善合理的补偿机制和激励机制，提高签约的实效性。其次，深化居家医养结合数字化赋能，组织医生开展家庭病房服务、居家舒缓医疗、上门出诊等服务。送医到户，老人足不出户就可解决一些日常就医需要，也可以缓解社区医院及以上医疗机构门诊的压力，使有限的医疗资源达到最优化配置。

第四，强化“医养云”数字平台助力长护险试点，把“嵌入式”社区居家养老做实做优，做出品牌。首先，积极探索完善长期护理保险运行机制。其次，探索养老医疗“云服务”运行模式。针对有服务需求的居家老年人，“医养云”平台都可以向其提供对接服务。服务方可开展社区健康宣教、

医疗咨询、机构坐诊、定期巡诊、远程医疗、双向转诊等立体化、多样化服务，以数字化信息平台为支撑，可以把养老和医疗资源有机结合，使服务功能有效衔接，为老年人提供连续、适宜、规范、便捷的智慧化医疗服务。为此，要发挥数字化转型的优势，为居家养老提供高质量服务：一是进一步规范“线上线下”双渠道申请服务，通过数字化赋能，实现申请流程环环相扣、无缝衔接、公开透明，申请人一次申请全部流程，无须多处奔波；二是做强“市平台”、做优“区平台”、做实“街镇平台”，完成事前审核、事中管理、事后反馈的标准流程，精准对接，提供高质量服务。

第五，进一步强化数字化赋能，完善和创新“医养结合”模式，做实居家养老高质量发展的基础。在“医养结合”实践的基础上，借鉴厦门市的经验，探索新的医养结合模式。一是“以医带养”。实力较强的医疗机构依托自身医疗资源，兴办养老项目或护理院。二是“以医进养”。养老机构内设医务室等医疗机构，按规定配备相应的医生、护士及相关的药品、医疗设备，让入住的老年人就地获得医疗服务，构建起“小病不出楼，常病不出院，大病直通车”的三级医疗体系。三是“以医托养”。利用优质医疗资源辐射养老服务，由综合性医院托管养老服务。四是“以医联养”。养老机构采取就近、自愿原则与附近医疗机构、社区卫生服务中心签订协议，建立帮扶机制，开辟就诊就医绿色通道，为居家养老保驾护航。

第六，完善“社区助餐”服务标志、服务标准、服务流程和服务质量，使老年人能享受“舌尖上的晚年幸福”。调研发现，社区助餐是居家养老的重要内容之一。社区老人普遍反映“社区助餐”是实事项目，但是助餐的菜式选择不多、口味比较单调、双休日午餐难供应等问题比较突出。为了解决这些问题，可通过数字化赋能，增强老年人“舌尖上的幸福感”。一是在不同社区试点将“大食堂”升级为“小食堂”，为老年人提供精美的营养餐食。二是探索形成“政府主导+社会运作、保障基本+适度普惠、市场经营+公益定位、集中堂吃+送餐上门”的社区助餐新机制。三是为了更好地为社区长者提供就餐服务，年满60周岁及以上的老人用餐享受9折优惠，80周岁以上的老人可享受送餐到家服务，价格更亲民、服务更贴心。

依托社区食堂的枢纽作用，持续拓展社区食堂的点位布局、提质增能，从而构建覆盖全社区、布局均衡、方便可及的助餐服务网络，让社区老年人就餐更便捷、更安全、更实惠。

第七，借助“久久关爱”为老服务信息平台，提升居家养老“智慧管理”建设。大数据中心要通过网络化覆盖、智能化应用，为居家老人重点提供各类生活照料、医疗护理、精神慰藉、紧急救援、文教体娱等服务。利用关爱热线牵线搭桥，根据自愿原则和老人实际情况，将部分高龄独居老人纳入上海市“久久关爱”为老服务平台，每2～3天主动与高龄独居老人进行一次电话问候，确保独居老人的安全。以“云”服务对接老人的需求，提供多类信息、政策、资源查询，为精准配送服务提供支持。

第八，利用移动端类似“邻里汇”服务，让服务对象指尖轻点即可随时查看全市的养老地图，实时了解养老服务信息，掌握养老服务政策，提高养老服务的透明度和知晓度。服务对象可利用这个线上服务平台实时查看各邻里汇课程、活动和场地等资源，通过预约、签到和点评等数据客观反映运营情况。根据需求逐步添加养老、就业、法律咨询等功能，开通为社区事务建言献策专线，打造线上共治平台。

在数字化背景下，通过数字技术赋能社区居家养老服务，为政府进一步建设高质量养老服务体系提供了新路径，为数字化企业更好地发展打开了一扇新窗口。

参考文献

[1] 左美云.智慧养老的内涵、模式与机遇[J].中国公共安全，2014(10)：48-50.
[2] 张亚男，陈蔚蔚.基于PSR模型的上海社区智慧养老发展路径研究[J].安徽行政学院学报，2017，8(4)：64-71.
[3] 李晓文.需求视角下智慧养老服务体系构建策略探究[J].宁波经济(三江论坛)，2015(8)：43-47.
[4] 张艳国，朱士涛.互联网+社区服务：智慧社区服务新趋势[J].江汉论坛，2017(11)：139-144.
[5] 向运华，姚红认.养老服务体系创新：智慧养老的地方实践与对策[J].西安财

经学院学报,2016,29(6): 110–114.

[6] 常敏,孙钢锋.整体性治理视角下智慧居家养老服务体系建设研究：以杭州创新实践为样本[J].中共福建省委党校学报,2017(3): 85–91.

[7] 潘琳.基于智慧社区的居家养老服务模式探索[J].阜阳师范学院学报(社会科学版),2018(1): 135–139.

[8] 张贤诚,张一鸣,沈婷.基于物联网的嘉兴智能养老服务体系构建研究[J].时代经贸,2017(31): 48–50.

[9] 潘琳.基于智慧社区的居家养老服务模式探索[J].阜阳师范学院学报(社会科学版),2018(1): 135–139.

[10] 白玫,朱庆华.老年用户智慧养老服务需求及志愿服务意愿影响因素分析：以武汉市江汉区为例[J].现代情报,2018,38(12): 3–8.

[11] 孙梦楚,高焕沙.薛群慧.智慧养老产品开发现状研究[J].经济师,2016(4): 36–38.

[12] 康越.日本社区养老服务体系的做法与经验：以大阪府岸和田市为例[J].中央社会主义学院学报,2011(5): 108–111.

[13] PILLEMER K A, MACADAM M, WOLF R S. Services to families with dependent elders[J]. Journal of Aging & Social Policy, 1989, 1(3–4): 67–88.

[14] 刘建达,陈英姿,岳盈盈.美国精神养老服务体系建设的经验及启示[J].经济纵横,2016(2): 108–111.